학벌 — 입시의 정치에 반하여

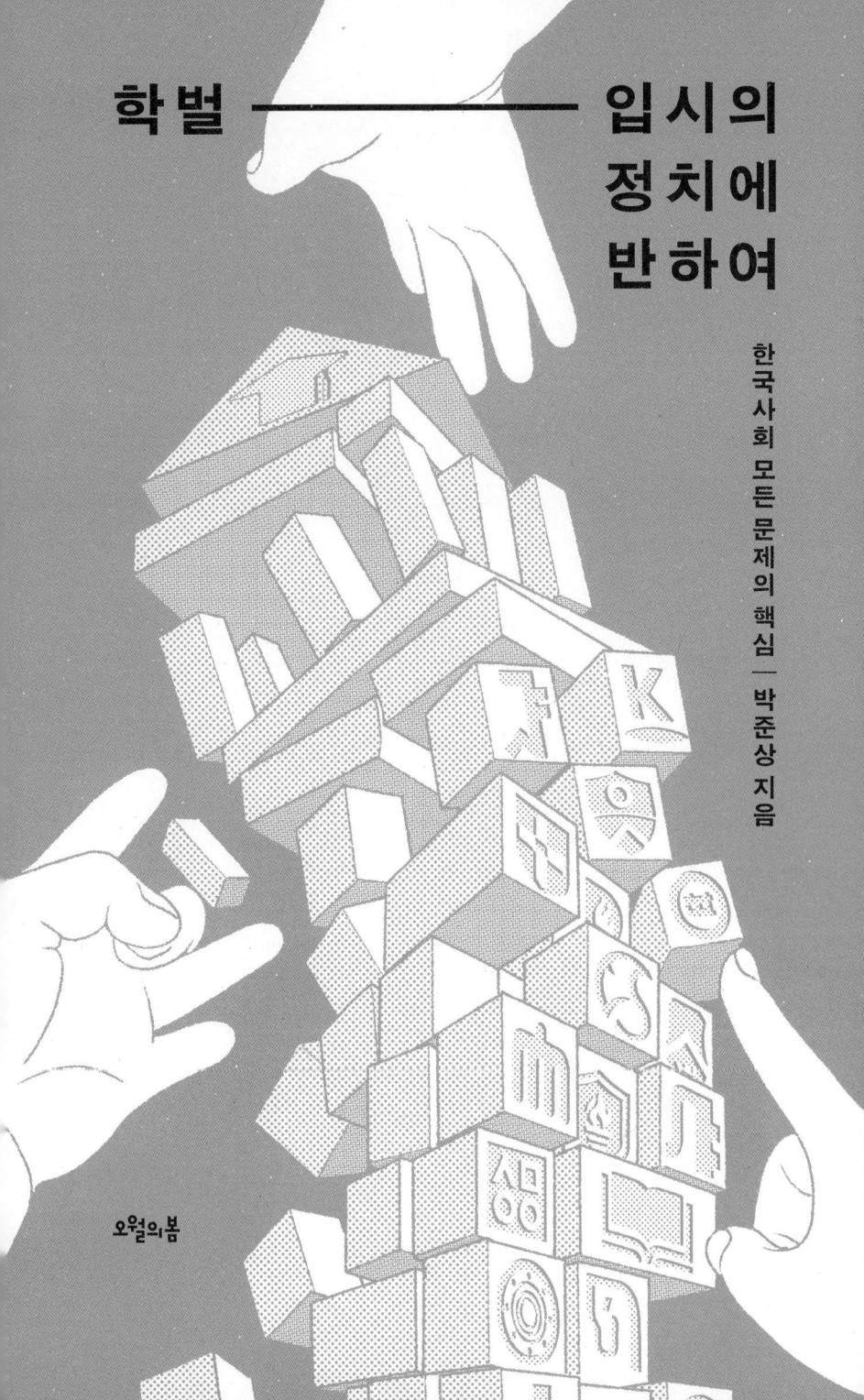

"한 사회가 아이들을 어떻게 대하는가보다
그 사회의 영혼을 더 잘 보여주는 것은 없다."

∽

"교육은 세상을 바꾸는 데 사용할 수 있는 가장 강력한 무기입니다."

∽

"끝나기 전까지는 항상 불가능해 보인다."
—넬슨 만델라

차례

프롤로그: 이곳의 엘리트 집단의 숙주, 학벌-입시   9
12·3과 학벌-입시를 위한 교실 | 학벌-입시라는 정치적 권력의 문제 |
대항 권력이 필요하다 | 이상주의가 아닌 정상주의 |
이재명 정부에 대한 예상 | 이 책을 쓰게 된 세 가지 이유 | 감사의 말

1장. 어떤 집단적 거짓말과 사교육   39

1. **진정한 정치적 문제**   41
   '진짜' 정치적 문제와 '가짜' | 학벌의 의무라는 집단적 거짓말
2. **우리는 왜 사교육을 하는지 모른다**   45
   사교육이라는 의무 | 포박되어 있는 우리 |
   학벌-입시라는 전형적인 정치적 문제 | 학벌-입시라는 이데올로기
3. **10%를 위한 거짓말**   56
   '기초학력 안전망'이라는 '위험 지역' | 남들의 눈 |
   10%를 위한 거짓말 | '쉬쉬하기'

2장. 학벌-입시 체제와 초-자본주의   65

1. **"한 번도 경험해보지 못한 나라"**   67
   문재인의 약속
2. **'적폐 청산' 운동의 '과거'와 초-자본주의의 '현재'**   71
   '적폐 청산' 운동 | 초-자본주의의 '현재'

3. 지배 엘리트계층을 위한 학벌-입시 체제　　　　　　　76
　　한미일의 역사적 업 | 교실이라는 초-자본주의 학습장

4. 일제가 남긴 적폐 중의 적폐　　　　　　　　　　　　83
　　경성제대 예과 | 천황의 국가 | 일본이 떠넘긴 적폐 중의 적폐 |
　　군국주의로부터 초-자본주의로 | 군사독재로부터 초-자본주의로

5. 현재의 학벌-입시 체제와 초-자본주의　　　　　　　　98
　　과잉 표준화 | 교육과 시민사회 | 시민사회의 동공화

6. 학벌-입시라는 우민화 정책, 식민지 경험　　　　　　108
　　렛 잇 비 | 우민화 정책 | 교실의 아나키즘 |
　　독립국가에서의 식민지 경험

7. 86세대와 민주당의 시공간의 착각　　　　　　　　　118
　　민주당의 과거 지향성 | 86세대와 학벌 | 국지적인 문제로부터

3장. 대학평준화와 대입 자격고사　　　　　　　　　129

1. 국공립대통합네트워크와 대학 서열　　　　　　　　131
　　국립대 통합 | 국립대 통합과 '입결' | 국립대 통합과 공영형 사립대 |
　　원인과 결과의 전도

2. 입시와 '정답 베끼기' 교육　　　　　　　　　　　　147
　　'정답 베끼기' | '정답 베끼기'의 위력 | 다시, 렛 잇 비 |
　　'베끼기'라는 '무의식의 명령'

3. 그래서, 그래도 입시를 개혁해야 한다　　　　　　　163
　　입학사정관제 | 학벌, 대입 점수 위에 서 있는 대학의 위상 |
　　대입 자격고사 | 과거의 중학교·고등학교 평준화 | 대학평준화

4장. 학벌-입시라는 정치적 문제　　　　　181

1. **대입 시험은 원래, 현재에도 국가 소관이다**　　　185
   국가 소관의 대입 시험 | 정부 소관의 대입 개편안
2. **서울대 10개 만들기는 필요하지만 불충분하다**　　　191
   서울대 10개 만들기
3. **학벌-입시 문제는 집단적·정치적 문제다**　　　198
   이곳의 '식민지' 아이들 | '공정'과 '안정'? | 학종이라는 '불법' |
   김상곤 장관 | 혁명적 결단의 부재 | 플라톤의 동굴
4. **정부와 '직거래'해야 한다**　　　225
   '아래'의 국민들 | 학벌-입시라는 '공업' | 기이한 권력
5. **아이들을 더 이상 고통 속에 방치해두면 안 된다**　　　234
   '줄 세우기' | 지성의 차별
6. **경쟁이 필요하다면 대학에서 해야 한다**　　　244
   외국 박사학위 | 고등교육 발전의 저지 | 고등교육의 '간판주의' |
   모든 것의 기준인 대입 | 대학에서의 경쟁으로 | 대학의 자리 |
   다시, 대입 자격고사
7. **대학에 획기적으로 지원해야만 한다**　　　268
   대학에 대한 투자
8. **학령인구가 줄어도 입시 전쟁은 계속된다**　　　273
   계속될 입시 전쟁 | 악순환의 악순환
9. **집단적 거부와 저항만이 우리의 길이다**　　　281

에필로그: **점차적으로가 아니라, 한 번에 바꿔야 한다**　　　285

프롤로그

이곳의
엘리트 집단의 숙주,
학벌 – 입시

260여 년 전 장-자크 루소는 《에밀》에서 이렇게 썼다. "그러니 불확실한 미래를 위해 현재를 희생시키는 그 야만적 교육을 도대체 어떻게 생각해야 할까? 아이에게 갖가지 속박을 가하고, 아이가 결코 맛보지 못할지도 모르는 막연한 행복이라는 것을 미리 준비시키기 위해 먼저 그 아이를 불행하게 하는 교육을 어떻게 생각해야 좋을까? 설령 그런 교육이 목표에 도달하는 데 현명한 것이라 해도 견디기 힘든 속박을 받고, 노 젓기를 강요받는 노예처럼 끊임없이 교육을 강요당하며, 더욱이 그렇게 애써도 자신들에게 꼭 도움이 되리라는 보장도 없는 불쌍한 아이들을 보고 어찌 분개하지 않을 수 있겠는가? 즐겁게 보내야 할 시기가, 눈물과 벌과 위협과 노예상태 속에서 지나가 버린다. 불쌍하게도 아이는, 자신을 위해 그렇게 해야 한다는 말을 들으며 그 고통을 받는 것이다. 당신들은 죽음의 신을 불러 그 아이를 이 딱한 처지로부터 낚아채가도록 자초自招하면서도 그 사실을 알아차리지 못한다. 부모들의 지나친 보살핌에 희생되어 죽어간 아이들이 얼마나 많은가. 아이들은 이 잔학으로부터 도망칠 수 있어서 행복하다. 아이들이 참기를 강요받았던 온갖 고통으로부터 얻어낸 것은 결국 죽음이라는 행복이다. 그 아이들은 인생의 슬픔밖에 알지 못하므로, 아무 미련 없이 죽는다."*

    루소의 260여 년 전 프랑스 아이들에 대한 묘사는 불행하게도 현재의 한국 아이들이 처한 상황에 대한 '데자뷔déjà vu'(이미 보았던 것)로 나타난다. 그 묘사는, 미래의 "막연한 행복이라는 것을 미리 준비시키기 위해" 부모들과 학교들이 '사랑'이라는 명목으로 자행하는 '교육 폭력' 때문에 상당수가 자살 충동을 경험하고, 소수는 실제로 자살에 이르는 이곳 아이들의 현재 상황을 곧바로 환기시킨다.

    현재의 프랑스 아이들이 적어도 교육과 보살핌이라는 폭력이 가져온 자살과 마주하는 불행으로부터 벗어나 있는 반면, 우리의 아이들은 바로 그 불행의 덫에 걸려들어 옴짝달싹하지 못하고 있다. 제도적·형식적으로 보아 프랑스도 공화국이고 한국도 공화국인 반면, 교육의 차원에서 본다면 한국의 교육에는 '공화적共和的인' 요소가, 즉 '여러 사람이 여러 사람을 위해 공동으로 같이하는', '함께 화합하는' 요소가 거의 없다.

---

*   장-자크 루소,《에밀》, 민희식 옮김, 육문사, 2006, 105~106쪽. 번역 약간 수정.

2016년 10월 말부터 2017년 봄까지의 박근혜 탄핵 정국에서—나는 동의하지 않는 바이기는 하지만—서구의 여러 나라가 한국 민주주의에서 배워야 한다는 찬사를 보냈을지 모르지만, 한국 교육은 수구적 봉건성과 극단적 자본주의의 기이한 결합을 근간으로 삼아서 이루어지고 있다. 즉 소수의 혜택받은 자들을 자본의 힘을 기준으로 선별하는 방향에 교육, 또는 '교육이라는 폭력'의 초점이 맞추어져 있다.

여기서, 이후로 우리는 현실의 한 단면을 조명하는 이와 같은 책에 설정되어 있을 수 있는 입장들 몇몇을 밝혀보고자 한다.

국가와 구별되는, 시민들의 자발적이고 평등한 윤리적·문화적·정치적 결합체인 시민사회는 교육과 매우 밀접하게 연동되어 있다. 시민사회가 교육을 떠받치고 있는 동시에 교육이 시민사회를 떠받치고 있고, 시민사회의 여러 특성들이 그대로 교육에 전이되며, 역도 마찬가지이다.** 한 국가에서 교육의

** 원래 시민사회는, 산업혁명 이후 자본주의의 급격한 발달에 따라 혈족 공동체를 와해시키면서 크게 성장한 시장경제를 통제하기 위해 구축된 국민국가와 궤를 같이하여 이해되어야 했다. 헤겔은 시민사회를 정치에 개입하는 시민(부르주아)들의 조직, 그리고 시민들의 시장경제 집단이라는 두 가지 의미로 이해했고, 후자를 강조했다. 그러나 현대에 이르러서는 시민사회에서 경제적 집단이라는 의미가 퇴색되고, 가정과 국가 사이에 존재하는 기업을 제외한 모든 결사체들·네트워크들('제3섹터')이라는 의미가 득세하게 된다(마이클 에드워드,《시민사회》, 서유경 옮김, 동아시아, 2005, 13~14쪽). 그러나 헤겔에게서부터 시민사회가 가정을 떠나서 교육을 담당해야 한다는 관점은 계속 유지되고 있다. "사회는 …… 부모로 하여금 자녀들을 취학시키거나 이들에게 종두를 맞게 하는 등, 부모들을 강제할 권리를 갖고 있다"(헤겔,《헤겔과

수준이 시민사회의 수준이며, 역도 마찬가지이다. 한국 교육은, 서로가 서로와 연대해서 함께 화합하는 상생 면을 거의 허용하지 않으며, 극단적인 경쟁과 이기심의 각축장이자 학습장이 되어온 지 오래이다. 말하자면 이곳에서 교육이라는 명목으로 아이들에게 '교육시키는' 대표적인 두 가지는, 하나는 줄기차게 경쟁을 추구하고 경쟁에 복종하라는 노예성이며, 다른 하나는 각자 자기에게만 집중해서 어떻게든 최상위 점수를 받아 자기의 '에고'를 드높이라는 천박성이다. 이 'SKY캐슬'의 노예성과 점수의 '에고'에 집착하는 천박성이 오래전부터 이곳의 시민사회를 극단적으로 약화시키는 동시에 악화시켜왔다. 학교에서의 노예성과 천박성은, 일상의 사회적 삶에서 더 큰 평수의, 더 '장엄한' 아파트라는 자본에 종속된 노예성으로,* 자기가

시민사회》, 박배형 옮김, 서울대학교출판문화원, 2017, 188쪽).

* 'SKY캐슬'이라는 학벌과 아파트의 밀접한 연관관계에 대한 많은 지적이 있었지만, 또 하나가 눈길을 끈다. 최근 서울대에서는 학부모들에게 '서울대 학생 가족'임을 나타낼 수 있는 'SNU Family'라는 스티커를 배포했는데, 이 스티커에는 서울대 로고와 함께 'I'M MOM'(나는 서울대생 엄마), 'I'M DAD'(나는 서울대생 아빠), 'PROUD FAMILY'(우리는 자랑스러운 서울대 가족) 등과 같은 문구들이 적혀 있다. 이 스티커는 '누가 어느 대학에 다니는 한 대학생의 부모다'라는 하나의 '팩트'를 말해주는 것을 훨씬 넘어서서, 학벌이 곧 계급이라는 여기의 현실을 다시 한번 주지시켜주면서 특권계층임을 과시하는 것으로 즉각적으로 우리에게 받아들여진다. '서울대'라 불리는 한국의 한 대학의 행운·축복 또는 불행·저주가 아닐 수 없다—양 판단 가운데 어느 것이 정확한지는 우리 각자의 선택에 따른다. 이 스티커는, 만약 '우리는 자랑스러운 강남○○팰리스 가족'이라고 적힌 스티커가 나온다면, 그것과 같은 종류의 것으로 우리에게 받아들여질 수밖에 없을 것이다. 《경향신문》 정유진 논설위원에 의하면, "이러한 스티커[서울대 스티커]가 노리는 것은 명확하다. 학벌 피라미드 꼭대기에 있는 서울대의 '아우라'를 이용해 가족들까지 함께 '서울대 브랜딩'의 효과를 누리도록 해주겠다

가지고 있거나 누리는 것들(지위·권력·외모·자가용·옷, 고급 브런치 레스토랑과 최상위 대학 학위)을 어떻게든 전시展示해서 자기의 '에고'를 조금이라도 더 그럴듯하게 빛내려는 천박성으로 발전되는 동시에 귀결된다. 경쟁의 고통을 감내하게 했던 노예성에 대한 보상을 추구해서 남은 결과가 천박성이다. 그 노예성과 천박성에 대한 책임을 우리 각자에게 물으려는 것도, 우리 각자가 본래 노예적이고 천박하다는 것도 아니다. 우리가 속해 있는 배움의 상황과 사회적 삶의 상황이, 즉 교육의 집단적 현장과 삶의 집단적 현장이 노예성·천박성으로 침윤되어 있고, 그 사실로부터 이제 누구도 자유로울 수 없게 되었다는 것이다.

일상의 사회적 삶에서의 잔인함·차별·무관용과 각자도생各自圖生의 원칙(자본가의 노동자들에 대한 잔인함, 정규직과 비정규직 사이의 차별, 어느 기준 이상의 부와 지위를 확보하지 못한 자들에 대한 방기, 그리고 지금도 골방에 홀로 내팽개쳐진 한사람을 죽음으로 몰아가는 칼날같이 찌르는 그 외로움)은 학교에서의 잔인함·차별·무관용과 각자도생의 원칙(시험으로 아이들을 옭아매는 잔인함, '스카이'·'인서울'과 '지방의 잡스러운 대학' 사이의 차별, '지잡대'

는 것이다. 서울대는 우월주의가 아니라고 강조했지만, 기득권층의 '끼리끼리' 소속감이 사회석으로 어떻게 받아늘여실지는 서울대의 의도와 무관하다. 만약 '우리는 자랑스러운 강남 ○○팰리스 가족'이란 스티커가 나온다면, 이를 지역 공동체의 소속감으로 느낄 사람이 어디 있을까. 학별만능사회의 최대 수혜자인 '국립대학' 서울대가 던진 돌 하나가 사회에 어떤 파장을 만들지 고민과 성찰이 부족한 것 같아 유감이다"(정유진, 〈서울대 스티커〉,《경향신문》, 2024.8.15.).

에 다니거나 대학에 가보지 못한 아이들에 대한 무관심, 성적 때문에 아파트 옥상에 올라간 한 아이의 등을 떠밀고 마는 외로움)으로 전환된다. 교육과 사회가 이렇게 노예성과 천박성의 나락에 빠져 허우적대면서 사악해져가기만 하고('헬조선') 무력함에 굴복한 상태(사악함과 무력함의 '이상적理想的인' 또는 기이한 결합)에서는 한국이라는 국가에 미래도 발전도 평화·안정도 공동체적 행복도 없다.

학벌-입시 경쟁의 폐해에 대해 강력하게 대응해온 김누리 교수는 "보편적 정의의 편에 서기는커녕, 이처럼 집단적 이기주의에 매몰된 미성숙하고 무책임한 엘리트가 지배하는 나라는 어디에도 없습니다. 유독 한국의 엘리트 중에 대중을 깔보는 오만한 자들이 많은 이유는 무엇보다 잘못된 교육 탓입니다"라고 지적한 후, "공부만 잘하면 모든 게 용서되는 교실에서 12년 동안 자란 아이가 어떻게 성숙하고 기품 있는 인간이 되겠습니까"*라고 반문했다.

인간을 천박한 노예로 만들기 위한 교육 시스템에서, 승리자들 '일반'('모두'는 아닌데, 어디에나 예외는 있다)은 가장 유순하고 가장 굴종적인 노예들이다. 다시 루소에 의하면 "인간은 자유롭게 태어나 어디에서나 쇠사슬에 묶여 있다. 자신이 다른 사람들의 주인이라고 믿는 자가 그들보다 더 노예로 산다".**

---

*   김누리,《경쟁 교육은 야만이다》, 해냄, 2024, 6~7쪽.
** 장-자크 루소,《사회계약론》, 김영욱 옮김, 후마니타스, 2018, 11쪽.

그 승리자들이 이 사회의 엘리트층 또는 '지도층'의 주축을 이루고 있기에, 그들이 이끄는 이 사회가 저열하지 않을 수 없다. 그러한 승리자-노예들은 근본적으로 어떤 고귀함을, 높은 사람에게는 필요한 경우 저항하고 '낮다고 여겨지는' 사람을 보호하고 대접할 줄 아는 품격을 결여하고 있을 뿐만 아니라, 그들이 이끄는 사회도 품격이 없다. 이 사실은, 이곳의 학벌-입시 체제와 제도가 반드시 바뀌어야 한다는 당위의 가장 중요한 이유 하나가 된다.

12·3과 학벌-입시를 위한 교실

여기서 2024년 12월 3일 '비현실적인' 계엄령 선포로 국민들을 놀라게 만들었던 윤석열에 대해 언급하지 않을 수 없다. 계엄령 선포로부터 이후에 체포를 피해 관저로 숨고 구속당하고 헌법재판소에 나와 반론을 펼쳤던 일련의 과정에서 그가 보여주었던 태도와 언행은 우리를 더 놀라게 했다. 거기서 분명히 드러났던 것들은, 우월·특권 의식, 무사유(무반성), 상황을 전혀 느끼지 못하고 자기 안에 갇혀 있음(한 원로 역사학자는 그를 "더듬이를 제거당한 곤충"이라고 정확히 표현했다), 생존 욕구와 권력 추구 앞에서는 자기를 전적으로 내던져버리는 자존심(양심)의 결여, 무수히 많은 거짓말을 쏟아내면서도 상처받을 자존심이 없음, 반면 비대해질 대로 비대해진 에고의 난동, 그로 인해

가능한 무조건적인 자기합리화와 책임 회피·전가, 약자에 대한 전적인 무관심(윤석열은 자신으로 인해 사회로부터 격리될 위험에 놓인 부하들을 한 번도 고려하지도 걱정하지도 않았다), 야만적인 이기주의(그는 자신 때문에 극심한 혼란에 빠진 국가·공동체를 단 한 번도 염려하지 않았다)였다. 이러한 수많은 악덕이, 방금 언급했던 노예성과 천박성으로부터 유래한다. 사회의 일반적 가치들(부·사회적 지위·권력)에 종속되어 자신을 완전히 내팽개치는 노예성과, 획득된 그 가치들을 딛고 서서 천박한 무사유를 보란 듯이 전시하면서 사람들 위에 군림하려는 천박성 말이다. 윤석열에게서 극명하게 폭로된 이러한 노예성과 천박성은 정도의 차이는 있지만 이곳 여기저기의 엘리트들에게서 오래전부터 익히 드러나 있었다. 그 노예성과 천박성이 어떠한 제재도 없이 상찬되면서 자라나는 토양이 현재의 학벌-입시 체제이다. 12·3은 이곳의 엘리트들의 민낯이 적나라하게 드러난 사건이며, 그 엘리트들이 자라나온 숙주가 이곳의 학벌-입시 체제라는 사실을 부인할 수 없다.

 12·3 계엄 선포 이후 그 사실을 다시 확인시켜주는 발언들이 이어졌다. 김누리는 "문제는 윤석열 개인이 아니다. 윤석열은 한국사회에서 예외적 현상이라기보다는 오히려 보편적 현상에 가깝다. 특히 한국사회의 지배 엘리트는 대다수가 '또 다른 윤석열'이다"라고 지적한 후, 12·3 사태의 근본적 원인에 대해 이렇게 밝혔다. "근원으로 거슬러가면, 윤석열을 키운 것은 극단적인 능력주의 경쟁 교육이다. '공부만 잘하면 모든 것이

용서되는 교실'이 괴물 윤석열을 잉태한 모태다. 한국의 교실, 이 '사활을 건 전쟁터'에서 승자는 자신이 누리는 모든 부와 권력을 자신이 재취한 '전리품'이라고 여긴다. 그러기에 여기서 이리도 미성숙하고, 오만한 엘리트들이 자라나는 것이다."*

사회학자 최종렬은 〈전문직종의 비민주성〉이라는 제목의 칼럼에서 12·3 사태를 막지 못하고 방관했던 윤석열 정부의 인사들과, 그에 명시적·비명시적으로 동조했던 국민의힘 의원들의 절대다수가 명문대(대다수가 서울대) 출신이라는 사실에 주목하면서 이렇게 썼다. "이쯤 되면 대학 교육에 뭔가 근본적인 결함이 있는 것이 아닌지 강한 의구심을 갖게 된다. …… 전문직종이 현대 사회의 민주주의를 위협하는 주된 세력이라는 것이 드러났기 때문이다. 그런데도 한국의 대학 교육은 이러한 비민주적 전문직종을 키워내는 것을 자랑하고 있다."** 말하자면 대다수가 명문대 출신인 이곳의 전문직종 엘리트들은 각 해당 분야의 조직에서 자체의 조직 논리에 따라 생존하면서 권력을 갖게 되고, 그에 따라 그 조직은 마치 봉건시대의 귀족사회 같은, 현실의 일반인들로부터 분리되어 있지만 그들을 지배하는 폐쇄적 '카르텔'***로 작동하게 된다는 것이다. 그러한 폐쇄적·귀

---

* 김누리, 〈문제는 윤석열이 아니다〉, 《한겨레》, 2025.1.21.
** 최종렬, 〈전문직종의 비민주성〉, 《경향신문》, 2025.1.17.
*** 대통령 재임 중에 윤석열이 '척결'을 외치면서 사용했던 이 표현 '카르텔', 그는 한국사회를 지배하는 여러 '카르텔들'(가령 노동조합 '카르텔')을 무너뜨려야 한다고 주장했다. 그러나 그는 오래전부터 많은 국민들이 일차 '척결' 대상으로 지목했던 최고 권력의 검찰 '카르텔'의 수장이었음에도 결코 검찰 '카르텔'을 문제 삼지 않았을 뿐만

족적 '카르텔'은 이곳의 대학으로부터 자라나고, 이곳의 대학은 이곳의 학벌-입시 체제가 만들어낸다.*

    초중고 시기에 입시 성공을 위해 부모가 마련해준 '밀실'에 갇혀 있는 것에 철저하게 순응했던 아이들이 이후에 각자 자신이 속한 '밀실'('카르텔')의 조직 논리에 자신의 영혼을 팔아넘긴 채 순응한다.** 초중고 시절에 입시의 '밀실'에 틀어박혀 주위와

아니라 검찰을 '카르텔'의 하나로 여기지조차 않았다. 12·3 이후에 여러 사안을 두고 선명하게 드러났던 윤석열의 이러한 모순되고 전도된 인식은 분명 현실의 일반인들 또는 일반인들의 현실로부터 격리된 자신의 검찰 '카르텔'에서 생산된 것으로 보인다. 그가 보통 사람들로부터 얼마나 멀리 격리되어 있는가를 증명해주는 단적인 또 하나의 예가 있다. 그는 구속 기소되어 갇힌 구치소 독방에서 변호인단을 통해 "무엇보다 나라의 앞날이 걱정된다"라는 메시지를 보냈는데, 우리 일반은 바로 나라의 '현재'를 엉망으로 만들어버린 윤석열 자신으로 인해 큰 걱정을 하고 있다. 어떻게 나라를 이 모양으로 만든 장본인의 입에서 "나라의 앞날이 걱정된다"라는 말이 나올 수 있는가? 그 말은 결국 그가 일반적인 우리로부터 헤아릴 수 없는 먼 거리에 갇혀 있을 뿐만 아니라 심각한 나르시시즘(자기애) 속에 갇혀 있다는 사실을 말해줄 뿐이다.

*   그러한 사실에 대한 재확인과 극복을 위해 12·3 이후 여러 교육 관련 운동이 활성화되고 있다. 2025년 1월 23일 노무현시민센터에서, 윤석열 탄핵 이후에 교육·사회 대개혁이 절실하다는 합의 아래 교육 관련 대안 발굴과 정책 제안 활동을 전개해나가기 위해 '교육·사회 대개혁을 위한 비상시국 원탁회의'가 출범했으며, 그 의의를 이렇게 밝혔다. "일등주의 교육으로 나아가며 어떤 괴물을 만들어내고 있는지 우리는 목도하고 있다. …… 우리는 윤석열의 탄핵을 넘어 우리를 절망에 빠뜨려왔던 이 모든 교육 구조 또한 탄핵한다. 새로운 비전과 전략과 방법으로, 새로운 사람들로, 다시 희망의 교육과 사회를 꿈꾸기 위해 윤석열과 절망의 교육을 탄핵한다"(《교육언론[창]》, 2025.1.23., https://www.educhang.co.kr/news/articleView.html?idxno=5568, 2025년 7월 14일 검색). 또한 '윤석열 즉각 퇴진·사회 대개혁 비상행동'도 구성되어 2025년 1월 24일 향린교회에서 제2차 회의를 가졌으며, 그 11개 소위원회 가운데 하나가 '교육 불평등 개혁과 청년' 소위원회이고, 거기에 여러 교육 관련 시민단체가 참여하고 있다.

**   심리학자 기시미 이치로의 지적대로 "이상해도 이상하다고 말하지 못하는 순종

단절된 채 친구들에게 무관심한 것이 입시 성공의 첫 번째 조건이라는 사실을 체득한 아이들이 입시 성공 이후에 출세와 입신양명을 위해 각자 자신의 엘리트 '밀실'에 똬리를 틀고 보통사람(민중)과 격리된 채 그들의 상황과 마음을 전혀 느낄 수 없게 된다. 그들 위에 귀족처럼 군림하는 것을 당연하다고 생각할 수밖에 없게 된다. 부모의 뜻을 받들어 공부만 잘했던 모범생 출신 인사들에게 일단 의심의 눈길을 보내는 것이 '정치적으로는 옳다'.

이와 관련해 12·3 내란사태 이후 최강욱은 여러 유튜브 방송에서 '서울대 법대 내란과'라는 표현으로 이 내란사태와 높은 학벌의 연관관계를 지목했으며, 2025년 5월 1일 대선을 코앞에 둔 이재명 당시 민주당 대선후보의 공직선거법 위반 사건에 대해 조희대 대법원장이 유죄 취지의 파기환송 판결을 내린 후 조국은 옥중서신을 통해 이 판결을 이렇게 신랄하게 비판했다. "조희대 대법원장 주도로 유례없이 빨리 잡혀 내려진 5월 1일 자 이재명 민주당 대선후보 선거법 위반 사건 상고심 선고

적인 학생들은 어른이 되었을 때 불합리한 명령을 내리는 상사에게 반론하지 못한다. 또한 나라에서 폭정을 해도 의문 없이 받아들인다"(기시미 이치로, 《이제 당신의 손을 놓겠습니다》, 전경아 옮김, 큰숲, 55쪽). 또한 같은 저자의 이러한 발언들에 주목할 필요가 있다. "부모의 의견에 따라서만 살면 [이후에 사회에서는] 타인에게 의존하며 살게 되는 것이다"(같은 책, 140쪽). "우수한 아이라는 어른들의 속성 부여에 부응하려고 살아온 사람은 학업을 마치고 나면 일에서도 우수하다는 인정을 받고 싶어 한다./ 남의 기대에 부응해야 한다고 생각하는 사람은 역설적으로 자신에게만 관심 있는 사람이다. 그래서 자기 재능을 남을 위해 쓰려고 하지 않는다"(같은 책, 133쪽).

는 시기와 내용 모두에서 대법원의 대선 개입입니다. 파기환송 후 이어질 서울고법과 대법원의 선고가 6월 3일 대선 전에 나올 수는 없겠지만, 이번 선고는 한 달밖에 남지 않은 대선에 영향을 줄 의도로 내려진 것이 분명합니다. …… 저는 이번 대법원 판결에서 최상위 법조 엘리트들의 '이재명 혐오'를 느꼈습니다. 서울대·법조 엘리트 출신 윤석열은 미친 짓을 하여 파면되었지만, 소년공 출신 이재명이 대통령이 되는 것은 못 보겠다는 음성이 들리는 듯합니다." 윤석열은 대통령 '밀실'(용산)에 갇혀 "촉수를 제거당한 채" 5500만 국민을 짓밟으려는 "미친 짓"을 감행했으며, 조희대는 대법원 '밀실'에 갇혀 앞뒤를 분간 못한 채 4000만 유권자를 밟고 그 위에 홀로, 스스로 '우뚝 섰다'.

학벌-입시라는 정치적 권력의 문제

사회 자체를 품격 없게 만드는 승리자-노예 엘리트들을 위해 존재하고 실시되는 현재의 대입제도는 대단히 잘못된 것이고, 어쩌면 최악일 수 있다. 현행의 입시제도에 대한 대안(또는 대응)은 여러 가지가 있을 수 있으며, 많은 것들이 현재의 입시제도보다 여러 측면에서 나을 수 있다. 그러나 누군가 대안(또는 대응) 하나를 제시하기만 하면, 사람들은 그것과 관련해 과연 타당한 것이냐, 과연 옳은 것이냐라는 의문을 갖고 주도면밀한 검토의 메스를 들이대기를 주저하지 않는다. 그러나 관건은 옳고 그름이 아니라, 옳고 그름 이전에 권력이다.

　이곳의 학벌-입시 문제에 대해 이야기하는 어느 자리에서 한 대학원생이 내게 단정적으로 말했다. "한국의 학벌-입시 체제는 결코 바뀌지 않습니다." 나는 "맞다, 바뀌지 않을 것이다"라고 그의 말에 수긍하면서 그에게 "근데 왜 바뀌지 않을 것이냐", "거기에 어떤 타당성이라도 있냐"라고 물었다. 그는 "1도 없습니다"라고 즉시 대답했다. 누구나 알고 있는 뻔한 사실 하나를 확인하는 것에 지나지 않는 이 평범한 대화가 내게는 우리의 현실의 실상을 너무 적나라하게 드러내주는 것처럼 보인다. 타당성, 정당성이나, 심지어는 상식을 결여하고 있는 어떤 것을 모두가 따라가야만 한다면, 거기에 엄청나지만 부당한 어떤 집단적 권력이 걸려 있는 것이다. 학벌-입시는 절대다수가 맹목적으로 따를 수밖에 없다고 믿기에 사실은 옳고 그름의 문제가 아니며, 다만 거기에 강력한 어떤 전체적인 권력이 걸려 있는 문제일 뿐이다. 그 대학원생처럼 많은 사람들이 학벌-입시 체제는 결코 바뀌지 않을 것이라고 믿고 있는데, 이는 학벌-입시에 걸려 있는 권력에 완전히 포박되어 있으며, 거기에 저항하는 것조차 어렵다고 믿고 있기 때문이다. 그러나 정당성도 없고 상식에도 거스르는 문제 많은 어떤 권력에 저항하는 것조차 쉽지 않다고 많은 사람들이 믿는다는 사실 자체가, 그 권력이 극도로 강고한 동시에 사악하다는 사실을 증명한다. **학벌-입시의 문제는 무엇보다 먼저 강력하지만 악한 어떤 권력의 문제, 즉 정치적인 문제이다.**

누군가 학벌-입시 문제에 대한 어떤 대안을 제출했을 때, 사람들은 흔히 그것의 옳음(타당성)에 대해 면밀하게 따지는데, 이는 정확히 말한다면 그 대안이 학벌-입시의 막대한 권력의 하중을 어떻게 견뎌낼 수 있는가, 또는 그 하중을 어떻게 피해 갈 수 있는가라고 재차 묻는 것과 다르지 않다.

이곳에서의 학벌-입시 문제는 권력의—전형적인—정치적 문제이지 '교육제도 공학적' 문제가 아니다. 즉 지식인 한 명 또는 몇몇이 대입 시험의 이상적인 개편안 또는 대학 통합의 가장 합리적인 플랜 하나를 제시함으로써, 즉 미리 구상된 완벽하게 짜여진 로드맵 하나를 건네줌으로써 해결될 수 있는 문제가 아니다. 가령 2000년대 초반 정진상 교수가 제안한 국립대 통합네트워크 플랜(서울대와 9개 지방거점국립대의 네트워크를 구성해서 대학 상향평준화를 도모하려는 계획)은 많은 주목을 받았고, 대선 공약으로도 채택된 적이 있기는 하지만, 실제로는 20여 년간 단 한 걸음의 진척도 보지 못한 그야말로 '계획'으로만 여전히 남아 있다. 국립대통합네트워크와 그 새로운 버전인 김종영 교수의 서울대 10개 만들기와 같은 플랜들은 학벌-입시 문제와 관련해 하나의 전망(그것이 무엇인지 곧 살펴봐야 할 것이다)을 보여준다는 점에서 필요하고 중요하지만, 바로 그러한 점에서 한계를 갖는다. 이론가·학자 한 명 또는 몇몇이 구상해 낸 그러한 플랜은 그 자체로—그(들)로서는 정답을 원하고 정답으로 제시한다 할지라도—결코 정답이 아니거나 정답이 될 수 없고, 어차피 현실의 정부·정치권에서, 그 이전에 실재하는

다수(민중, 시민들 또는 국민들)에 의해 조정되고 재조정되어야 하며, 변형되고 변형될 수밖에 없다.

나아가 그러한 플랜이 서 있는 동시에 보여주는 전망은 엄격히 보면 통치 권력의 것이지 민중의 것이 아니다. 즉 그것은 다수 민중이 아닌 정부의 눈높이에 서서 나올 수 있는 '이야기들'(국립대통합네트워크를 어떤 절차들을 거쳐 구축할 것인가, 그 네트워크는 지방 발전에 어느 정도 기여할 수 있는가, 그 네트워크에 서울대를 참여시킬 수 있는가 등)의 종합인데, 즉 정부에 내놓을 수 있는 하나의 정책 제안인데, 정작 정부의 교육 관계 전문가(교육부 인사)들은 학벌-입시 문제의 심각성에 눈 감은 채, 오히려 현재의 학벌-입시 체제를 교묘하게 유지시키고 강화하는 데에만, 이 체제의 기득권층의 학벌 경쟁 욕구를 베일로 가려주면서 주의 깊게 존중하는 데에만 전력하고 있다.

대항 권력이 필요하다

이곳에서의 학벌-입시 문제는 전형적인 정치적 문제, 즉 권력의 문제이다. 현재의 학벌-입시 체제에서의 기득권층은 절대 소수임에도 불구하고, 다수도 따라가지 않을 수 없는 강력한 권력을 오래전부터 구축해놓고 있는데, 따라서 관건은 견고한 기존의 이 권력에 저항하는 다수의 대항 권력을 형성하는 데에 있다. 이 책은, 설사 거기에 어떤 정책적 방향성이 어느 정도 설정되어 있다 할지라도, 학벌-입시 문제의 해결을 위한 체계적인 세부 계획들이 정립되어 있는 정책 제안서(답)는 아니다. 우리에게는 어떠한 정책 제안서도 작성할 능력이 없고, 정책 제안서 하나를 지금 완성해서 제출하는 것이 크게 의미 있어 보이지 않는다. 이 책은 정부에 대한, 그 이전에 그들에 대한, 그 이전에 우리에 대한 일종의 공개적 '항의 서한'이다. 그 전체적인 목적은 그러한 대항 권력의 형성에 조금이나마 일조할 수 있는, 다수(국민들, 시민들 또는 민중)의 입장을 대변할 수 있는 하나의 전망을 제시하는 데에 있다. 학벌-입시의 문제는 이론적 문제가 아니다. 그 문제에 대한 답으로 여겨질 수 있는 어떤 플랜이나 로드맵을, 어떤 이론을 제시한다고 해서 그 문제가 해결되지 않는다. "왜 우리는 교육 문제에 대해서 이렇게 헛다리를 짚을까? …… 이를 맑게 해소해줄 이론이 없기 때문이다"* 와 같은 진단은 이론적일 뿐이며 전혀 현실적이지 않다. 또한 이 문제를 해결하는 데에서 이론가의 역할은 매우 제한적이고 간접적이며 부차적이다. 이 문제가 한국에서는 전형적인 정치적 문제이기 때문이다.

학벌-입시 문제와 관련해서 학자들이나 이론가들이 제시했던 답(로드맵)들 가운데 단 하나도 정부 정책으로 온전히 채택되어 제대로 실현된 적이 없다. 그 이유는 정부를 강요할 제대로 된 강력한 권력이 우리에게 없었기 때문이다. 그러한 답

---

* 김종영,《서울대 10개 만들기》, 살림터, 2021, 30쪽.

들은 실현되기에 충분할 정치적 권력을 이미 확보했다는 전제(사실은 착각)하에서 제시되었을 뿐이다. 답은 한 학자나 이론가의 어떤 플랜, 어떤 로드맵에도, 어떤 이론에도 있지 않고, 미래의 현실에 있다. 학벌-입시 문제는 근본적으로 권력의 문제이며, 첫 번째 관건은 다수로부터 결집된 권력을 끌어내서 정립하는 데에 있다. 이 책은 답을 미래에 맡겨둔 채, 학벌-입시 문제에 대응하는 대항 권력의 발현을 위해 통치 집단의 어떠한 전망도 아닌, 다수를 대변하기를 원하는 비판적 저항·거부의 전망 하나를 제시하는 데에서 만족하고자 한다. **학벌-입시 문제를 해결하기 위해 일차적으로 가장 중요한 것은, 정부를 염두에 두면서 어떤 정책 제안서나 로드맵을 제시하는 것이 아니라, 최대 다수의 최대한의 대항 권력을 구축해내는 것이다.**

또한 이 책은 **학벌-입시 문제와 관련된 지향점 세 개를, 즉 경쟁 입시 철폐, 대학평준화, 대학무상화를 제시한다.** 그러나 이 세 지향점은 새롭지 않은 것들이다. 이 책은 이 세 가지가 왜 절실한가를 보여주기 위해 그 자체의 시각들과 관점들을 보여줄 수 있을지라도, 또 다른 어떤 새로운 '독창적인' 지향점을 갖고 있지는 않은데, 이에 대해 우리는 불만이 있기는커녕 안도하면서 더할 나위 없이 만족한다. 이 세 가지는 그동안 진보 진영에서 지속적으로 표방해왔던 것들이며, 김누리 교수가 자신의 저서 《경쟁 교육은 야만이다》에서 재정식화했던 것들이고,**

** 김누리, 《경쟁 교육은 야만이다》, 312~334쪽.

여러 시민단체들이 참여해서 구성되어 학벌-입시 개혁 시민운동을 활발하게 기획하는 동시에 주재하고 있는 대학무상화평준화국민운동본부(대무평)에서도 실천 지침으로 내세우고 있는 것들이다.* 이 책에서 우리의 궁극적 목적이자 결론은, 김누리 교수와 대무평을 포함해서 이 세 가지를 주창해왔던 모든 분들을 끝까지 지지하는 것 이외에 다른 것일 수 없다. 아래의 다수로부터의 자발적인 정치적 움직임에서, 즉 정치적인 것에서 중요한 동시에 바람직한 것은 획일성이 아닌 공동성(함께함)이며, 거기에서 독창성이 궁극적인 가치를 갖는 것은 아니다. 정치적인 것은 이론이 아니며, 이론에서 추구되는 독창성 같은 어떤 것을 추구할 필요는 없다.

이상주의가 아닌 정상주의

이 책에서 학벌-입시를 바라보는 관점은 중립적이지 않다. 그것은 편향적인데, 정치적으로 '진보'나 '보수'로, '좌'나 '우'로 기울어져 있기에 그러한 것은 아니고, 다만 '정상'과 '상식'으로 기울어져 있다. 이를 정당화해주는 사실은, 학벌-입시와 관련해서 이곳에서 나타나는 현상들과 여러 사람(학생들·학부모들·교

---

*　대학무상화·대학평준화추진본부연구위원회, 《대한민국 대학혁명》, 살림터, 2021.

사들과 사교육 종사자들)이 보여주는 태도와 심리에서 '정상적이고 상식적인' 것들이 별로 없다는 것이다. 그렇다면 여기서 우리는 어떠한 '이상주의理想主義'도 아닌 '정상주의正常主義'를 지향하고 있다고 말할 수 있다.

이 책에서 구체적으로 명제화되지도, 따라서 논증되지도 못했고, 다만 암시되기만 한 전제 또는 주장은, 육체노동과 지적 노동 사이의, 노무직·기술직과 사무직·관리직 사이의 차별이 철폐되어야 한다는 것이다. 이 노동차별 철폐는 노동 문제·기업 문제 그리고 사회구조적 문제와 연동되어 있는 또 다른 거대한 이슈이기에 이 책에서는 논의되지 못했지만, 현재 필연인 듯 자행되고 있는 노동차별의 현실은 이 학벌-입시 체제가 개혁되어야 한다는 당위의 조건이며, 또한 노동차별의 철폐는 학벌-입시 체제 개혁을 통해 도달해야 할 가장 중요한 하나의 목적 또는 과제이다. 한마디로 이 책에서 우리는 대학에 가지 못한 수많은 아이들과 특성화고등학교 학생들에 대한, 애초에 잉여 지대로 밀려나 사회적 관심의 눈길조차 제대로 받지 못하고 있는 청소년들에 대한 연대감과 그들이 사회로 진입해 보기 전부터 받아야 하는 차별에 대한 분노를 전제하며, 이 차별에 대한 철폐가 보다 더 구체적으로 제도화되기를, 그 이전에 사회 내에서 의식화·'무의식화'되기를 촉구한다. 노동차별 철폐는, 독일의 경우, 1967년 학생운동이 내걸었던 매우 중요한 목표들 가운데 하나였을 뿐만 아니라, 그 이전에—매우 온건하게 본다면—'우파 민족주의자' 마르틴 하이데거가 프라이부르크대학 총장 재직 시 1933년 대학 개혁을 추진하면서 내세웠던 중요한 하나의 기치였다.* 요컨대 좌우를 막론하고, 나아가 어떤 정치적 급진주의의 경우에도, 사람들 사이의 통합과 평등이 시급하게 요구되는 어디에서나 노동의 종류나 직종에 따르는 차별의 철폐는 중요하며, 현재 우리의 경우에도 마찬가지라는 것이다.

이재명 정부에 대한 예상

2025년 6월 3일 치러졌던 대통령 선거에서 이재명이 승리함에 따라 정부를 구성하게 된 민주당은 여당이었을 때부터 김종영 교수가 제안한 '서울대 10개 만들기'를 공약으로 내세웠고, 현재에도 교육 관련 정책으로 추진하고 있다. 그러나 이재명 정부의 '서울대 10개 만들기' 정책에는 서울대와 9개 지방거점국립대학 사이의 통합네트워크 사안이 배제된 채, 단지 그 9개 지역 국립대학에 대한 대규모 지원(연간 약 3조 원)이 목표로 설정

---

* 뤼디거 자프란스키는 자신의 방대한 하이데거 평전에서, 비록 국가사회주의에 대한 강력한 동조 아래에서였다 할지라도, 하이데거가 1933년 프라이부르크대학 총장 재직 당시 추진했던 대학 개혁 프로그램들 가운데에는 긍정적 요소들이 없지 않았다고 말한다(뤼디거 자프란스키, 《하이데거: 독일의 철학 거장과 그의 시대》, 박민수 옮김, 북캠퍼스, 2017, 434~436쪽). 그 프로그램들은 몇 년 후 나치당으로부터 무의미하다고 평가받아 폐기되었다(같은 책, 452쪽). 그러나 어쨌든 우리는 하이데거의 나치 부역을 잊지 않고 있으며, 그것을 용납할 수 없는 일이었다고 판단한다.

되어 있을 뿐이다. 이 목표에서도 학벌-입시 문제의 해결보다는 지방 살리기가 더 부각되어 있다.

이 목표가 어느 정도 달성될 수 있을지도 의문이지만, '서울대 10개 만들기' 정책을 제외하면, 현 이재명 정부는 교육 개혁과 관련된 어떠한 다른 프로그램도 고려하지 않고 있다. "21대 대통령 선거 국면에서 교육 공약이 차지하는 비중은 매우 낮거나 설 자리를 잃은 것처럼 보여졌다. 이 중 대입제도 개선과 관련된 공약은 모든 후보가 부재했다. 이재명 대통령의 공약도 마찬가지이다. 문제는 대입제도 개선 없이는 대한민국이 처란 사회적 난제를 해결하기 어렵다는 점이다."** 이재명 정부는 '민생 우선'을 언제나 강하게 표방하고 있지만, 한 노동자나 회사원이 자녀의 학원비를 대기 위해 얼마나 '등골이 휘는지', 얼마 전 한 여고생이 투신한 입시학원의 건물 외벽에 걸린 현수막에 피가 흐르는 서체로 적혀 있던 "찢거나 찢어지거나 내 인생의 봄은 끝났다"라는 문구가 무엇을 의미하고 이 사회의 어떤 지옥 같은 상황을 대변하는지, 무관심한 척하거나 아예 무감각하다. 이 정부도 학벌-입시 문제 앞에서 이전의 모든 정부와 마찬가지로 '손바닥으로 하늘을 가리려는' 포즈를 계속 유지할 것이라는 예상을 하지 않을 수 없게 만든다.

** 구본창, 〈경쟁 교육 고통 해소와 미래 지향적 교육을 위한 대입제도 개선이 필요하다!〉, 《교육대전환과 공론화》, 2025, 61쪽. 이 텍스트의 출처는 '국민주권정부, 제4기 민주정부 성공을 위한 연속기획 2 교육대전환과 공론화'라는 제목으로 2025년 7월 7일 국회도서관 대강당에서 열렸던 발표 및 토론회의 자료집이다.

대학생 10명 중 8명 이상이 고교 시절에 대한 이미지를 '사활을 건 전장'으로 회고하고 있고, 초중고생 25.9%가 자해와 자살의 충동을 느끼고 있으며, 이렇게 망가진 교육생태계 속에서 청소년 자살자 수를 고려해보면 매년 이태원참사 같은 것이 발생하고 있는 셈이다.* 우석훈의 예측에 의하면, "문재인 정권은 부동산 문제로 망했다. 최근 장관 인선과 교육위원회 인선 그리고 교육과 관련된 각종 지표를 보면 이재명 정권은 교육으로 망할 가능성이 높다. 그렇지만 대통령은 교육에는 별 관심 없고, 대충 '인싸 스타일' 총장급 인사들로 포장만 잘하면 된다고 생각하는 것 같다. 청소년 자살률 세계 1위가 코앞에 있는 대통령이 할 인사는 아니다".**

2025년 6월의 대선을 앞에 두고 교육 관련 정책들을 자세하게 제시한 정당은, 오히려 대선 후보를 내지 못한 조국혁신당뿐이었다. 혁신당의 그 정책들은 7개로서, 교육부 및 국가교육위원회 관련, 입시 체제 관련(내신 절대평가 도입, 수능 응시 영역 축소, 수능에서 논서술형 평가와 상대평가 혼합 등), 사교육 관련(영유아인권법 및 초등 의대 방지법 제정, 학교급을 넘어서는 사교육 상품 규제 등), 특수교육 관련, 헌법교육 관련, 대학 관련과 AI교육 관련 정책들이다.*** 혁신당의 이후의 행보는 더 두고 봐야

---

* 같은 책, 53~54쪽.
** 우석훈, 〈청소년 자살, 새 정부 교육 대책 1순위로〉, 《서울신문》, 2025.7.6. 그러나 문재인 정권이 망한 이유에는 부동산 문제도 있지만 마찬가지로 교육 문제가 컸다. 이 책 211~224쪽 참조.

겠지만, 복지국가를 지향하는 이 정당이 자신을 민주당과 차별화해서 대국민을 향해 호소할 수 있는 방향은 교육 개혁의 그것밖에 없을 것이다. 이 정당에게 검찰 개혁은 물론 중요하겠지만 이재명 정부 아래에서 충분히 진척될 것이고, 검찰 개혁 사안은 검찰에 평생 동안 한 번도 출석 요구를 받지 않는 국민들이 절대다수인데 대국민 사안은 될 수 없다.

그러나 학벌-입시 문제는 한 정당의 '교육제도 공학적' 정책들의 제시와―지금까지의 경험들에 비추어보면―언제나 불확실했고 유보되기만 했던 그 실현에 의존해서 해결될 수 있는 종류의 것인가?

이곳의 시민사회는 역사의 중요한 현장들(4·19, 5·18, 6월 항쟁)에서 결집할 수 있는 역능이 있었고, 그렇게 자신의 존재를 증명해왔다. 그래왔기에 최근에는 박근혜 탄핵과 윤석열 탄핵이라는 두 번의 마찬가지로 역사적인 사건을 감당할 수 있었다. 그렇게 본다면 이곳의 시민사회는 완전히 무력화되어 있지 않으며 '존재한다'. 그러나 이 시민사회는 일상의 삶이 유지되는 시기에서나 혁명적인 시간들에서나 언제나 국가 아래에서 국가에 봉사하기만 해왔다. 국가의 발전·부국강병의 요구에 끊임없이 순응하거나, 국가의 존립이 흔들리는 위험한 순간들에는 국가를 다시 세우는 데에 '몸 바쳐' 전력을 다해왔을 뿐이다. 한국의 시민사회는 단 한 번도 국가의 전폭적인 봉사(복지

*** 《더 에듀》, 2025.5.30.

국가 수준의 지원)를 받아본 적이 없으며, 국가를 초월해서 자신을 위해 국가를 이끌어가본 적도 없다.

가령 이번 윤석열 탄핵운동에서 가장 깊은 인상을 남겼던 키세스 부대를 기억해보자. 키세스 대원들은 그 추운 여러 날(때로 눈보라가 날리기도 했다) 동안 남태령과 한남동의 아스팔트 위에서 밤샘농성을 이어갔다. 감동적인 장면들이었지만, 그들이 무슨 죄로 그래야만 했는가? 그들이 무슨 죄인가? 그들은 영웅들이기 이전에 국가 안에 뚫린 구멍(국가의 모순·불의·잔인성, 국가 권력 자체의 부당함)으로 내몰린 '불쌍한' 존재들 아닌가? 국민의힘과 민주당을 막론하고 수많은 정치인과 권력자가 뚫어놓거나 방치한 구멍을 막기 위해 그들은 각자의 몸을 거기에 내던졌던 것이다. 그들을 일종의 '구국의 영웅'으로 찬양해서는 안 된다. 그럴 만큼 국가가 그들 위에 있지 않고, 있을 자격도 없다―민주당 이재명 정부가 국가 권력을 거두어간 이후에 이 정부 인사들과 민주당 의원들은 희희낙락하는 모습들을 계속 연출하고 있는데, 이를 위해 키세스 대원들이 얼어붙은 아스팔트 위에 붙박여 있었던 것이 아니다. 키세스 대원들이 국가·민주당과 이재명을 위해 몸 바쳤던 것이 아니다. 그들은 자신들이 아무리 막으려 해도 오히려 더 크게 부각되어 드러나는 국가의 구멍을 분명히 현시시키는 반-국가적(반-영웅적)인 '오이디푸스적' 공동체로 이해되어야 한다.

이제 시민사회가 국가에 대항해서, 국가를 넘어서 국가가 아니라 자기 자신을 위해서 작동해야 할 때이다. 이번에도 윤석열을 탄핵시킨 후 국가와 이재명을 살려놨더니(이재명 대통령은 12·3 이후 탄핵 정국에서 시민들이 국가를 구했다고, 두 번의 대선 유세에서는 국민들이 사법 리스크에 빠진 자신을 살려줬다고 여러 번 밝혔다), 여전히 부동산 자본 폭등, 강남만의 창궐, 지역 불균형, 치솟는 천문학적 사교육비, 그리고 입시의 살인적 과중을 이기지 못하는 청소년들의 자살 행렬이라면? 그럴 가능성이 크다. 계엄 선포의 위험으로부터 벗어나 있기만 하면 다인가. 시민사회가 자신을 무력화시키고 있는 가장 중요한 요인에 맞서 스스로 결집해서, 자신을 위해, 자신을 증명해내야만 한다. 시민사회의 역능은 어떤 특수한 현실 상황에서 싸움을 통해서만 증명될 수 있고, 증명되어야만 한다.

이곳의 학벌-입시라는 기이한—광적인—현실 상황은 현재의 학벌-입시 체제라는 틀 내에서, 나아가 현재의 정치·경제 체제의 틀 내에서 '합리적'이고 제도적인 어떠한 방법으로도 타개되지 않는다. 광기에 맞서는 또 다른 '비합리성'이 요구된다. 여기서 '합리성'이라는 것은 논리적 합리성도 초월적·절대적 합리성도 아니다. 사회적이자 정치적인, 즉 상대적인 합리성일 뿐이다. 마찬가지로 문제되는 '비합리성' 역시 사회적·정치적, 즉 상대적 '비합리성'일 뿐이다. 하나의 사회적·정치적 틀 내에서 '비합리적인' 것을, 불가능해 보이는 것을 요구해야만 한다. 언젠가 그것이 한계의 극단, 또는 극단의 한계에 이르러 성취된다면, 그것은 또 다른 사회적·정치적 틀 내에서는 '합리적인' 것으로, 더할 나위 없이 당연하고 정상적이자 정당한 것으로 받아들여지게 될 것이다.

이 책을 쓰게 된 세 가지 이유

여기서 마지막으로 한 말씀 더 드리고자 하며, 그것이 일종의 개인적 술회인 것에 대해 혜량을 구한다. 여느 누구와 마찬가지로 현실의 정치적 사안들에 대해 관심 많았지만, 나는 현실의 전면에 나서서 정치적 텍스트를 쓰는 것에 투신할 능력도 없었고, 그것을 부담스러워했기에(이 원고를 쓰는 와중에도 지금까지 써왔던 다른 원고들의 경우와는 달리 내적 압박이 비교할 수 없을 정도로 컸다) 좋아하지도 않았다. 나는 다만 어느 정도는 전문적인 철학 텍스트들과, 상황에 따라서 때때로 예술·문학과 관련된 비평들·발문들과 해설들을 써왔을 뿐이다.

2000년대 중반 지인을 따라 학벌없는사회에 몇 번 가본 적이 있기는 하지만, 학벌이란 것이 문제이자 병폐라는 일반적 인식 이상의 것을 가져본 적도 없었다. 그랬던 나 자신이 이런 종류의 현실에 상당히 밀착된 '정치적' 텍스트를 쓰게 된 이유는, 한편으로 보면, 전혀 특별하지 않다. 이곳에서 살아가고 있는 여느 누구와 마찬가지로, 시간이 지날수록, 이러저런 경험들이 쌓일수록, 학벌-입시의 병폐가 중대하며, 참을 수 있는 수준을 넘어섰다는 사실을 지속적으로 확인하고 재확인할 수밖에 없었기 때문이다.

그 또 다른 이유는, 나 자신이 하고 있는 일과 관련 있기에 일반적이지는 않은데, 학벌-입시의, 또한 그것과 완전히 맞붙어 있는 이곳 자체의 극단적 자본주의의 '진흙탕'(교육의 '진흙탕'이자 사회의, 즉 현실의 '진흙탕')에 빠져 허우적대고 있는 학생들과 항상 대면해 있는 나의 현실인 교육 현장에서, 철학과 문학·예술이라는 명목을 내세워 '그럴듯하고' 때로는 '심오해 보이는' 말들을 아무렇지도 않게 꺼내놓는 나의 모습이 언젠가부터 생경하게 보이기 시작했기 때문이다. 그 모습은—철학 교수라는 '직업상의 필요'에서 나왔다고 본다면, 즉 철학 교수라는 직업에 어느 정도의 철학적 '고상함'이랄지 '품위'랄지 하여튼 그럴듯한 어떤 것을 연출하고 유지해야 하는 일도 포함될 수 있다고 본다면—설사 '허위 자체'의 모습까지는 아닐지 몰라도, '비자발적인 허위'의 모습이었다. 말들과 실재 사이의, 말들과 고통 사이의, 입장과 현실 사이의, 결국 나 자신과 학생들 사이의 '부조화'나 '분리'를 발견하지 않을 수 없었다. 그 '부조화'나 '분리'의 상황이 상당히 불편했고, 그것을 없는 것처럼 눈감고 지나가는 것을 받아들일 수 없었기에, 적어도 개인적인 차원에서나마 나 자신에게 어떤 것을 정리해서 해명해야 했기에 이러한 종류의 텍스트를 쓸 수밖에 없었다. 이 책은 무엇보다 먼저 개인적인 동기 하나로부터 시작되었다.

마지막 이유는—마찬가지로 개인적이지만 일반화될 수도 있다고 보여지는데—이 비루한 대한민국에서 학벌-입시가 사라졌다고 한번 상상해보기만 해도, 그것이 완전히 다른 대한민국으로 나타났기 때문이다. 이 학벌, 이 입시가 사라졌다고 한 번만 가정하고 이곳의 공기와 풍경의 흐름을 봤을 때, 강렬한 어떤 평화로움에 즉시 입을 다물지 않을 수 없었기 때문이다.

감사의 말

먼저 중등교육·고등교육 쇄신, 대학통합네트워크 구축, 대학무상화와 대학입시제도 개혁을 위해 보이지 않는 곳에서 묵묵히 애써주고 계신 대학무상화평준화국민운동본부 관계자 여러분께 감사의 말씀을 전한다. 무엇보다 먼저 추천사를 써주신 존경하는 대무평 조창익 공동대표님을 기억해본다. 특히 반평생을 교육운동에 매진해오신 조 대표님이 2024년 10월 19일 교육혁명행진을 여는 대회사에서 하셨던 말씀("저 자신 이제 노년에 들어선 기성세대의 한 사람으로서 좋은 세상 만들어본다고 몸부림쳐왔던 수십 년 세월이었지만 이렇게 일그러진 모양의 암울한 사회에서 미래와 희망을 노래한다는 것이 마치 이성을 잃어버린 사람처럼 되어버린 현실에 송구스럽기 짝이 없습니다. 정말 죄송합니다")이 기억에 떠나지 않는데, 이 말씀은 교육 개혁 운동의 어려움과 더불어, 비정상이 정상이 되고 정상이 비정상이 되는 이곳의 전도된 교육 현실을 정확히 대변해주고 있다.* 또한 대학무상화를 위해 다방면의 노력을 경주하고 계신 홍성학 공동대표님과, 오랜 기간 동안 교육 개혁 전반을 위해 헌신하고 계신 김학한·이원철·이현·조희주·천보선 제 선생님께, 그리고 대무평 집행부에서 열정을 다해 수고해주시는 평등교육실현을위한전국학부모회(전국평학) 대표 박은경 선생님께 감사와 우정의 인사를 전한다.

여기서 하나 밝혀둘 필요가 있는데, 이 책에서의 논의들은 대무평을 대표하지도 대변하지도 못하는, 그렇다고 대무평과 무관하지도 않은 한 조력자 개인의 것들에 불과하다.

또한 민주평등사회를위한전국교수연구자협의회(민교협) 노동위원회 위원장 이성재 교수님의 귀감이 되는 실천들과, 보여주신 환대의 우의에 감사드린다. 또한 현장의 여러 문제를 조망하는 책들의 발굴에 매진하시는 오월의봄 박재영 대표님을 기억하지 않을 수 없다. 대표님은 출간이 꺼려질 수도 있는 이러한 원고를 맡아주셨을 뿐만 아니라, 책의 구성과 논의들의 전개와 관련해 여러 유효한 지적을 전해주셨다.

마지막으로 학벌-입시를 주제로 개설되었던 3학기의 수업(한 번은 대학원 수업, 다른 두 번은 학부 수업)에 참여해주었던 숭실대 철학과 대학원생들과 학부생들에게 감사의 인사를 전

---

* 조창익 대표는 최근 그간의 교육 개혁 운동의 과정을 일기 형식으로 서술한 감동적인 저서를 출간하였다. 소상익,《변혁: 어느 교육노동자의 일기》, 현장과광장, 2025. 같은 맥락에서 숭실대 철학과 1학년생 임유진은 보고서에서 통찰력을 보여주는 이러한 발언을 제시했다. "더 근본적인 문제는 이 체제가 오랫동안 지속되면서, 사람들에게 상상력을 빼앗아왔다는 점이다. 체제를 바꾸자는 말이 '현실감각 없는 이상주의'처럼 보이고, 문제를 지적하는 사람이 오히려 눈치를 보게 되는 사회, 이게 바로 [초중고 교육] 12년간 체화된 권력의 힘이다."

한다. 나 자신은 이러한 예민한 주제를 다루어서 학생들에게 부담을 주지는 않을까 걱정이 없지 않았지만, 그러한 우려를 무색하게 할 정도로 한 사람 한 사람이 자신의 입시 경험을 열정적이고 허심탄회하게 토로해주었다. 그렇게 철학과 학생들은 이 원고에 대체될 수 없는 도움을 주었고, 그들의 흔적이 보이게, 보이지 않게 각인되어 있다. 특히 원고를 꼼꼼히 읽고 여러 유익한 조언을 제시해준 박사과정의 이진호씨에게 감사와 우의의 뜻을 전한다.

1장 — 어떤 집단적 거짓말과 사교육

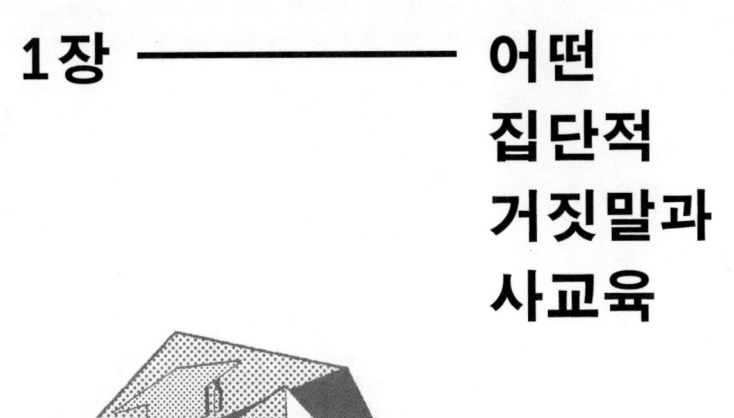

1. 진정한 정치적 문제

'진짜' 정치적 문제와 '가짜'

한 사회에서 '진짜' 정치적인 문제와 '가짜'가 있다면, 양자를 어떻게 구별할 수 있는가?

첫째, 진정한 정치적인 문제는, 그 사회의 현실에서 누구나, 적어도 절대다수가 각자의 몸과 의식으로 경험해온―경험하고 있는, 즉 느껴서 마주하고 있는―것이기에 이미 익히 알고 있는 것이다. 반면 소수의 엘리트가 이데올로기적 차원에서, 또는 철학적·이론적 차원에서 발굴하고 구성해서, 마찬가지로 소수에게 정치적 문제로 받아들여진 것은 '진짜'가 아니다. 내가, 각자가, 우리 일반이 실제로 문제라고 느끼고 확인한 것만이 진정한 정치적 문제이다. 공동의 것만이 정치적인 것이다. 정치적 문제는 그것이 문제로 받아들여지기 위해 어떠한 이론적 설명도 설득도 필요로 하지 않으며, 어떠한 이데올로기로부터도 도출되지 않고, 우리 일반 각자의 경험의 장 안에 이미 지울 수 없이 각인되어 있는 것이다. 그것은 '머리'로 구성될 필요가 없으며, 이미 우리가 끊임없이 각자 안에서 '몸으로' 느끼고 있는 것이다. 우리는 이 사회 내에서 무엇이 정치적으로 문제인지 누가 가르쳐주지 않아도 이미 알고 있다.

둘째, 진정한 정치적 문제는, 그것 때문에 절대다수가 참기 힘든 굴욕적인 고통을 실제로 겪고 있는 것이다. 그 문제로 인해, 이 방 저 방, 이 사무실 저 사무실, 이 교실 저 교실, 또는 이 거리 저 거리에서 우리는 가슴이 답답해지거나, 숨 막히거나, 잠 못 자거나, 절규를 강요받거나, 나아가 때때로 자살 충동을 느끼거나, 실제로 자살로 이끌려가기도 한다.

셋째로, 진정한 정치적 문제는 이미 우리가 알고 있고, 실제로 심한 고통을 겪는 것임에도 불구하고, 우리로 하여금 그 자체를 곧이곧대로 폭로하지 못하게 막는다. 거기에 결부되어 있는 권력이 너무 압도적인 것으로, 너무 오랫동안 유지되고 강화되어 극복 불가능한 것처럼 보이기 때문이다. 한마디로 그러한 정치적 문제는 우리로 하여금 '쉬쉬하게' 만든다. 마치 그것을 문제가 아닌 것처럼 여기면서 감내하고 사는 것이 정상인 것처럼 여기게, 즉 '집단적으로 거짓말하는 것'이 올바른 의무·규칙이자 '진리'인 것처럼 여기게 만든다.* 그렇다면 어떻게

---

* 니체, 〈비도덕적 의미에서의 진리와 거짓에 관하여〉, 《유고(1870년-1873년): 니체 전집 3》, 이진우 옮김, 책세상, 2001.

그렇게 만들 수 있는가? 이 물음에 대해서 이후에 숙고해보고자 한다.

학벌의 의무라는 집단적 거짓말

먼저 여기서 이렇게 단도직입적으로 밝히고자 한다. 한국에서 대학입시 문제를 포괄하고 있는 학벌 문제는 진정한 정치적 문제들 가운데 하나다. 또한 학벌-입시 문제는 이곳에서 가장 중요한 정치적 문제이다. 누군가는 여기의 가장 중요한 정치적 문제로 분단 문제, 재벌 문제, 빈부격차 문제, 노동 문제, 부동산 문제, 수도와 지방의 격차 문제나 남녀 불평등 문제를 꼽을 수 있겠지만, 이 문제들 가운데 대다수가 바로 학벌-입시 문제로 표출되는 동시에 강고해지며, 학벌-입시 문제와 밀접하게 연동되어 돌아가는 동시에 이 문제와 맞물려 증폭된다. 그 사실 이전에 학벌 문제가 이곳의 가장 중요한 정치적 문제인 이유는, 그것이 우리의 경험의 장 자체에서 가장 일반화된 문제—거의 모두가 겪는 문제—이자 가장 직접적으로 경험되는 것이기 때문이다. 그 문제가 이곳의 가정 일반 내에서 가장 자주, 끊임없이 불거져 나올 뿐만 아니라, 유리한 위치에 있는 부유한 가정들조차 작지 않은—때로는 보다 더 큰—고통으로 몰아넣기 때문이다. 기득권층의 가정들 대다수가 스스로 그렇게 고통스러운 만큼이나, 과도한 '충성'과 기이한 경쟁을 통해 학벌-입시의 의무라는 거짓말을 유지시키고, 폭로하기 힘들 정도로 확고한 것으로 만들고 있다.

 그렇다면 왜 학벌의 의무가 거짓말인가? 왜 학벌이라는 의무를 이행해야 한다는, 이 사회의 암시적이자 명시적인 규칙이 거짓말인가?

2. 우리는 왜 사교육을 하는지 모른다

사교육이라는 의무

이곳에서 부모들이 자식들에게 사교육을 시키는 이유의 약 70%(66.9%)가 남들의 존재, 남들의 눈, 한마디로 남들 때문이다.* 이미 오래전부터 이곳의 가계 일반에서 사교육비 지출이 과도하며 계속 증가하고 있는데,** 부모들은 가계에 그렇게 큰

---

* 한국교육개발원, 〈교육에 대한 국민 인식과 미래 교육 정책의 방향〉, 2021. 한국교육개발원은 교육 정책에 대한 평가와 진단을 위해 매년 교육 여론조사를 실시하는데, '사교육을 시키는 이유'라는 조사 항목에 대해 응답자들의 66.9%가 남들의 존재 때문이라고 답했다. 정확히는 "남들이 하니까 심리적으로 불안하기 때문"이 24.3%, "남들보다 앞서 나가게 하기 위해"가 23.4%, 그리고 "학교에서 가르치는 것보다 더 높은 수준의 공부를 하도록 하기 위해서"가 19.2%인데, 그 마지막 이유를 '아이들이 보다 높은 수준의 심오한 '학문'에 들어가게 하기 위해'라고 이해하기에는 큰 무리가 따른다. 그 이유는 결국 두 번째 이유 "남들보다 앞서 나가게 하기 위해"와 다를 바 없는 것으로 여겨진다.
** 2001년 《중앙일보》의 조사에 따르면 가계 일반에서 사교육비 지출 비율은

영향을 주는 사교육비를 사실상 '남들을 위해' 쓰고 있다. 정확히는 각자 자식이 남들과의 경쟁에서 이기기 위해 사교육비 부담을 기꺼이 지고 있는 것인데, 초중고의 모든 경쟁의 궁극적 이유인 대입 경쟁에서 이기는 학생들의 비율이 절대 소수에 불과하다면, 대다수의 부모들은 이미 패배가 예정된 싸움에 너무 큰 '판돈'을 걸고 있는 것 아닌가? 이러한 물음이 설사 그들에게 의미가 있다고 여겨지더라도, 그들이 설사 그에 따라 큰 판돈을 걸 필요가 없다고 자각하더라도 아마 그들은 아이들을 사교육 시장에 계속 내맡겨둘 것이다. 남들도 다 그렇게 하니까, 자신만 그렇게 안 하면 불안해서 견딜 수 없으니까. 따라서 우리는 아이들의 초중고 재학 기간 동안, 즉 10년 넘게 적지 않은 돈을 왜 그렇게 흘려 내버려야 하는지 정확히 모르는 것이다. 확신 없이 그렇게 하는 것이다. 우리가 자식들에게 사교육을 시키는 가장 큰 이유가 '남들을 위해서'라는 것은, 사실상 사교육을 시키는 이유를 정확히 모른다는 것이다.

    그렇다면 이 사회는, 이 사회를 대변한다는 정부는 그 정확하고 정당한 이유를 아는가? 몇 년 전 교육부는 국가가 주도하는 '학업성취도전수평가', 즉 일제고사(전국의 모든 학교에서 모든 학생들이 동시에 일제히 치르는 시험, 1998년에 폐지되었다)를 부활시키고 단계적으로 확대 실시해서 2024년에는 초등학

27.7%로 주택유지비·집세 비율(36.4%)에 이어서 세금 비율(28.7%)과 비슷한 수치를 나타내고 있다. 2022년 자녀 둘을 둔 가정에서 월 46만 6300원을 지출해서 전년 대비 24.6%의 증가세를 보였다(통계청, 〈가계 동향 조사〉, 2022.3.2.).

교 3학년부터 고등학교 2학년까지의 학생들이 치르도록 하겠다고 발표했다. 이 정책의 정당성을, 윤석열 전 대통령은 "줄 세우기라는 비판 뒤에 숨어 아이들의 교육을 방치한다면 대한민국의 미래도 어두워질 것"이며, "지난 정부에서 폐지한 학업성취도전수평가를 원하는 모든 학교가 참여할 수 있도록 하고 학생별 밀착 맞춤형 교육을 통해 국가가 책임지고 기초학력 안전망을 만들겠다"*라고 말하면서 뒷받침했다. 그러나 현직 대통령의 이러한 발언은, 그것이 국민들에게 곧이곧대로 받아들여지리라고 믿을 정도로 그가—나쁜 의미에서—'순진하며', 겉모습과 드러난 말로 속내를 감추고 사람들을 속일 줄 아는, 마키아벨리가 말한 주권자의 첫 번째 '덕목'도 갖추지 못했다는 사실을 증명할 뿐이다. 여기서 "대한민국의 미래"를 "어두워"지지 않도록 지켜야만 하는 "아이들의 교육"은 결국 아이들을 어떤 "안전망" 안으로 밀어넣어 가두는 것 이외에 다른 것이 아니다. 즉 아이들 모두를 '남들을 위해서', '남들의 비위를 맞추면서' 획일적으로 살게 하는 것, 즉 모든 아이들을 "안전하게"(그러나 누구를 위한 '안전'인가? 혹시 아이들을 위한 '안전'이 아니라, 어른들을, 좁게는 기득권 세력을 위한 '안전' 아닌가?) 똑같이 살게 만들려는 것 이외에 다른 것이 아니다. 아이들과 부모들은 잘 모른다 하더라도, 정부는 '교육'이라고 부르기 힘든, 교실들에서의 이 살벌한 경쟁을 "국가가 책임지고" 부추기는 동시에 정당화하고

---

* 《경향신문》, 2022.10.12.

가속화해야 하는 이유를 잘 알고 있는가?

포박되어 있는 우리

국가가 관리하는 일종의 일제고사인 '학업성취도전수평가' 실시 계획을 교육부가 발표하자마자 며칠 뒤 소위 진보 교육감들뿐만 아니라 보수로 분류되는 교육감들(강원도 교육감, 경상북도 교육감, 충청북도 교육감)조차 반대를 표명하면서 우려를 감추지 않았다. 이는 "진보·보수 교육감들 간의 실질적 견해차가 크지 않은데, [교육감들 모두는] 교육부까지 '자율 평가'라고 공언하는 정책을 무리하게 강요할 필요가 없다고 판단했"*다는 사실을 보여준다. 2주 후 이 정책의 결정권자들 중 하나인 이주호(당시 부총리 겸 교육부 장관 후보자)는 자신의 인사청문회에서 "모든 학생을 획일적으로 평가하지는 않겠다고 약속할 수 있냐"라는 질문에 "약속할 수 있다"고 대답함으로써,** 일제고사와 같은 이 정책을 철회할 의도를 밝혔다. 몇 주 사이에 벌어진 이 일은, 다른 수많은 예가 보여주고 있는 동시에 우리가 지속적으로 마주해오고 있는 상황들을 다시 한번 확인시켜준다.

첫 번째는 학벌(입시 일반, 특히 대입)과 관련해서, 국가와

---

* 《경향신문》, 2022.10.15.
** 《경향신문》, 2022.10.29.

시민사회가 접점을 찾기 힘들 정도로 분리되어 있는 상황이다. 윤석열 정부는 입시가 요구하는 경쟁에 학생들과 부모들이 지칠 대로 지쳐 있음에도 불구하고 그 경쟁을 과열시킬 수밖에 없는 또 하나의 정책을 무리하게 추진하고자 했다. 이 사실은, 국가가 이미 정립해놓았거나 제시하고 있는, 즉 공적 구속력이 있는 기준(입시 관련 법·제도)들이 시민사회가 감당할 수 있는 수준을 넘어서서 무리하게 적용됨에 따라 우리가 감당할 수 없는 고통을 겪고 있는 상황을 다시 한번 환기시킨다. (그러한 한도 넘은 상황을 2018년 문재인 정부 시절, 큰 관심을 모았던 드라마 〈SKY캐슬〉이 극명하게 보여주었음에도 불구하고, 거기에 문재인 정권은 집권 기단 내내 시종일관 눈감았었다. 윤석열 정권은 유지되었다면 더 노골적으로 그랬을 것이라고 본다. 상황을 더 악화시켰을 수도 있을 것이다. 어느 정권이 되었든, 학벌 때문에 못 가진 자들은 물론 가진 자들까지 내지르고 있는 비명을 듣지 못한 체하고 있다.)

두 번째는 입시로 인해 시민사회가 겪고 있는 고초와 표출할 수밖에 없는 불안과 분노와 마주해 정부가 우왕좌왕하는 무기력한 상황이다. 보수적 교육관을 대표하고 있는 인물인 이주호는 이명박 정부 시절 자신이 주도하고 실현했던 고교다양화 정책('고교차별화 정책')과 관련해 "자사고 등 고교다양화 정책이 서열화로 이어지는 부작용이 있었다"[***]고 시인했다. 그렇다면 초중고의 모든 과정이 대학 서열이라는 기준으로 시행되는

[***] 《경향신문》, 2022.10.29.

대입에 맞춰져 있는 현실 아래에서 '고교차별화'가 대입에 어떤 영향을 줄 것인지에 대해 그가 전혀 예상하지 못했다고 볼 수는 없다. 대학 서열이 엄존하는 현실에서 고교 '다양화'라는 것은 눈 가리고 아웅 식의 처방밖에 되지 못할 것이라는 점은 범부도 예상할 수 있었던 것 아닌가. 어느 정부가 되었든, 시민사회의 반발 앞에서 고착화된 현재의 입시·교육제도의 문제점을 의식할 수밖에 없지만, 그 제도를 바꾸기는커녕 건드리지도 못하는 무력감에 굴복하고 있는 것처럼 보인다. 그 이전에 그 제도를 유지할 수밖에 없거나 끝까지 고수하고 싶어 하는 것처럼 보인다.

세 번째는 그에 따라 우리가 오래전부터 이미 언제나 들어와 있는 상황, 즉 모든 정권이 사실상 동일하게 입시·학벌 문제를 건드리지 않음으로써 흔들림 없이 유지되고 있는 현실(사회적·경제적 불평등의 구조)에 우리가 꼼짝없이 포박되어 있는 상황이다.

학벌-입시라는 전형적인 정치적 문제

왜 모든 정부는 대한민국이라는 국가가 수립된 이후부터, 아니 그 이전 일제강점기부터(이 점에 대해 곧이어 살펴봐야 할 것이다*)

---

*   이 책 83~95쪽 참조.

유지되어왔기에 세대에 세대를 거쳐 국민들에게 가중되기만 하는 고통을 강요하는 학벌-입시 체제를 그대로 놔두고 있는가? 가장 큰 이유는 학벌-입시 체제가 너무나 강고하기 때문이다.** 학벌-입시 체제를 건드리고 흔든다는 것은, 너무 오랜 시간을 두고 구축되고 강화되어온 국가의 지배 체제('부동산공화국', 직업들 사이의 위계, 노동과 임금의 체계, 수도권과 지방의 분리, 나아가 빈부격차 위에서 작동하는 자본주의 자체)를 건드리고 흔든다는 것이다. 이 국가의 지배 체제를 이대로 유지하기 위해서 가장 중요한 것은 이 학벌-입시 체제를 더욱더 강고하게 유지하는 것이다.

한국이라는 국가의 지배 체제는 학벌-입시 체제에 의해 정당화되고 유지되는 동시에 견고해진다. 그렇다면 이 지배 체제는, 학벌-입시 체제로 인해 가장 직접적으로 크게 고통받는 초중고 학생들을 숙주로, 그들을 밟고 전개되고 운영되고 있

** 그 증거들 가운데 하나가 학벌 체제를 처음 본격적으로 문제 삼았던 시민단체 학벌없는사회가 2016년 자진 해산한 사건이다. 2016년 3월 25일 발표된 해산선언문에서 이철호 대표는 이 사회에서 가장 큰 문제는 자본 권력이지 학벌 권력이 아니라고 말하면서("학벌사회는 교육에서 비롯하지만 그 본질은 사회 권력의 독점에 있다. 그러나 자본의 독점이 더 지배적인 2016년 지금은 학벌이 권력을 보장하기는커녕 가끔은 학벌조차 실패하고 있다") 해산 이유를 밝혔지만, 이후 몇 년 전부터 활동을 재개한 학벌없는사회가 스스로 인정하고 있듯이, 그 이유는 '찾아낸' 명분에 지나지 않는 것처럼 보인다. 이곳에서 학벌 체제를 떠받치고 있는 것은 자본의 체제(그 분명한 예로는 '아파트공화국')이며, 역으로 자본의 체제를 떠받치고 있는 것은 학벌 체제이고, 학벌-입시의 문제와 자본의 문제는 결코 분리될 수 없기 때문이다. 보다 정확히 말해 한국에서 학벌-입시와 자본은 너무나 긴밀하게 연동되어 있기에 동전의 앞뒷면일 수밖에 없다.

다. 물론 이 학생들이 학벌-입시 체제도, 지배 체제도 자발적으로 지지했다고 볼 수 없으며, 그들은 이 두 체제와 그 연동성을 원하지 않았을뿐더러, 대다수는 그 연동성을 명확하게 인식하지 못하고 있다. (그 증거가 대입에서 실패하거나 좌절한 학생들 대부분이 각자 자신이나 자신의 부모를 탓한다는 것이다. 만약에 학생들 대다수가 사실을 사실대로 인식하면서 자신들을 밟고 유지되는 이 지배 체제를 문제 삼았다면, 이 체제는 분명히 이미 오래전에 와해되었을 것이다. 그러나 이 체제가 경영하는 현실에서 희생자들은 각자 친구나 자신이나 자신의 부모에게 폭력적이 되면서 다시 자신을 처벌하고 있다. 그러나 희생자가 다시 자신을 희생시킬 수밖에 없다는 사실은 한 체제 내에서—어떠한 체제에서든—지배자가 교묘한 동시에 부당하게 지배에 성공했다는 사실을, 즉 그 체제의 부당성을 정확히 입증한다.)

한국의 지배 체제는, 학벌-입시 체제에 완전히 포박되어 꼼짝달싹할 수 없게 되어버린 어린 학생들의 부자유·억압에 대한 감내·좌절감·모멸감·분노나, 그에 따르는 자살 충동(때로는 자살 실행) 같은 정당화될 수 없는—즉 그들이 이유를 명확하게 인식하고 있지 못한—고통들을 딛고 유지되고 '정당화된다'. 그러나 여기서 '정당화된다'는 것은 사실 아직 사회에 대한 인식이 부족하고 '말 못하는' 학생들을 볼모로 잡고 '은밀하게 지배한다'는 것이다. 한마디로 '부당화된다'는 것이다. 사회학자 김동춘이 분명히 판단하고 지적했듯이, "만약 한국 학생들이 성인과 같은 사회인식을 갖고 있다면 이런 감내하기 어려운 학교 현실에 대해 거대한 저항이 일어났을 것이다. 그런데 청소년들은 집단 저항을 할 수 없고, 할 수 있는 방법도 알지 못하기 때문에 아무런 사적 원한이 없는 다른 학생이나 자기 부모를 향해 폭력으로 분노를 표시한다. 자살은 밖으로 표출되지 못하는 분노나 좌절감이 자신에게 향하는 폭력이다"*

김동춘의 이러한 진단에 따라, 우리는 두 가지 사실을 다시 확인할 수밖에 없게 된다. **하나는 현재 이곳의 학벌-입시 문제는 단순히 교육 문제도, 예외적인 하나의 사회문제도 아니며, 전형적인 정치적 문제라는 사실이다. 즉 너무 오랜 기간 동안 국가 차원에서 지속되고 심화되고 격화되어온 억압·피억압의 문제, 즉 집단적인 지배·피지배의, 전면적인 차별·피차별과 서열화의 문제라는 것이다. 다른 하나는, 너무 긴 시간 동안 이 나라의 근간을 침식해 들어오던 이 문제가 이 나라를 중병에 들게 만들었다는 사실이다.**

학벌-입시라는 이데올로기

1980년대 전두환 정권에서 사교육이 금지되었고, 불법 과외를

---

* 김동춘, 《시험능력주의》, 창비, 2022, 63쪽. 2022년 출간된 이 책에서 우리는 학벌-입시와 '시험능력주의'와 관련된 수많은 사례들과 그것들에 대한 치밀한 분석들을 만날 수 있다. 이 책은 학벌이 야기하는 문제들이 2022년 현재 얼마나 심각하며, 점점 더 심각해지고 있다는 사실을 다시 주지시키는 일종의 '보고서'이다.

받던 소수만을 제외하고, 절대다수의 초중고생들은 공교육(학교 교육)만을 받을 수밖에 없었다. 학생들 '일반'은 시험이 있는 기간 한두 주를 제외하고, 방과 후에 집에서, 또는 밖에서 친구들과 '놀았다'. 물론 당시에도 '스카이'로 대변되는 소위 '명문'대학에 입학하기가 쉽지는 않았지만, 현재의 그 어려움에 비교할 수는 없었다. 학생들은 그렇게 초중고 11년을 여유롭게 지내다가, 고3이 되면 주위에 같이 '놀아줄' 친구가 없으니 입시 준비에 매진할 수밖에 없었고, 상당수가 명문대에 대한 집착을 도저히 극복할 수 없으면, 보통 1년간, 아니면 2년간 자신의 '인간성의 존엄'을 반납하고 입시 공부에만 몰두하면, 적지 않은 경우, 어느 명문대 한 학과에 입학할 수 있었다. 당시에는 서울의 강남·강북에서의 입시 학력격차도 지금처럼 심하지 않았고, 강북의 여느 고등학교에서도 전교에서가 아니라 한 반에서 10등 정도 안에 들면 '스카이'의 웬만한 학과에 들어갈 수 있었다. 대학 서열도 수도권 대학들(흔히 말하는 대로 '인서울')의 일방적 우위가 아니었고, 서울의 상위 몇몇 대학들 바로 다음에 지방 거점 대학들(부산대·경북대·전남대 등)이 위치했다. 그 사실은, 사회학자 오찬호와 함께 다시 김동춘이 확인하고 있는 것처럼, "2000년대 이후부터 20대 학생들에게 아파트 가격과 수능 점수는 유사한 방식으로 서열의 기준이 되었고, 특히 수능 점수는 거의 신앙적 표식이 되었다. 이들은 대학 서열을 신분제 사회의 위계처럼 받아들이고 대학 서열의 굴레에 혼연일치가 되어 살아간다. 그들에게 수능 점수는 가장 가시적이고 공신력 있는 성과 지표다".* 같은 학령에 속하는 학생들 가운데 대입에서 '일반적인' 성공에 이르는 비율이 너무 낮다는 사실('스카이'는 1.5%, '인서울'은 10% 미만)을 되돌려본다면, 위와 같은 변화는 소수를 위한 학벌 이데올로기가 지나치게 강화된 동시에 '무차별적으로 일반화'되었다는 현재의 상황을, 즉 전 국민 사이에서 심각한 하나의 불평등이 고착·확장 일로에 있는 상황을 증명한다.

여기서 우리에게 하나의 관건은, 학벌이 심각한 폐해를 가져오는 이데올로기라는 점을 다시 보여주는 데에 있다. 학벌은 정당한 근거는 없지만 매우 강력한 이데올로기이다. 말하자면 학벌은 우리 대다수 각자의 현실을 거의 반영하지 못하고 있음(대다수의 학생들은 학벌 피해자들이다)에도 불구하고, 강력한 힘을 행사하는 '일반화된' 이데올로기이다. 즉 소수에게만 이익(경제적 이익이자 사회적 '지위'라는 이익)을 가져다주지만 대다수가 공유하게 된 이데올로기라는 것, 한마디로 불평등을 조장하는 동시에 강화시키는 '병적인' 이데올로기, 그러나 너무 오랜 기간 성공 가도를 달려온 이데올로기라는 것이다.

---

*　같은 책, 131~132쪽.

3. 10%를 위한 거짓말

'기초학력 안전망'이라는 '위험 지역'

'말 못하는' 아이들의 피억압·부자유, 열등감·자책감, 굴종·모멸감과 절망감·분노·자살충동을 딛고서 지탱되고 견고해지는 이 사회의 지배 체제는 한마디로 비열하고 악하다. 그것은, 게다가 '교육'이라는 명목으로 아이들뿐만 아니라 부모들, 나아가 우리 모두를 통제하고 관리하기에, 가령 "기초학력 안전망" 내에서 우리 모두를 보호해주겠다고 자신하기에 음험하고 위선적이다. 현재 한국사회를 지배하고 있는 '최고 학벌' 엘리트들도, 현재의 교육이 아이들에게 타인들과 공감하고 연대하는 능력을 키우는 '윤리' 교육이라고는, 삶과 세계에 대한 성찰을 배우는 철학 교육이라고는, 또는 민주 시민이 되기 위한 주체적 비판 능력 함양의 교육이라고는 절대로 말하지 못할 것이고, 그 이전에 그렇게 말할 필요도 못 느낄 것이다.

하지만, 그들이 뭐라고 말하든, 그들에게 교육은, 사육飼育을 위해 둘러놓은 울타리(우리, 즉 케이지cage)라는 '사회적 안정망'과 전혀 다르지 않은 "학력 안전망" 내에 아이들과 모두를 욱여넣는 것이다. 그것이 실상이지만, '모두가 이 지배 체제의 '안전망' 내에 갇혀 사육당하고, 그 밖은 위험하니 거기로 한 발자국도 나가지 마시오'라고 솔직하게 공언共言할 수는 없는 노릇 아닌가? 지배 체제의 그러한 폭력에 순종, 아니 굴종하고 있는 곳은, 바로 각급 학교뿐만 아니라 각 가정이다. 부모들은 이 이상한 체제 내에 자식들을 묶어두려 하다가, 거꾸로 자식들의 반항에 부딪혀, 기꺼이 체제를 대신해서, 즉 체제의 방패가 되어 자식들의 분노의 대상이 되는 것마저도 감수한다. 이 체제는 그 자체를 보호하기 위해 부모들을 분노를 대신 받아줄 방패막이로 삼고 있다. 이 체제는 자식에 대한 부모의 '원초적인' 사랑 또는 어쩔 수 없는 집착을 먹잇감으로 삼아 스스로를 유지하고 몸집을 불려나간다는 점에서 비열하고 악하다. 게다가 "학력 안전망"이 '사회적 안정망'과 같은 것이라면, 대다수에게 그 학력의 사회적 안전망이라는 것은 사실은 전혀 안전하지 않은, 경쟁·선별·차별·서열화와 배제의 공간, 한마디로 대다수가 낙오되고 실패하는 '위험 지역'일 뿐이다. 누군가 끊임없이 우리를 속이고 있는 것이다.

  이곳의 지배 체제와 학벌-입시 체제의 이 통합체는 너무 긴 세월 동안 존속되어오면서 단 한 번도 전면적인 거부와 저항에 부딪혀보지 않은 채 지극히 당연한 것처럼 우리 위에 군림해왔다. 그 통합체가 마치 우리에게 '아버지의 법'처럼 작동한다면, 그것은, 어떠한 정권이, 어떠한 보수나 진보가 권력을 잡든, 일종의 '무의식의 진리'처럼 우리에게 받아들여지고 있다. 말하자면 누군가 그것을 거부하고 비판한다 할지라도, 속으로는 여전히 두려움(배제의 두려움, '안전망' 바깥으로 떨어질 것 같은 두려움) 가운데 믿는다는 것이다.

남들의 눈

2021년의 한 통계조사를 참조해 앞에서 밝혔던 대로, 부모들의 약 70%가 남들의 존재·시선 때문에, 한마디로 남들 때문에 자식들에게 사교육을 시킨다. 이에 대해, 남들 때문이라는 이유는 부모들이 왜 사교육을 시켜야 하는지 모른다는 사실을 증명할 뿐이라고 우리는 말했다. 그러나 사실 부모들 각자는 자신의 아이를 왜 사교육 시장으로 밀어넣는지, 그 이유를 '잘 알고' 있다. 의식적으로는 잘 몰라서 분명히 설명할 수 없다 할지라도, 무의식적으로는 '잘 알고' 있다. 명확하게 해명할 수는 없지만, 무의식적으로, '안전망' 밖으로 자신의 아이가, 즉 자신이 추락할 것 같아 두려운 것이다. 부모들이 자신들과 아이들을 사교육 시장에 맡겨놓는 이유가 남들 때문이라면, 물론 아이들로 하여금 남들을 위해 봉사하는 삶을 배우게 하기 위해서는 결코 아니다. 여기서 '남들 때문'이라고 했을 때, 그 '남들'이 누구인지 대단히 불분명하다. 따라서 '남들의 시선'이라는 것도 확실히 알 수 없는 막연한 것이다. 그것은 특정 사람들의 시선이 아니라 무의식의 시선이다. 즉 거의 절대적인 힘을 행사하고 있는 것처럼 보이는 초자아의 법. 한 '아버지'가 '아이가 편하고 잘 살고 남들보다 높은 위치에 있는 모습을 보고 싶으면 아이를 명문대에 보내, 아니면 너도 국물도 없어'라고 명령하는 것이다.

사실 우리는 각자 아이를 명문대에, '스카이'에 보내고 싶어 하는 이유를 너무나 잘 안다. 아이가 편하고 걱정 없이 살 수 있게 하기 위해, 더 나아가 가능하면 아이가 남들에 비해 더 부유하게, 더 높은 위치에서 사는 모습을 보고 싶기 때문에. 이러한 부모의 욕구를 무시해서는 안 된다. 그것을 '속된' 것으로 치부할 권리가 우리에게는 없다. 그것을 어떠한 도덕적 잣대로도 재단해서는 안 된다. 그것은 거의 본능에 가까운 것으로부터 나온 것이기 때문이다. 다시 한번 분명한 사실을 확인해보자. 현재 이곳의 학벌 문제는 교육의 문제도, 사회적 문제도, 도덕적 문제도 아니고, 가장 심각하고 가장 급박한 정치적 문제들 가운데 하나이다. 즉 집단적 억압-피억압의, 전면적 지배-피지배, 차별-피차별의, 서열화의 문제, 그 문제를 정면으로 직시할 필요가 있다. 그 문제 앞에서 어떠한 도덕적 교훈도, 고상한 충고도 '빛 좋은 개살구' 또는 '눈 가리고 아웅'에, 허약한 도피에 지나지 않는다는 사실을 인정해야 한다. (어떤 교육의 문제, 사회적 문제나 도덕적 문제가 중요하지 않다는 것이 아니다. 학벌이라는 정치적 문제를 교육, 사회나 도덕의 차원에서 접근하게 되면, 그 문제가 곧바로 왜곡될 수밖에 없다는 것이다. 가령 이 문제를 앞에 두고, 외국의 이러저런 사례들을 가져와서 진정한 인문학 교육의 고상함을 내세우거나, 도덕적 인성 교육의 진실성을 역설하는 것은 문제의 초점을 흐리게 한다는 것이다.)

10%를 위한 거짓말

이렇게 물을 필요가 있다. 이 학벌-입시 체제 내에서 이득을 취하면서 누가, 어느 집 아이가 향후 안락한 삶을, 남들이 부러워하는 위치 한 곳을 누릴 수 있는가?

이곳 이외의 전 세계 어디에서도 찾아볼 수 없는, 수도권 대학들과 지방 대학들의 격차를 상징하는 표현이자 입시에서의 성공 기준이 된 '인서울' 대학들에 입학하는 학생들의 비율은 7.17%(수능 응시자들의 7.17%)에 불과하며, 그것은 청년 정규직 비율(서울에 거주하는 18~29세 청년들의 정규직 비율) 7%와 일치한다.* '인서울'에 입학하는 학생들 전체가 정규직 청년이 된다는 것이 아니라, 입시 '시장'과 마찬가지로 고용 '시장'도 10% 이내의 사람들에게만 유리하게 움직이도록 구조화되어 있고, 대입에서의 불평등에 대한 학습은 이후의 사회적·경제적 불평

---

* 《아세아경제》, 2017.11.8. 최근 EBS의 조사 자료를 보면 '인서울'에 입학하는 학생들의 비율은 매년 10% 내외로 한정되어 있다.

등에 대한 훈련이 된다는 것이다.

　이곳의 고등학교들 대다수가 입시에서 성공하는 10% 이내의 학생들을 위해, 그들 아래로 '깔려주고' 있으며, 마찬가지로 대다수의 청년들이 10% 내외의 정규직 청년들이 '제대로 설 수 있도록' 직업 시장의 '밑바닥에 깔리고 있고', 결국 국민들 대다수가 10% 내외의 다른 사람들의 안녕·평안·행복과, 무엇보다 그들의 위세·권위와 권력을 보장해주기 위해(본래, 언제나 위세·권위·권력은 타인들이 있어야만 행사할 수 있는 것들, 타인들에게 지극히 의존적인 것들 아닌가) 그들의 바닥으로 '깔린다'.**

　국가 주도의 일제고사인 '학업성취도전수평가' 실시 계획을 옹호하면서 윤석열 전 대통령은 그 이유에 대해 "대한민국의 미래가 어두워지지 않도록" 학생들 모두에게 "학생별 밀착 맞춤형 교육을 통해 국가가 책임지고 기초학력 안전망을 만들"기 위해서라고 답했다. 그는 현재 한 고교 클래스가 이미 어둡다 못해 암담하거나 캄캄하다는 사실을 보지 못하는가―오랫동안 한국이 세계에서 출산율 최저의 국가로 남을 수밖에 없는 이유는 그 암담하거나 캄캄한 사실을 다수의 국민들이 분명히 보고 있기 때문이다. 윤 대통령은 자신이 말하는 "안전망"이 오직 10%의 인간군을 위한 것이라는 사실을 모르는가. 그는 그렇

　**　이정희 전 의원이 2009년 10월 21일 한국노동연구원의 '2007년 노동 패널' 조사 결과를 분석한 결과, 한국에서는 상위 부자 10%가 거주 주택 제외 총 자산의 70%를 소유하고 있는 반면, 하위 50%는 그 1%도 소유하고 있지 못하다(《경향신문》, 2009.10.21.).

게 "안전망" 운운하면서 어쩔 수 없이―알면서도? 아니면 정말 모르고? 아니면 습관적으로?―어쨌든 습관적으로 또 거짓말을 했던 것이다. 그는 10%의 사람들만을 위해 거짓말한다. 10%의 사람들과만 이익을 나누기 위해 거짓말하는 것이다.

이곳에서 사회적 안전망 안으로 들어가 있는 사람들이 10% 내외인 것과 마찬가지로 윤 대통령이 말하는 "기초학력 안전망" 안에 들어가 있는 아이들은 10% 내외에 불과하다. 나머지 아이들은 그 10% 내외의 아이들이 안전망 내에 끝까지 안전하게 남아 있을 수 있도록 사실상 안전망 밖으로 밀려나 있다. 거기에서 밀려나 있어준다. 불안해하면서, 아니 불안에 대해조차 무감각한 채로, 또한 이러저런 고통스러운 것들을 다 잊기 위해 그냥 엎드려 자면서.

'쉬쉬하기'

상위 10%의 아이들만을 보호해주면서 미래의 사회적·경제적 불평등의 훈련장이 되는 안전망을 제거해야 한다. 학벌이라는 무의식의 명령에 순종하고 또 순종하면서 한 번도 스스로 자발적으로 원했던 적이 없는 이 남들을 위한 삶을 끝내야 한다. 실존적이거나 도덕적인 차원에서 어떤 주체적 삶을 되찾아 살아가기 위해서가 아니다. 다시 한번 강조하자면, 문제는 도덕도 교육도 철학도 아니고, 하나의 사회적 현상도 아니다. 문제는 국가가 용인하고 장려해서 오랜 시간 동안 자행되어온 집단적 억압-피억압, 지배-피지배와 서열화의 사실·제도와 양상·패턴·관습이다. 한마디로 정치다. 도덕적이거나 철학적인 차원에서 주체적 삶을 되찾아오는 것은 부차적이거나 부수적인 것이고, 학생들 상위 10%가 예약해두고 있고 국민 전체의 10% 내외에 편중되어 있는 경제적 부의 상당 부분을 되찾아와야 하고, 그 이전에 국가가 고착화시킨 이 억압-피억압, 지배-피지배와 차별-피차별의 현실을 직시하고 그것을 넘어서 정치적 주권을 되찾아와야 한다. 이를 위해 거부와 저항의 발언들·행동들과 연대가 필요하다.

그러나 조용하고 소극적인 이의제기의 움직임들만 몇몇 있을 뿐, 우리 대다수는 무엇이 잘못되어 있는지 알고 있음에도 불구하고 '쉬쉬한다'.* 각자가, 각 가정이 부당하게 과도한 고

---

* 이는 최상위권 대학들에 입학한 학생들 다수에게서도 마찬가지일 것이다. 그들은 학벌주의가 풍기는 '쉰내'를 맡을 수 있기에 그것을 대놓고 옹호하고 선전하기를 꺼려할 수 있다. 그러나 학벌주의를 공공연히 옹호하는 사람들도 적지 않을 것이며, 우리가 잘 아는 예로는 개혁신당의 이준석 전 대선 후보를 들 수 있을 것이다. 그는 미국의 최상위 명문대 하버드의 졸업생이라는 이유로 세간의 주목을 받기 시작했으며, 여러 방송과 언론에서 경쟁은 좋은 것이라는 전제하에 이곳의 어느 최상위권 고등학교에서 친구들과 "성적을 놓고 다투었던 것은 좋은 추억이다"라고 말했고, 심지어는 경쟁과 시험을 거쳐 국회의원을 선발하는 제도가 필요하다고 역설했다. 그는 자신이 하버드 출신임을 공개적으로 수차례 밝혔고, 그에 따라 우리에게 각인된 그의 첫 번째이자 대표적인 이미지는 '하버드대 출신'이 되었으며, 이는 그 자신이 의도했던 결과처럼 보인다. 그러나 그 결과로 그는 명망 있는 한 집단에 의존해서만 자신의 위치를 확보하게 되고—즉 진부한 한사람이 되고—, 그의 위치는 국민들 일반 또는 민중 위의 '높은' 한 곳이 된다. 어떻게 국민들을 대표한다는, 대의한다는 정치인이 내세우는 것이 어느 일류 대학의 졸업장일 수 있는가. 또한 그는 청년들을 앞에 놓고 했던 한 방송 특강에

통을 짊어지고 있음에도 불구하고 그냥 감내하면서 고착된 병든 삶을 당연하고 정상적인 것으로 간주하고 행동한다. 집단적으로. 국가와 사회가 요구하는 대로 집단적으로 거짓말해야 한다(따라서 윤석열만 거짓말하고 있었던 것은 아니다)는 이 의무를 집단적으로 준수하고 실행하고자 노력에 노력을 더한다. 누구나—예외를 제외하고—학벌주의가 문제라는 것을 알지만, '쉬쉬할 뿐' 학벌에 대한 전면적인 거부와 저항에 들어가기는 쉽지 않다.

서, "하버드에 입학하기 위해서는 시험 성적만 중요한 것이 아니고, 각자 자신의 스토리를 갖고 있어야만 하며, 그것으로 사람들[평가자들]에게 어필할 수 있어야 한다"라고 말했다. 그렇게 말하면서 그는 '스카이' 위의 하버드 같은 세계적인 명문대에 입학하기 위해서는 남들과 다르게 살고 다르게 생각해왔다는 사실을 증명해주는 어떤 개성을 보여주어야 한다는 것을 강조하고 싶었던 것 같다. 그러나 여기서 개성과 같은 어떤 것도, 남들과 급진적으로 다른 어떤 점을 가리키기는커녕, 상대적으로 비교와 경쟁에 따라서만 변별될 수 있는, 보여주고 전시할 수 있는 이미지만을 가리킬 뿐이다. 그러나 남들과 근본적으로 다르다는 것은 쉽게 성취될 수 있는 것이 결코 아니며, 더욱이 개성과 같은 어떤 것을 통해 도달할 수는 없다. 그것은 사람들 일반, 사회 일반 그 밖으로 추방될 각오·결단과 용기에 따라, 그러나 궁극적으로는 비의지적으로 비의도적으로—에고의 의도·목적 하나가 결코 통제할 수 없는 어떤 익명적-민중적 움직임에 따라—이르게 된 하나의 결론일 뿐이다. 그 예로 여기서 고졸 노무현의 죽음을 떠올려볼 수 있지만, 여기서 우리는 노무현의 생전의 정치적 관점이나 비전—즉 이준석의 것과는 매우 다른 그것—을 고려하지 않고자 한다. 그의 최후의 행위와 그것이 민중에게 가져온 파급 효과만을 고려해보고자 한다. 그는 단순히 개성 있는 인물이었던 것이 아니고, 진정으로 남들과 다른 사람이었다. 노무현의 죽음의 행위 자체에만 집중해서 본다면—그것이 잘한 것이냐 아니냐라는 판단 이전에—그 행위는 분명히 한사람의 실존적 결단 자체로부터 촉발되었으며, 그 행위를 민중의 적극적인 응답의 움직임(눈물·슬픔·비탄의 움직임, 그러나 역설적으로 희망의 빛을 따라가는 움직임)이 예외적이자 급진적인 것으로 만들었다.

2장 ── 학벌-입시 체제와 초-자본주의

1. "한 번도 경험해보지 못한 나라"

문재인의 약속

2017년 5월 10일 문재인 전 대통령은 대통령 취임사에서 현재의 한국을 이루는 데 고초를 겪으면서 기여한 선대들과, 민주화를 위해 투쟁하고 헌신하면서 희생한 젊은이들을 소환했다. "우리가 만들어가려는 대한민국은 숱한 좌절과 패배에도 불구하고 우리의 선대들이 일관되게 추구했던 나라입니다. 또 많은 희생과 헌신을 감내하며 우리 젊은이들이 그토록 이루고 싶어 했던 나라입니다." 여기서 젊은이들은, 좁혀서 보면, 1980년대 인권변호사 시절부터 문재인 자신과도 밀접하게 연관되어 있던 소위 '86세대(1980년대 학번, 1960년대생)'의 민주화투쟁에 앞장섰던 사람들을 가리키고 있는 것처럼 보이며, 실제로 그는 집권 기간 동안 이 세대의 적지 않은 운동권 인사들과 함께 국정을 이끌어나갔다.

대통령 취임사에서 그의 다음과 같은 말은 우리의 뇌리에 가장 깊이 박히고, 가장 울림이 컸던 것들 중 하나일 것이다. "지금 제 가슴은 한 번도 경험하지 못한 나라를 만들겠다는 열정으로 뜨겁습니다." 2017년 5월이면, 전년 10월 말부터 시작되어 그해 봄까지 계속되었던 박근혜 탄핵운동의 '혁명적' 열기가 아직 가시지 않았던 시점이고, 많은 시민들은 이 취임사에 감동과 희망에 찬 기대로, 심지어는 눈물로 응답했다. "한 번도 경험해보지 못한 나라"에 대한 그의 약속도—정말 막연한 것에 지나지 않았지만—그들은 뜻도 모르고 그냥, 하지만 진정으로 믿을 수밖에 없었다. 그러나 문재인 정권의 시간이 흘러감에 따라, 더 많은 시민들은 그 "한 번도 경험하지 못한 나라"가 어떠한 것이었던 간에 결코 이루어질 수 없는 약속이었음을 점점 더 분명히 깨닫지 않을 수 없었다. 미경험의 그 나라가 어떠한 나라였는지, 취임사 이후로 퇴임한 지금까지 문재인으로부터 우리는 들어보지 못했는데, 이 정권의 지향점을 대변하는 이 표현 "한 번도 경험해보지 못한 나라"는 이제 민주주의가 급격히 퇴락한 한 번도 경험해보지 못한 나라로, 도덕적인 민주주의자로 여겨졌던 사람들이 이제 돌이킬 수 없이 타락해버린 나라로, 그렇게 부정적이자 반어적으로 이해될 뿐이다.*

물론 문재인의 그 표현은 역사적으로 중요한 전환점처럼

---

* 강양구·권경애·김경율·서민·진중권,《한번도 경험해보지 못한 나라》, 천년의 상상, 2020.

보였던 시점에서 불가피했던 수사 중 하나였을지도 모르고, 당시에 구시대의 적폐라고 여겨졌던 세력의 둔중한 관성을 그가 자신의 대통령이라는 권력으로도 제어하지 못했을 수도 있다. 그러나 국민들이 그와 함께 완전히 새로운 어떤 나라로 들어갈 수는 없었다 할지라도, 국민들이 그가 어떠한 방식으로라도 개선해주기를 원했던, 너무 오래되었지만 여전히 가장 중요한 것이 무엇이었던가는 이미 그의 재임 기간 내에 밝혀졌다. 그것은 학벌-입시 문제였다. 두 가지 예만 들어보고자 한다. 2018년 국민들의 비상한 관심을 끌며 방영되었던 드라마 〈SKY캐슬〉은, 학벌-입시 문제의 심각함이 이미 한계에 이르렀다는 분명한 증거였지만, 즉 이 문제 때문에 국민들이 위태로운 지경까지 이르렀다는 사실을 다시 한번 국가에 주지시켰음에도 불구하고, 문재인 정부는 너무 둔감했고, 어떠한 해결책도 개선책도 제시하지 못했다. "…… 문재인 정부는 역대 그 어떤 정부보다 교육 문제에 무관심했다. 아예 처음부터 교육 문제에는 손을 대지 않으려 했다."** 또 하나의 다른 예는 이른바 '조국사태'였다. 조국이 법적으로 얼마나 큰 과오를 저질렀는가라는 물음에 대해서는 여러 답변이 가능할 것이고, 그 물음은 여기서 우리가 다루어야 할 것이 아니지만, 어쨌든 조국의 자녀 입시 문제로 촉발되었던 이 사태를 통해 다시 한번 분명히 드러난 하나의 사실은 이것이다. 국민들은 학벌-입시 문제에 대단히 민

** 김동춘, 《시험능력주의》, 7쪽.

감하며, 그 하중을 너무 오랜 시간 버텨오느라 지쳐 있으며, 이 문제는 이제 국가가 나서서야 할 정치적 문제라는 것이다.

    나는 학벌-입시 문제에서만이라도 문재인 정부가 국민들이 납득할 만한 어떤 긍정적인 성과를 내놓았다면, 그 정부에서의 검찰총장에게 정권을 반납하는 지경에까지는 이르지 않았을 것이라 확신한다. 우리는 이 문제 때문에 너무 큰 고통을 계속 여전히 지불하고 있으며, 우리에게는 이 문제 자체가 상식이 감당할 수 있는 한계를 이미 오래전에 넘어가버렸다. 경제학자 우석훈은 의대에 가기 위해 고3 수학 과정을 선행 학습하는 초등학생들이 많아진 세태를 꼬집으면서("바퀴가 달린 캐리어 모양의 가방을 끌던 초등학교 6학년 고모군[12]은 귀가 차량을 가다리는 동안 '미적분' 문제집을 꺼내 한참을 눈으로 읽어 내려갔다") 윤석열 전 대통령에게 이렇게 지지율 50% 이상을 보장했다.* "만약 대통령이 지금 노조 부패 문제 다루듯이 선행학습 문제를 다룬다면, 이게 그렇게 못 풀 문제도 아니다. …… 해도 적당히 해야지, 이건 너무 심하다. 대통령이 이 문제를 풀겠다고 하면, 내가 감히 보장한다. 지지율 50% 훌쩍 넘어설 것이다." 우석훈의 이러한 보장은 허언도 과장도 아니다.**

---

*   우석훈, 〈초등학생의 미적분 선행학습〉, 《경향신문》, 2023.2.27.
**   또한 나는 "대학교 서열 문제는 그냥 두고 사교육 문제만 풀면 안 된다는 얘기도 그만하시라"는 우석훈의 권고도 받아들인다. 대학교 서열 문제와 사교육 문제는 사실상 하나이기 때문에 둘 중 하나만 건드리게 되면 다른 하나에 영향을 줄 수밖에 없게 되어 있다. 그 이전에 우리는 두 문제 중 어느 것이 먼저냐를 따질 정도로 한가하지 않다. 우리는 정상적인 상황 내에 있지 않다.

2. '적폐 청산' 운동의 '과거'와 초-자본주의의 '현재'

'적폐 청산' 운동

2016년 10월 말을 되돌려서 헤아려보면, 박근혜가 저질렀던 잘못은 그녀 개인의 것만이 아니었다. 그녀에게 국정 농단이라는 죄목으로 함께 처벌된 최순실로 대표되는 공범들이 있었다는 사실을 말하고자 하는 것이 아니다. 그녀가 공범들과 함께, 더 나아가 무수히 많은 사람들과 함께 오래전부터 이어져 내려오고 사회적으로도 광범위하게 퍼져 있었던 왜곡된 관념들(권력에 대한 무비판적·무반성적 추구, 권력제일주의, 권력이라면 외세에 의존해서라도 지키고 확장시켜야 한다는 것, 민중을 무시하면서 위에서 민중을 지도할 수 있다는 오만 또는 차별의식, 관료주의, 성장제일주의와 그에 따르는 초-자본주의Ultra-Capitalism, 맹목적 반공주의 그리고 권력은 사유화될 수 있다는 믿음)을 공유하고 있었다는 사실을 말하고자 한다. 당시에 박근혜를 최순실에 의해 조종당하는 마리오네트로 풍자한 그림들이 집회의 현장마다 어김없이 등장했지만, 그녀는 최순실의 꼭두각시이기 이전에 그러한 수구의 관념들의 꼭두각시였다. 보다 정확히 말해 희생 제물. 그러한 관념들은 결코 개인의 것들이 아니고, 오랜 기간 동안 권력자들을 중심으로 굳어진 감정들(자기 보존·확장의 욕구와 자기애)을 기반으로 여러 판단·편견이 더해져서 한 집단에서 공통적으로 형성된 것들이며, 그 집단의 지배 이데올로기―또는 불교적 용어로 표현 하면 '공업共業', 즉 개인의 업이 아닌 집단적 업―를 형성한다. 그 지배 이데올로기에 따라 그 집단은 반복되는 불필요한 억압과 그에 따르는 고통에 시달리게 되고, 서로가 서로를 규정하면서 반목하고 서로가 서로에게 폭력을 가하게 된다. 억압·부자유·고통은 폭력을 낳고, 폭력은 다시 억압·부자유·고통을 가중시킨다.

 국정 농단 규탄 집회가 이어지던 시국에서 박근혜는 우리의 눈에 전혀 주인처럼 보이지 않았고, 여느 노예와 다를 바 없었다. 권력의 주인이 아니라 권력의 노예. 수구의 관념들의 노예 또는 희생 제물이었던 그녀를 한 개인으로 두고 보면 불쌍하다고 여길 수도 있겠지만, 불행하게도 그녀는 한 개인이 아니었고, 공인, 더욱이 한 국가의 수장, 최고 권력자, 대통령이었다. 억압·폭력의 관념들 속에 매몰되어서는 안 될 뿐만 아니라, 그 관념들을 바꿀 수 있는 권력을 가진 유력자였다.

초-자본주의의 '현재'

한 사회에서 악과 폐해를 가져오는 그러한 왜곡된 집단적 관념들을 해체하기 위해서는, 그 억압적인 관성을 저지하기 위해서는 어떤 강력한 대항 권력의 움직임이 필요하다. 그러한 대항 권력의 움직임을 매우 드물게 대통령 같은 권력자가 주도할 수도 있지만, 대체로 민중의 세력이 주도할 수밖에 없다. 2016년 10월 말부터 2017년 봄 한국의 경우 그러한 세력은, 박근혜 정권의 적폐 이데올로기에 강력하고 결정적인 타격을 가한 것처럼 보였던 촛불세력이었다.

그러나 2023년에 이르러 여기서 과거 정권의 그 적폐 이데올로기는 사법부·검찰이 주도하는 법치 관료주의를 등에 업고 완전히 되살아났다. 2016년 10월부터 몇 달 동안 작동했던 혁명적 세력의 운동은 기억할 만한, 역사의 기록 하나로만 만족해야 할 에피소드로 남았다. 왜 그랬어야만 했는가? 우리 중 대다수가 경제 양극화의 위협에 시달리고 먹고사는 문제에 불안을 느낄수록 더 거기에 투신할 수밖에 없었고, 마찬가지로 미래가 불확실한 자식들을 상위의 대학 한 곳에 보내기 위해 채찍질하면서 더 많이 벌기 위해 정신없었으며, 각자는 그러한 자신을, 특권을 갖고 자녀 입시 비리를 저질렀다는 조국과 비교하면서 그를 규탄하기에 바빴기 때문이다.

박근혜 탄핵운동 당시에 뚜렷이 드러났던 시간의 격차를 기억해야만 한다. 이 운동은 과거로부터 내려온 적폐들(권력에 대한 맹목적 추구, 엘리트 권력층의 과두 독재, 그에 따르는 민중에 대한 무시, 무반성적인 권력의 사유화)의 청산 운동이었지만, 우리를 일상에서 시달리게 했던 현실-현재의 문제들은 초-자본주의(일자리 불안, 정규직-비정규직의 격차에서 오는 소득 불평등을 비롯한 경제 양극화, 자본과 인프라의 서울·수도권 집중에 따르는 유례없는 지방의 빈곤화와 소외, '아파트공화국'이라 불리는 한국에서 부동산에 의해 과도하게 좌우되는 자본, 한마디로 한국 고유의 '천민자본주의')의 문제와 그것과 강하게 연동되어 있는 학벌-입시 문제였다.

박근혜 탄핵운동은 적폐 청산 운동으로서 과거에 초점이 맞춰져 있었지만, 일상의 우리는 초-자본주의의 문제와 학벌·입시 문제가 강력하게 장악하고 있는 현재(현실)에서 꼼짝하지 못하고 있었던 것이다. 우리가 주말의 탄핵 집회에서 과거 청산(적폐 청산)을 소리 높여 외쳤을지라도, 월요일 다시 출근했을 때 우리는 먹고사는 문제와 아이들의 성적 문제에 장악된 현재에 꼼짝도 하지 못하고 갇혀 있었다. 박근혜 탄핵운동에서의 적폐 청산이라는 요구가 잘못되었다는 것이 전혀 아니다. 우리로 하여금 현재의 현실적·일상적 문제들을 운동의 한복판으로 가져오지 못하게 만드는 청산되지 않은 과거가 문제라는 것이다. (물론 그렇다고 두 문제가 서로 연관되어 있지 않다는 것은 아닌데, 둘은 사실상 강하게 연동되어 있다. 다만 과거의 문제 때문에 우리가 현재의 문제들을 전면적으로 부각시켜 본격적으로 문제화시키지 못하고 있다는 것이다. 그러나 현재의 문제들에 집중함으로써 과거의 문제를 더 선명하게 노출시키고 해결의 방향에 가져다놓을 수도 있을 것이다. 양자가 서로 연동되어 있기 때문이다.) "청산되지 못한 과거는 반드시 돌아온다."*

---

* 김누리, 《우리에겐 절망할 권리가 없다》, 해냄, 2021, 81쪽.

3. 지배 엘리트계층을 위한 학벌-입시 체제

한미일의 역사적 업

2023년 3월 6일 윤석열 정부는 일제 강제동원(징용) 피해자 문제에 대한 해결책을 공식적으로 발표했다. 행정안전부 산하의 일제강제동원피해자지원재단(한국 기업들로 구성)이 일본의 전범 기업들을 대신해서 강제동원 피해자들에게 위자료를 지급하겠다는 것이었다. 이에 대해 양금덕 할머니와 같은 징용 피해 당사자들은 모욕적인 처사라며 위로금을 받지 않겠다고 선언했고, 여러 시민단체와 시민들은 친일 매국 행위라고 규탄하면서 강력하게 반발했다. 그러나 일본 정부는 "한일 관계를 건전한 관계로 되돌리기 위한 것으로 평가한다"는 간단한 입장 표명만 했을 뿐이고,* 미국은 한국의 그 해결책이 발표된 지 두

---

* 며칠 뒤 심지어 강제동원 사실 자체를 부정하는 발언이 일본 외무상으로부터 나

시간 만에 "미국의 가장 가까운 동맹국들인 한국과 일본이 협력과 파트너십의 새롭고 획기적인 장을 열었다"고 환영했다. 미국은 무엇보다 먼저 자신이 적으로 규정하고 언제나 신경을 곤두세우고 있는 북한과 중국에 대항해서 한미일 군사동맹체를 보다 더 확고하게 구축할 수 있게 된 것을 축하했던 것이다.

우리의 뇌리에 깊이 박힐 이 사건은 한국이 일제 지배와 해방 정국의 불행한 과거사의 족쇄에 여전히 꼼짝없이 묶여 있다는 사실을 극명하게 보여준다. 이 사건은, 한국이 여전히 일본의 권력과 이해에 순응하고 있으며, 해방 정국과 한국전쟁에서 미국이 한국에 강력하게 개입해야만 했던 목적인 군사적·이데올로기적 동맹(주변 적대국들인 북한과 중국에 맞서는 동맹, 그러나 그 동맹은 정확히 말해 한국의 미국에 대한 종속일 수밖에 없다)이라는 울타리에 갇혀 있다는 사실을 명확하게 증명한다. 일제의 식민지가 되었던 역사, 일제로부터 우리 자신의 힘이 아니라 우리와 명분도 이해도 달랐던—즉 관심이 한국의 독립·자주와 친일 청산이 아니라 동아시아 지역의 공산화 방지에 있었던—미국의 힘으로 독립하고, 그 대가로 미군정의 통치를 받을 수밖에 없었던 역사, 그에 따라 이후로 미국의 대외적 정치·군사 노선(반공)을 오랜 기간 맹목적으로 추종할 수밖에

왔다. 하야시 요시마사 외무상은 중의원에서 "어떠한 것도 강제노동에 해당하지 않는다"라고 말하고, 이 문제는 "최종 해결이 끝난 일"이라고 단언했다. 일본의 한 고위 각료의 이러한 발언은, 그것이 일본 의회뿐만 아니라 정부, 또한 일본 국민 일반 사이에 일반적으로 공유되어 있거나, 공유될 수 있다는 사실을 시사한다.

없었던 역사, 이 모든 역사의 업이, 윤석열 정부의 일제 강제동원(징용) 피해자 문제 해결책이 발표된 5일 후 3월 11일 서울시청 앞에서 열렸던 '강제동원 굴욕 해법 무효 촉구 범국민대회'를 뒤덮었다. 여기서, 2023년에조차 국민들은 대통령을 친일 매국의 주범(이 대회의 구호 하나는 "퇴진이 독립이다"였다)이자 미국 군사 노선의 주구로 규탄할 수밖에 없었고, 한미일 군사동맹 강화에 따르는 북한·중국 동맹체와의 전쟁 가능성을 걱정하지 않을 수 없었다.

한미일 군사동맹체는 또한 세계에서 가장 폭력적이고 지배주의적(제국주의적)인 자본주의 동맹체이다. 즉 이 3국은 세계에서 국내총생산 규모에서 (2022년 기준) 각각 1위(미국), 3위(일본)와 13위(한국)를 차지하는 세계적인 경제 강국들이지만, 국가-기업의 결속하에서 추구되는 자본의 확장을 위해, 또한 허약한 공동체적 안전망으로 인해 3국의 대다수 국민들 개개인의 삶은 가난·불안정·불안과 고립의 위험에 상시적으로 노출되어 있다. 이 세 국가는 경제 강국들이라 할지라도, 국가가 주도하거나 협력하는 자본주의 체제의 문제들을 개개인 혼자에게 전가하는 모순(한마디로 자본주의의 모순)이 심각한 국가들이다.

2023년 3월 6일 윤석열 정부가 발표한 일제 강제동원(징용) 피해자 문제에 대한 해결책과, 열흘 뒤 곧바로 이어진 윤석열의 일본 방문과 기시다 후미오 일본 총리와의 한일정상회담은, 과거 일제강점기부터 이곳의 지배 권력이었고 현재도 이곳을 주도하고 있는 지배 엘리트계층의 성격을 다시 한번 극명하게 보여준다. 이 계층이 스스로를 유지하고 강화시키기 위해 저변에 깔아놓고 있는 두 전제는, 과거 해방 정국에서부터 미국의 주도하에 이어져온 한미일 군사동맹체가 필연적이고 정당하다는 것, 그리고 이 군사동맹체는 현재와 미래에 한국의 자본주의를 확대시키고 강화시키는 데에서 주춧돌이라는 것이다. 따라서 한국 엘리트계층의 지배자들은 공산주의적이거나 사회주회적인 모든 것에 대해 극도의 혐오감과 경계심을 갖고 있으며, 자본주의적 성장에 대해 과도하게 신뢰하며, 언제나 원칙적으로 친기업적이고, 반민중적이다—민중 개개인의 실질적인 생활의 풍요·여유와 행복에 대해서는 지나칠 정도로 무관심하다. 이 계층에서 집단적으로 떠받들고 있는 관념들은, 친일과, 그로부터 파생되었던 친미, 초-자본주의, 반공산주의·반사회주의, 친자본·친기업, 그에 대한 반대급부로서의 반평등·반민중, 민중의 자유·자율에 대한 무시·부정과 억압이라고 정식화될 수 있다.

교실이라는 초-자본주의 학습장

한국의 기득권 엘리트계층이 자신을 유지하고 강화시키는 가장 중요한 방법은 바로 그러한 자신을 위한, 자신의 집단적 관념들을 사회 내에서 잘 유지하고 보다 더 강화시키는 것이다.

그 집단적 관념들의 보존과 확대·강화를 위해 가장 중요하게 보전해야만 하는 체제는 바로 오랜 시간 이어져온 학벌·입시 체제이다.

이 기득권계층이 초중고 학급에서 자신의 관념들을, 친미·친일·반공·초-자본주의와 반민중을, 민중의 자유·자율은 무시되어도 좋다는 관념을 직접 가르치게 한다는 것이 아니다. 물론 어느 시점에서, 어떤 정부하에서—가령 군사독재정권들 하에서—그러한 관념들 가운데 몇몇을 학급에서 가르치고 주입시켰던 경우도 있었지만, 이는 문제의 핵심이 아니다. 적어도 기득권계층의 관념들에 초중고 학생들이 직접 부딪혀 의문을 품지 않도록, 그들을 입시·학벌과 사교육으로 몰아댄다는 것이 문제의 핵심이다. 이 학생들이 기득권계층의 본모습을 볼 여유를 갖지 못하도록, 자신들의 현실에 대해 사유하고 반성하지 못하도록 그들을 초중고 학창 시절 내내 경쟁시키면서 서로 연대하지 못하도록, 그럴 수 있는 시간을 갖지 못하도록 끊임없이 채근해댄다는 것이 핵심이다. 사실 초중고 각급 학교에서 무엇을 가르치냐는 문제는, 즉 수업 내용이라는 문제는 중요하지 않거나 부차적이다. 학생들을 고분고분한 순응자로 길들이기 위해, 학창 시절부터 이 엘리트계층에 저항하지 못하도록 그들을 경쟁으로 몰아가 옥죄고 윽박지르면 되는 것이다.

'스카이' 입학을 위한 대입 컨설턴트 설명회 한 곳을 유튜브에서 한번 보라. 마치 무슨 도박장에서 큰돈을 건 사람들을 관리하는 매니저처럼 경직된 표정으로 컨설턴트는 말한다.

"'스카이'에 가는 학생들도 이 입시 공부 좋아서 하는 게 아닙니다. 공부 내용이 재미있어서 열심히 하는 게 아닙니다. 그들도 다른 학생들과 마찬가지로 이 국영수 공부 정말 싫은데 하는 겁니다. 내용은 재미없는데, 그러면 왜 하냐? 이 학생들에게는 대입이 일종의 게임 같은 거예요. 그냥 심심풀이 게임이 아니라 큰 판돈이 걸려 있는 게임. 이 게임에서 각자 자기가 한 단계씩 올라가면, 지난 시험에서보다 이번 시험에서 몇 등 올라가면 희열과 동시에 안전감을 느끼는 거고, 그것이 좋아서 열심히 파는 겁니다."

대입이라는 게임은 과연 일종의 도박이다. 소수의 승자들을 위해 다수가 판돈을 키워준 후 패자들이 되어주는 도박, 승자 독식의 도박, 또한 내 옆에 있는 사람들은 내 '자본'을 탐내고 그 증식을 막는 경쟁자들에 불과하며, 학생들은 모두 각자도생의 원리에 따라 입시에서 각자 자신의 길을 찾아야 하고 거기서 승리해야만 한다. 아이들은 "제발 옆의 친구를 적으로 보지 않게 해주세요"*라고 탄식한다. 대입의 현실 자체가 이 사회의 초-자본주의에 대한 완벽한 학습장이자 훈련장일 뿐이다. 대입의 현실 자체에서 학습의 내용은 전혀 중요하지 않다. 거기에서 교사들이 종종 연대의 가치, 우정의 소중함, 삶의 궁극적 의미에 대해, 심지어는 학벌-입시의 허위성과 무의미에

---

* 숭실대 철학과 1학년 학생 박소정이 2024년 1학기 한 수업에서 자신의 입시 공부 경험을 되돌려보면서 학우들 앞에서 했던 말.

대해 가르쳐도 상관없다. 왜냐하면 대입 현실 자체의 틀(형식, 또는 룰)이 초-자본주의 사회의 틀(각자도생의 경쟁이라는 틀)과 같고, 대입의 틀에 학생들을 몰아넣기만 하면, 그들을 자연스럽게 필연적으로 초-자본주의의 틀로 몰아갈 수 있기 때문이다. 그렇게 이곳의 기득권 엘리트계층은 초-자본주의적 틀을 항상 유지할 수 있을뿐더러 강화할 수도 있기 때문이다.

4. 일제가 남긴
적폐 중의 적폐

경성제대 예과

이곳의 기득권 엘리트계층이, 또한 대한민국 정부 수립 후 모든 정부가 서 있는—당연시하거나 묵과해온—이 학벌-입시 체제는 과거의 군사독재 체제보다 훨씬 더 광범위하고 훨씬 더 강력하게 체계적으로 작동한다. 그럴 수 있는 중요한 하나의 이유는 이 학벌-입시 체제가 30여 년간 지속되었던 군사독재 체제보다 훨씬 더 오랫동안, 일제강점기부터 한 세기 동안 국민들 각자의 내면에 침투해서 구조적으로 그 내면을 지배하고 있기 때문이다.

현재까지 내려오는 이곳의 '줄 세우기' 입시제도는 사법고시(일제강점기의 고등문관시험 사법과와 조선변호사시험)와 함께 일제가 이곳에 이식시킨 제도이다. 그 입시제도의 원형은 일제강점기 1924년에 설립된 경성제국대학 예과의 입학시험이다. 경성제대 예과 입학시험은 봉건적 신분제 철폐 이후에, 전 사회적으로 공인된 '지위재地位財'를 얻기 위해 통과해야 할 관문의 대표 전형이었으며(또한 일제는 관료·의사·교사·변호사 등의 인기 직종들에 여러 학력 규정을 두었다*), "지식편중주의와 기계적 학습"이라는 입시 준비 학습("암기 위주의 학습법") 형태를 처음으로 강요했고,** 1등부터 성적순으로 합격자들을 가리는 '줄 세우기' 경쟁 시험이었으며, 객관식 시험이었다. '지위재'로

---

*   박철희, 〈식민지 학력 경쟁과 입학시험 준비교육의 등장〉, 《아시아교육연구》, 4권 1호, 2003, 73쪽. 경성제대 이외에도 경성법학전문학교, 경성의학전문학교, 경성고등상업학교, 수원고등농업학교와 같은 관립 고등교육기관들이 있었고, 또한 연희·보성·이화와 같은 사립 전문학교들도 있었지만, 당시 모든 입시시험 가운데 가장 높은 목표는 경성제대 입학이었다(같은 책, 78쪽 참조).

**   같은 책, 81~82쪽. 또한 "지금까지 교육에 폐해가 잇섯다면 그는 지식편중주의인가 합니다. 학교에 들어와 교육 밧는 것은 전연히 상급학교입학 준비를 할 기계적 지식을 주고 밧고 하랴는 데만 열중하고 하나도 덕양적 훈육이나 인격적 함양에는 서로 주의하지 안리하엿다 해도 과언은 안일싸합니다. 그리하야 선생은 생도에게 지식만 느어주면 그만이요 생도는 지식만 어더가면 그만이라하야 순전히 기계적으로 動하고 잇섯기 쌔문에 하등의 이해도 하등의 애착도 업시 지나온 것입니다"(저자 미상, 《別乾坤》, 1928년 1월호, 박철희, 위의 책, 81쪽에서 재인용). 또한 당시의 한 '증인'은 이미 '입시지옥'이라는 표현을 쓰고 있다. "일본인은 한국인 지식계급의 확대를 두려워하였고 또 상급학교의 입학 허가자 수도 제한되어 있었기 때문에 중학교에서 고등학교 또는 전문학교에의 진학은 큰 난관이었고, 그야말로 입시지옥이었다. …… 시대상의 차이에서였겠지만 당시에는 입시합격이 하나의 장래의 보다 낳은 생활에 대한 투자였고 등용문이었기에 입학시험 준비는 결사적이고 이로 인하여 건강을 해치는 사람도 많았다. 이리하여 4학년 2백여 명 가운데서 약 20~30명이 수험하는데 합격되는 사람은 3~4명이었다. 저도 4학년 때는 실패하였다. 5학년에서는 4학년 때의 참고서를 그대로 되풀이하였고, 참고서는 여러 가지 사용하는 것보다는 한 과목에 하나씩 선택하여 반복함이 효과적이었다. 반복은 초월이다. 반복은 變質이다"(저자 미상, 《週刊京畿》, 70호, 1957.2.11., 박철희, 위의 책, 82쪽에서 재인용).

서의 명문대, 지식 수준만을 평가하는 시험에 맞춘 기계적 교육 방법(주입식 교육), 과도한 경쟁, 그리고 객관식 시험이라는 입시에서의 네 가지 틀 또는 기준을 최초로 경성제대 예과 시험이 정립했으며, 이 네 가지는 100년, 1세기가 지난 현재에도 변함없이, 흔들림 없이 유지되고 있다. 일제의 군국주의는 이제 이곳에서 사라졌지만, 일제의 잔재인 이 네 가지 틀은 현재까지 단 한 번도 전면적인 비판의 대상이 된 적 없이 이어져 내려오고 있다. 그것을 여전히 현재진행형인 '적폐', '적폐 중의 적폐'라고 부를 수 있을 것이다.

일제강점기의 대표적인 과도한 경쟁 시험이었던 경성제대 예과 시험은 일제의 군국주의·국가주의의 수호와 강화에 정확히 부응했다.[***] 그 군국주의·국가주의 이데올로기를 배경으로 부과되었던 이 시험에서 국가(일제)가 정답들을 설정해놓았으며, 수험생들은 각자 자신의 생각과 입장을 전혀 되돌아보지 못한 채 그 정답들을 '기계적으로' 암기하고 베끼는 작업에 몰두할 수밖에 없었다.

"입학시험 준비 중 가장 도움이 되었던 것은 학교도서실 이용이었다. 현 교장실 옆 회의실이 도서실이고 밤 11시까지

[***] 일본에서도 고등교육 이수 자격을 주기 위해 치르는 시험 일반이 학생들을 탈락시켜 배제하기 위한 절차라는 사실을, 일본의 사회주의자 고토쿠 슈스이는 이미 1901년에 간파했다. "입학은 허가하기 위해서가 아니라 오히려 거절하고 떨쳐내기 위해서 시험을 본다는 사실은 참으로 견디기 힘들다"(고토쿠 슈스이, 〈고등교육의 권리〉, 《나는 사회주의자다》, 임경화 엮고 옮김, 교양인, 2011, 232쪽). 당시 일본에서 그러한 경쟁 시험 일반의 최정점에 놓여 있던 것이 동경제대 입학시험이었음은 두말할 필요도 없다.

스팀이 들어오고 담당교사가 감독해주는 고로 누구나 떠들지 않고 자기의 할 공부만 묵묵히 하는 모습은 실로 眞摯 그 자체이다."* 이 인용문은 일제강점기 이전에는 '관립한성고등학교'라는 교명으로 운영되었던 현 경기고등학교가 일제강점기 이후 '경성제일고등보통학교'(또는 '경성제일공립고등보통학교'로, 약칭 '경성제일고보'로 불렸다)로 불리던 시기에 한 수험생이 당시의 입시 준비 풍경을 묘사한 것으로서, 1957년에 마찬가지로 대입을 준비하던 후배들을 격려하기 위해 씌어진 것으로 보인다. 물론 이 인용문의 저자나 그의 후배들 각자가 일제강점기나 그 이후에 자신과 가족을 위해 '입신양명立身揚名'의 성공을 추구했던 것이 그 자체로는 문제될 수 없다. 그들 중 상당수가 입시에서의 성공 배면에 무엇이 놓여 있었는지에 대해 고려하고 반성할 상황에 놓여 있지 않았다는 것도 사실이다. 그러나 개인적 차원에서의 성공에 대한 추구가 전체적인 차원에서는 일제의 군국주의·국가주의의 유지와 강화로 귀결될 수밖에 없었다는 불행한 사실도 부인할 수 없다. 이 인용문의 저자가 당시의 입시시험에 대해 취했던 '진지眞摯'는 결국 일제의 군국주의·국가주의 앞에서의 '진지'와 연결되어 있다.

당시 중등교육을 마치고 상급 고등교육 기관에 입학하기를 원했던 학생들에게 최고의 목표는 경성제대 예과였으며, 이 대학에 들어가기 위해 수험원서를 한 학생이 제출하기만 해도

---

* 저자 미상,《週刊京畿》, 1957.2.11., 박철희, 위의 책, 78쪽에서 재인용.

일제는 그의 가정에 형사와 순사를 보내 그 사상적 경향과 재산 정도까지 조사했다.** 조사에 따라 일제가 설정한 사상적 경향에 맞지 않는다고 판정된 지원자들에게는 시험을 치를 수 있는 자격조차 주어지지 않았으며, 이는 경성제대 예과 입학시험에서 통과해야 할 첫 번째이자 가장 중요한 관문이 일제의 이데올로기에 대한 충성도·순종도 여부였음을 말해준다. 경성제대 예과의 교육 목표 자체가 일제의 황국신민皇國臣民 이데올로기를 함양하고 고양시키는 데에 있었으며, 이는 일제강점기 말기에 이를수록 분명하게 드러났다. 그 교육 목표는 1940년 4월에 변경된 대학규정 1조와 예과규정 총칙 1조에서 "충량유위忠良有爲의 황국신민을 연성鍊成"***하는 것으로 명시되었으며, 1940년 9월 중순에는 "황국의 도道에 기초한 국가 사상을 함양"****하는 것으로 주어졌고, 1943년 5월 7일에 발표된 예과규정 총직 1조에 의하면 "경성제국대학 예과는 황국의 도에 투철하여 동대학 학부에 입학하려는 자에 대하여 정심精深한 정도로 고등보통교육을 베풀며, 국가유용國家有用의 인물을 연성하여 대학교육의 기초를 다지는 것을 목적으로 함"*****이었다.

**　김태웅·장세윤, 《일제강점기 고등교육 정책》, 동북아역사재단, 2022, 268~269쪽. 이 책은 공들여 씌어진 만큼 큰 설득력이 있고, 전문적인 두꺼운 역사서임에도 불구하고 우리를 몰입된 독서로 이끈다.
***　《京城帝國大學一覽》, 1941, 145쪽, 김태웅·장세윤, 위의 책, 277쪽에서 재인용.
****　《記念誌》, 99~100쪽, 김태웅·장세윤, 위의 책, 278쪽에서 재인용.
*****〈朝鮮總督府令 第百三十八號〉, 《朝鮮總督府官報》, 1943.5.7., 김태웅·장세

천황의 국가

여기서 1960년대 말 일본에서 전학공투회의全學共鬪會議, 즉 전공투를 이끌었던 야마모토 요시타카山本義隆의 경성제국대학과 동경제국대학을 이어주는 이러한 말에 주목해볼 필요가 있다. "히라가[태평양전쟁 말기의 동경제국대학 총장]에게 일본이 천황의 나라(황국), 일본군이 천황의 군대(황군)였던 것처럼, 전시하의 도쿄대[동경제국대학]에서 교육은 천황에게 봉사하기 위해 이루어지는 것이었다."* 경성제대의 원형이었던 동경제대에 대한 야마모토의 이러한 언급은 그의 일본관으로부터 유래한다. 그의 주목할 만한 저서 《나의 1960년대》가 놓여 있는 전제는 이것이다. 태평양전쟁을 일으켰던 군국주의·제국주의 일본과, 태평양전쟁 패배 후, 전후戰後 기술제일주의를 내세워 전 세계를 호령했던 경제대국 일본은 본질적으로 똑같은 하나의 일본이다. 경제대국 일본을 상징하는 대기업 소니의 모태가 되었던 과학자들·기술자들은 예외 없이 전시하에서 일본 해군에 속했던 인물들이었고("소니의 모태는 모조리 해군이었다"), "제로센과 전함 야마토大和로 패배한 해군이 [전후, 미국에 대해] 트랜지스터 라디오와 워크맨으로 복수했다는 것이다."** "메이지 이후의 '식산흥업, 부국강병' 슬로건이 전후에는 '경제성장, 국제경쟁'

윤, 위의 책, 278쪽에서 재인용.
* 야마모토 요시타카, 《나의 1960년대》, 임경화 옮김, 돌베개, 2017, 203쪽.
** 같은 책, 208쪽.

으로 치환되었을 뿐이다. 합리적 과학기술주의와 열강주의적 내셔널리즘의 결합은 주 전쟁터를 군사 분야에서 경제 분야로 바꾸었을 뿐 본질적으로는 바뀌지 않고 오늘날까지 왔다고 볼 수 있다."**** 일본에서 "요컨대 1960년대부터 70년대에 걸친 경제성장은 '전후판 총력전'이었다."****

일본은 소위 '선진국'이라 불리는 국가들 가운데 유일하게 봉건적인, 즉 퇴행적인 방식으로 중앙집권(근대 국가 성립의 첫 번째 조건인 중앙집권)을 이룬 나라였다. 다른 선진 국가들은 각각 나름의 방식으로 의회와 헌법을 통해 통일된 중앙집권적 근대 국가 공동체를 점진적으로 정립했던 반면, 일본은 설사 의회와 헌법이 존재했다 할지라도 막번 체제의 봉건시대와는 비교할 수 없을 정도로 강한 권력을 수여받았던 '초헌법적' 존재인 천황을 중심으로 근대 국가를 '손쉽게' 단기간에 세웠다. 천황에게 그러한 종교적·절대적 '신'의 권력을 부여했던 인물들이 바로 메이지유신의 주역들이었으며, 야마모토에 의하면, 또한 그들이 1960년대부터 1980년대까지 전 세계를 쥐락펴락했던 일본의 경제 부흥을 견인했던 주인공들이었다. 메이지유신의 정치적 위세, 일본의 제국주의 침략과 태평양전쟁의 군사적 광란과 소니로 대변되는 세계 일류 일본 기업들의 경제적 창궐, 이 모든 것은 세계를 지배하겠다는 민족주의·국가주의

***   같은 책, 209쪽.
**** 같은 책, 210쪽.

로 무장한 일본 엘리트들의 '위로부터의' 움직임들이었다. '위에서' 조종하는, 천상으로 날아오르려는—세계 제일이 되겠다는—초월의 상승 운동에 일본 민중, 황군과 회사원들이 동원되었다. 과도하게 강한 국가 아래에 왜소한 국민들이 깔렸다. 150년 넘게 깔려 있다. 이미 1901년에 고토쿠 슈스이는 일본이 군인들과 천황의 국가일 뿐, 국민들의 국가가 아니라는 사실을 간파했다.* 약 120년이 지난 현재 재일 정치학자 강상중은 똑같은 일본의 현실과 마주할 수밖에 없게 된다. "열도에 돔dome처럼 우뚝 솟은 국가는, 특히 그 심장부에 앉은 파워엘리트는 헐벗은 백성의 아픔과 역사에 대해 당연히 갖추어야 할 경의조차 표하지 않았다."** 일본 엘리트계층의 '일등 국가'에 대한 광기 어린 강박이, 일본 민중의 가난·소외·고통뿐만 아니라 죽음(원폭)조차 외면하고, 자국 내의 차별 구조를 당연한 것으로 간주한다.

일본에서 엘리트들의 '일등 국가'에 대한 콤플렉스가, 자국 내의 차별 구조를 형성하고 정당화하는 동시에 이를 유지시키기 위해 도입된 것이 동경제대가 정점에 위치하는 '일류 대학'

---

* 고토쿠 슈스이, 〈20세기의 괴물 제국주의〉, 《나는 사회주의자다》, 57쪽. 또한 고토쿠는, 이후로 일본 군국주의가 열망하게 될 제국의 건설이 다수 국민을 배제한 소수 엘리트의 "공명과 야심"이 원했던 것이라고 밝힌다. "그들의 대제국 건설은 필요가 아니라 욕망이다. 복리가 아니라 재해다. 국민적 팽창이 아니라 소수 인간의 공명과 야심의 팽창이다"(같은 책, 114쪽).
** 강상중, 《떠오른 국가와 버려진 국민: 메이지 이후의 일본》, 노수경 옮김, 사계절, 2020, 211쪽.

이다. 동경제대를 포함하는 7개 국립 제국대학과 주요 사립대들의 졸업생 다수가 일본제국주의·군국주의 시기에는 여러 방법을 통해 침략전쟁의 선두에 섰고, 그 시기 이후의 경제 부흥기에는 대기업들의 상층부에서 '충성을 다해' 복무했다.

일본이 떠넘긴 적폐 중의 적폐

우리가 분명히 인식하지 못하고 있는 사실은, 전공투가 비판했던 '일류'를 쫓는, 일본의 제국주의적 교육의 적폐가 이곳 한국에 그대로 남아 있다는 것이다. 그 적폐가 우리의 일상을, 삶을 이제 완전히 병적인 것으로 만들어놓았다. 다시 말해 현재 이곳의 교육에까지 일본제국주의 교육이 큰 영향을 끼치면서, 현재 이곳의 대입 시험이 그 원형이 되는 경성제대 예과 시험의 틀에 묶여 있게 되면서, 지금까지도 이곳의 국민들은 자신들이 중심이 되어 자발적·자율적(독립적) 국가 공동체를 정립하지 못하고 있다. 1949년 10월 반민특위(반민족행위특별조사위원회)가 해체됨으로써 친일 청산은 실패로 돌아갔다. 이는 중대한 역사적 과오이지만, 75년이 지난 지금 친일파 청산을 중요한 정치적 과제로 전면에 내세운다는 것은 무리이다. 교육 개혁이 완전한 독립이다. 교육 개혁이, 가장 중요한, 해결 가능한 과제로 남아 있는 동시에 우리의 미래를 여는 진정한 적폐 청산이다.

우리는 왜 2016년의 촛불혁명에서 일본이 떠넘긴 적폐 중의 적폐인, 학벌-입시라는 적폐를 청산하지 못했는가? 2016년의 박근혜 탄핵운동은 결코 미래를 향해 있는, 생활세계·일상·삶의 혁명을 위한 움직임이 아니었으며, 단지 통치 권력을 정상화시키려 했던 과거 1987년 6월의 민주주의 운동, 더 멀리 거슬러 올라가면 일제강점기 독립운동의 연장선상에서 전개되었을 뿐이다. "[2016년 박근혜 당시] 1000만 촛불의 기적은 한국 민주주의의 엄청난 잠재력을 보여주었지만, 동시에 '광장 민주주의'가 아직 '현장 민주주의'에 도달하지 못한 현실을 처연하게 돌아보게 한다. 우리는 '광장'에서 위대한 민주주의 혁명을 이루었지만, 정작 실제의 삶이 영위되는 '현장'에서는 지극히 비민주적인 일상을 살아가고 있다. 가정에서, 학교에서, 일터에서 우리는 과연 얼마나 '민주주의자'로 살아가고 있으며, 얼마나 민주적인 제도와 문화가 실행되고 있는가. 광장에서 당당하게 대통령을 비판하듯이, 삶의 현장에서 교장, 총장, 사장을 공개적으로 비판할 수 있는가. 광장 민주주의와 현장 민주주의는 여전히 비대칭적으로 괴리되어 있다."[*]

---

[*] 김누리, 《우리에겐 절망할 권리가 없다》, 46~47쪽.

군국주의로부터 초-자본주의로

다시 확인해보자. 일제가 대학입시에 부과했던 네 가지 틀, 즉 대학입시는 국가가 주도하는 동시에 보증하는 지위재 획득의 수단이라는 것, 대학입시 준비를 위한 학습 방법은 주체성·자발성과 다양성을 용인하지 않는 획일적이고 기계적이어야 한다는 것(주입식 교육), 대학입시는 과도한 경쟁 시험으로서 평가 척도는 성적순 합격('줄 세우기')이라는 것, 그리고 대입의 객관식 시험은 일제가 물러난 후에도, 이곳에서 1960년대부터 1980년대에 이르는 군사독재 시기, 그리고 그것과 겹치는 산업화 시기를 거치면서 그대로 유지된다. 이곳에서 대학입시의 그러한 네 가지 틀은 1924년 경성제대 예과의 설립과 더불어 형성되어 '입시 이데올로기'라 불릴 만한 집단적 관념을 강고하게 형성해왔지만, 현재의 '입시 이데올로기'는 일제강점기나 군사독재 시기·산업화 시기의 그것과는 상당히 다른 양상을 보여주고 있다.

전자는 후자와는 달리 국가가 아니라 개인들이 주도한다. 현재의 '입시 이데올로기'는 우리 각자에게 '위로부터' 내려와서 우리에게 부과되지 않고, 우리가 서로서로 '옆에서' 강요하고 강요받는다. 한마디로 현재 대학입시에서 성공한다는 것은 어떠한 국가적·집단적 가치도 내포하지 않는다. 그것은 모범적인 '황국신민'이라는 것도, 국가 발전의 핵심적인 원동력이라는 것도, 산업화의 충실한 역군, 과학·기술의 선도자라는 것도 의미하지 않고, 다만 한 개인이 매우 중요하고 값진 하나의 자본인 지위재를 얻었다는 사실만을 입증한다. 현재의 '입시 이데올로기'는 '위에서' 내려오는 것이 아니기에 전적으로 국가에 의해 보증될 필요가 없으며, 개인들이 서로서로 '옆에서' 밀치면서 서로서로에게 부과함으로써만 충분히 유지되고 강화된다. 국가는 입시안들을 개편하고 입시 문제들을 출제함으로써, 이 '옆에서' 밀치는 경쟁이 '공정하게' 이루어지고 약화되지 않도록 잘 조절하기만 하면 된다. 즉 국가는 이 경쟁을 유지시키고 공인해주기만 하면 된다. 다시 일제강점기로 거슬러 올라가서 본다면, 당시의 입시에서의 '줄 세우기'는 절대적으로 옳은 국가(일본제국)에 대한 충성도를 평가하겠다는 것이었던 반면, 현재의 입시에서의 경쟁은 당시의 '노력동원' 경쟁과 유사하지만 결국 자본에 대한 충성과 헌신의 경쟁(자본을 위한 노력동원)이다. 하나의 절대적 가치(국가)를 위해 '줄 세우는' 데에 가장 적합한 입시 형태가 그대로 이어져오면서 '또 하나의 지배적 가치(자본)를 위해 '줄 세우는' 방법에 더할 나위 없이 잘 부합하게 된 것이다.

    국가가 약화된 자리를 자본이 차지했다. 현재 한국의 대학입시에서 바로 자본의 축적도('집안'의 자본의 축적도)와 자본에 대한 충성도·헌신도가 평가된다. 또한 아이들이 그 입시를 준비하기 위해 엄격한 '줄 세우기' 경쟁의 학습에 매진한다는 것은, 배우는 내용이 무엇이든—협동이든 우정이든 연대든 희생이든 사랑이든 민주주의든 '반자본주의'든 '반학벌-입시'든—간에 미래에 자신을 기다리고 있는 이 사회의 틀인 동시에 이 '줄 세우기' 입시 경쟁의 틀인 '각자도생'(초-자본주의)의 틀에 맞추어 끼워지는 억압을 받아들이고 그것에 익숙해진다는 것이다. 국가가 자본주의적 '각자도생'의 사회적 틀을 유지하기 원한다면, 초중고 아이들을 '줄 세우기' 입시 경쟁의 틀에 몰아놓고 가두어두기만 하면 된다. 현재 한국에서 대학입시는 과거의 경성제대 예과 시험과는 달리 개인들이 각자 자신을 위해 벌이는 경쟁 시험이지만—그 개인들 사이의 경쟁이 초-자본주의적 한국의 체제와 정확히 부합하기에—과거의 경성제대 예과 시험과 마찬가지로 여전히 전적으로 국가의 관리 내에 들어와 있다. 즉 국가 정치 내에 포섭되어 있다.

군사독재로부터 초-자본주의로

학벌-입시 체제와 과거의 군사독재 체제는 각각 그것이 체제인 한에서 전 국민을 상대로 하지만, 학벌-입시 체제는 군사독재 체제보다 훨씬 더 많은 직접적인 피해자들을 만들어낸다. 여기서 직접적인 피해자들은 해당 체제 때문에 경제적 생존과 자연적·사회적 생존에 타격을 입고 사회의 주변부로 밀려나는 사람들을 의미하는데, 과거 군사독재 체제의 경우 이 체제에 직접적으로 부딪혀 저항했던 사람들은 매우 심각한 타격을 입었다 할지라도 소수였던 반면, 현재의 입시·학벌 체제에서는 대다수의 사람들이 타격을 받고 주변부로 향해 있을 수밖에 없다.

과거의 군사독재 체제의 이데올로기(반공주의·국가주의)는 절대다수의 사람들에게 각자 자신의 삶·생활 자체에서의 욕구·이익과 밀접하게 연관되지 않은 채 군림했던 일반적인 원칙이었던 반면, 현재의 입시·학벌 체제의 이데올로기를 강력하게 유지시켜주는 것들은, 우리 각자의 '자기 자식'에 대한 '사랑'(여기서 이 '사랑'이 진정한 것인지는 일단 불문에 부친다), 또한 각자의 부모에 대한 '도리'(이 '도리'도 불문에 부친다), 각자의 경제적·사회적으로 더 나은 생활에 대한 거부하기 힘든 욕구, 또한 각자의 사회적 인정에 대한 무시할 수 없는 욕구와 같은 각자가 '자발적으로' 추구해 마지않는 구체적인 것들이다. (그러나 사람들이 그러한 것들을 추구한다는 사실은, 여기서 어떠한 경우라도 도덕적이거나 당위적인 비판의 대상이 될 수 없다. 그 이유에 대해 이후에 다시 밝히겠지만, 근본적으로 문제가 되는 것은, 이 학벌-입시 체제 자체이지, 그 체제가 분비해낸 그 모든 것들 가운데 어떠한 것도 아니다. 자식 '사랑'도, 부모에 대한 '도리'도, 더 나은 생활에 대한 욕구도, 사회적 인정 욕구도 아니다. 일차적으로 문제되는 것은 어떤 집단적 시스템이지 개인이 아니다.)

우리는 불행하게도 유사-도덕적이거나 준-본능적인 개인적 욕구들에 대한 추구가 곧바로 우리를 점점 더 강력하고 꼼짝할 수 없게 옥죄는 체제를 유지시키고 강화시키는 '체제 봉사 활동'이 되는 악순환의 불행한 상황에 깊이 매몰되어 있다. 그것도 현대 한국의 형태와 특징을 결정했던 중요한 한 시기인 군사독재 시대(박정희·전두환 정권 시대)보다 훨씬 더 긴 100여 년 동안, 너무 오랜 세월 동안, 따라서 그 악순환의 상황은 이제 마치 우리에게 필연적이자 당연한 '자연환경'처럼 여겨진다. 비가 내리거나 눈이 온다는데, 어쩔 수 없지 않은가? 입시와 학벌이 사라진 세상을 상상하기도 불가능하지 않은가? 우리에게 그 악순환의 상황에서 벗어난다는 것은 이제 꿈과 같은 것 아닌가?

5. 현재의 학벌-입시 체제와 초-자본주의

이곳에서 학벌-입시 체제는 일제강점기 이후 현재까지 한 세기가 넘게 지속되고 있으며, 이 기간은 일제강점기 기간보다, 또한 박정희·전두환의 군사독재 기간보다, 양 기간을 합친 기간보다 훨씬 더 길다. 이 기간은 한마디로 한국에서 자본주의가 본격적으로 발전되고 심화되는 기간과 일치한다. 사실 현재의 학벌·입시 체제의 문제와 현재의 초-자본주의의 문제는 서로가 서로에게 강력하고 밀접하게 연동되어 있다. 또한 현재 학벌이라는 것에 함축되어 있는 가치는, 전근대적인 '부족'(또는 '패거리') 연대의 가치가 전혀 아니고, 전적으로 자본주의적 가치이다.*

---

* 채효정, 〈학벌은 끝났는가〉, 《능력주의와 불평등》, 교육공동체벗, 2020, 107~

부모들이 각자 자식을 '스카이'에 입학시키고자 노력에 노력을 더하는 첫 번째 이유는, 자식 뒤에 전통 있고 명망 있는 '부족'이나 '가문' 하나(가령 서울대 동문)의 후광을 붙여주고자 해서라기보다는, 자식을 상위계층의 부와 안락함을 보장해준다는 자본의 보험에 가입시켜놓기 위해서이다. 부모들은, 자식들은, 한마디로 우리는 이 학벌·입시 체제에 휘말려 들어가는 동시에 어떠한 사회적·공동체적 완충·보호 장치도 없이 그대로 이곳의 초-자본주의의 폭력에 노출되어 끊임없이 시달리게 된다. 그 가장 단순하고 분명한 증거가 우리가 한 해에 지출하는 사교육비다. 초중고 사교육비로 지출하는 약 29.2조 원이라는 전체 총액(2024년 기준, 교육부 2025년 3월 13일 발표), 위의 통계에 포함시키지 않은 초등학교 입학 전과 재수 시기의 사교육비 지출 같은 것들을 합치면 약 40조 원(2024년 기준)이라는 엄청난 금액이다.**

113쪽. 학벌없는사회와 함께했던 채효정은 여기서 2003년의 학벌없는사회의 해산은 잘못된 판단이며, 학벌없는사회를 "다시 시작해야 할 운동"이라고 재판단하면서, 학벌은 봉건주의적 문벌 시스템과 전혀 같지 않고, 오히려 한국 자본주의가 정확히 표현되는 현상이자 한국 자본주의를 추진시키는 동력이라고 본다.

** 통계청-반민심사교육카르텔척결특별조사시민위원회, 2025년 3월 5일 발표. 정확하게는 2024년 39조 2000억 원, 2023년에는 37조 8000억 원이었으며, 2022년에는 35조 5000억 원이었다. 이 통계는 학령인구가 계속 줄고 있음에도 불구하고 사교육비는 지속적으로 늘고 있는 현재의 상황을 보여준다.

과잉 표준화

2017년 탄핵된 박근혜를 뒤로하고 국민들은 문재인을 대통령으로 선택함으로써 혁명적인 정권 교체를 이루어냈다. 그러나 이후에 문재인 정부는 이곳의 학벌-입시 체제에 어떠한 변혁도 변화도 가져오지 못했다. 문재인 정부의 첫 번째 교육부 장관이었던 김상곤을 중심으로 작성되었던 2017년 문재인 후보의 대학 관련 대선 공약집에는 '국공립 네트워크 구축' 정책(2000년대 초부터 진보 진영에서 꾸준히 제시되어왔던 서울대를 포함한 전국 10개 거점국립대학들의 통합 운영)과 '공영형 사립대' 정책(일부 사립대들에 국가가 대규모 재정 지원을 하는 대신, 각 해당 사립대의 이사진 중 절반을 공익 이사로 바꾸어, 그 사립대를 정부의 통제하에 둔다는 정책)이 들어가 있었으나, 막상 문재인 정부가 출범한 이후에 이 두 정책은 소리 없이 증발해버렸고,* 이 정부 내내 학벌·대입 문제를 해결하거나 완화시키기 위한 어떠한 시도도 어떠한 노력도 없었다. 이른바 '조국사태'가 가져온 충격으로 인해 2019년 10월 22일 문재인 대통령이 정시 선발 인원을 확대하겠다는 반사적이고 다급한 발표만 있었을 뿐이다. '조국사태'에서 드러났다고 여겨진 소위 '아빠 찬스'의 비리가 수시에서는 용이하게 통용될 수 있다는 빗발친 비난 앞에서, 문재인 정부는 정시 선발 인원 비율을 약간 늘리겠다는 즉흥적

---

*   이범,《문재인 이후의 교육》, 메디치미디어, 2020, 72~96쪽.

이고 안이한 미봉책만을 내놓았을 뿐이다. 학벌·대입과 관련된 실질적이고 유효한, 즉 우리가 기억할 만한 어떠한 정책도 없었다. 이 '혁명 정부' 기간 내내 말이다.

    한국에서는, 특히 교육 분야에서는 현실 정치, 제도권 정치 또는 국가 정치와 분리될 수 있고 분리되어 있어야 하는 시민사회(시민들의 공동체)의 정치적인 것이 너무나 미약하다. 교육 분야에서의 거의 모든 정책의 경우, 국가가 결정해서 시민사회에 '내리꽂히고', 그것들을 시민사회는 지나칠 정도로 수동적으로 받아내기만 할 뿐이다. 그 대표적인 예가, 이범이 적시한, 이곳의 초중고 각급 학교에 1년에 접수되는 공문의 수가 약 1만 건이 넘는다는 사실을 들 수 있다. "하루 평균 약 30건 가까운 공문이 쏟아져 교무실과 행정실에 배분된다. 이 정도 분량이면 업무를 '분배'하거나 효율적으로 '처리'해서 대응할 수준을 넘어선다."** 또한 그러한 공문들 중 적지 않은 수가 학부모들에게 전달되며, 각 학부모는 자신에게 떠맡겨지는 그것들을 챙기느라 하루에도 몇 번씩 해당 학교의 사이트를 긴장 속에 들락거려야만 하고, 항상 뭔가를 준비하거나 아이에게 주지시키기 위한 준비 상태에 갇혀 있어야만 한다. 하물며 아이들이 둘이나 셋인 학부모는 하루가 버겁다.

    초중고 각급 학교에 하루에 쏟아져 내려오는 공문들이 30건이 넘고 사실상 제대로 처리하기 불가능하다는 것, 그것은

  **   같은 책, 57쪽.

국가가 초중고 학교들 전체를 과도하게 통제하고 있고, 그에 따라 각급 학교에서 교사가 자신의 교육적 자율성을 발휘한다는 것은 꿈같은 일이며, 마찬가지로 학생이 학습의 자율성으로부터 완전히 소외되어 있다는 사실을 보여준다. 교사는 자신이 교육적 효과가 크다고 판단하는 교과서 하나도 선택할 자유가 없고, 오로지 국가에서 정한 교과 형식·내용의 틀 내에서만 가르쳐야 한다. 학생은 자신의 적성·흥미·자질과 무관하게 국어·영어·수학 중심의 정해진 교과목들과 획일화된 학습 내용들의 숙지에만 매달려야 한다. "한국 교육 특유의 과잉 표준화"*의 억압 아래에서 교사와 학생 모두가 기계 수준으로 전락해서 기계적으로 가르치고 배우고 있으며, 한국은 학생의 학업 흥미도가 세계 최하위권에 속하는 나라이다.** 즉 한국 학생들은 세계에서 가장 억지로, 관심도가 최하인 상태에서 국가가 강요하는 학업을 이어가고 있다.

교육과 시민사회

국가와 다른, 익명의 사람들의 비강제적이지만 자발적인 네트워크가 존재한다. 여러 사안에 대한 시민들 공동의 여러 의

---

*   같은 책, 61쪽.
**   같은 책, 26~27쪽.

견·입장과 판단이 수렴되고 종합되는, 민주주의의 근간이 되는 영역이, 국가를 구성하지만 와해시킬 수도 있는 소통과 연대의 공간이, 즉 시민사회가 존재한다. 이 시민사회를 구성하는 중추적인 기관이 바로 학교이며, 또한 시민사회의 형태·특성과 견실도를 집약시켜서 보여주는 동시에 학습하는 장소가 학교이다. 학교가 시민사회를 떠받치고 있고, 시민사회가 학교를 떠받치고 있다. 그렇기에 한 국가에서 시민사회의 성격과 수준은 학교를 보면 알 수 있고, 학교의 성격과 수준은 시민사회를 보면 알 수 있다.

아이는 가정이라는 사적 울타리를 벗어나 학교에서 시민사회의 교육을 받으면서 시민의 자질들을 함양한 후에 국가라는 제도적 현실 사회에, 즉 행정·입법·사법과 시장·경제와 소유관계의 법적 운영 기관에 진입한다. 중요한 점은, 학교에서의 교육이 국가에 잘 적응하기 위한 학습과 훈련이 아니라는 것이다. 교육이 아이들을 국가에 순응하도록 훈육시키는 과정에 불과하다면, 그 교육은 전체주의적 교육이고, 그 국가는 전체주의 국가일 뿐이다. 그러한 경우가 아니라면, 학교에서의 교육은 무엇보다 먼저 동료(친구)들과의 소통과 연대의 학습장이어야 하며, 국가라는 현실 사회에 진입하기에 앞서 어떠한 주체성을 가져야 하는가라는 문제에 대해, 그 현실 사회와 나 사이를 어떻게 주체적으로 연결시켜야 하는가라는 문제에 대해 생각하고 숙고하면서 대응하고 해결 방향을 타진하는 훈련의 장이어야 한다. 학교에서 아이들 각자는 자신의 삶에 대한 어떠한 답도 강요받아서는 안 되며, 자신의 삶에 대한 가능한 답들을 스스로 찾아갈 수 있어야 한다. 그러한 의미에서 학교는 하나의 사회 조직·제도이지만, 답 없는 과정의 장이고, 결론 없는 소통의 장이며, 삶에 대한 실패 없는(학생들에게는 어떠한 결정적인 성공도 실패도 없어야 한다) 실험의 장, 즉 미완성의 어린 삶들의 열린 유동적인 실험장이어야 한다. 학교는 과도적인 공간, 과정의 공간이다. 결정되지 않은 존재들의 흐르고 열려 있는 공간이다—그렇기에 그들 중 하나가 어떤 범법 행위를 저질렀다 하더라도 같은 행위를 저지른 어른이 받는 처벌을 받지 않을 권리가 있는 것이다. 학교는 국가에 결코 종속되어서는 안 된다.

학교에서의 교육은 그렇게, 국가라는 제도적 현실 사회에 주시하고 대응하는 동시에 비판적으로 저항하는 훈련을 반드시 포함하기에 정치적인 것(시민들 고유의 공동체 형성, 국가의 현실 정치·제도권 정치와 구분되는 아래로부터의 정치적 개입)의 장일 수밖에 없다. 따라서 만약 아이들이 스스로 판단해서 자발적으로 어떤 정치적 개입을 결정했다면, 이를 어느 누구도 막을 수 없어야 하며, 아이들의 그 판단과 결정에 우리 모두가 주목해야만 한다. 왜냐하면 그것들은 우리 모두의 가장 자연스럽고 순수한 목소리일 수 있기 때문이다.

그러나 이곳에서는, 너무 늙은 사람들이 정치인으로서 너무 활발하게 활동하고 있는 이곳에서는 교사들과 학생들의 정치적 참여를 제도적으로나 암묵적으로 언제나 막고 있다. 마치 교사들과 학생들의 '정치적 중립의 의무'를 무슨 당연하고 자명한 덕목인 것처럼 그들 모두에게 강요하고 있다. 그러나 늙고 굳은 사람이 어리고 유연한 사람보다 더 옳다는 근거가 어디에 있는가? 어른은, 아이가 어른의 스승이라는 사실을 깨달았다는—아이의 목소리를 진지하게 들을 줄 아는 능력이 있다는—전제에서만 진정한 어른일 수 있다. 왜 이곳의 늙은 사람들은 그렇게도 뻣뻣하고, 왜 그렇게도 스스로 옳기만 한가? 그러나 그들의 옳음은 바로 현실 사회의 기준들(부, 사회적 지위, 즉 권력)에 대한, 한마디로 초-자본주의에 대한 순응, 그 순응이 정당하다는 노예적 확신, 그리고 그 순응에 대한 강요 이외에 다른 것이 아니다.

입시라는 국가적·정치적 제도와 학벌이라는 국가적·정치적 가치 기준 때문에 너무 오랫동안 큰 고통을 받고, 자율성과 자존감을 유린당할 대로 당한 교사들과 학생들은 계속되는 똑같은 압력과 강요로 지칠 대로 지쳐 있다. 그들은 이제 '정치적 중립의 의무'라는 의무 아닌 억압·폭력을 기계적으로 준수할 수밖에 없는 상황으로 전락해 있다.

시민사회의 동공화

학교에서의 교육이라는 정치적인 것의 장이 무력화된 텅 빈 공간이 됨에 따라, 마찬가지로 시민사회가 동공화洞空化되어버리며, 그에 따라 입시·학벌이라는 국가 정치가, 어떠한 공동체적 방어망의 보호도 받지 못하는 각 개인(교사·학생 또는 학부모)에게 직접적으로 '내리꽂힌다'. 그 폭력적이고 전체적인—'전체주의적인'—정치(그렇다, 이곳에서의 학벌-입시는 하나의 정치, 그것도 가장 중요한 정치이며, 이에 대해서는 서두에 밝혔다)를 오직 각 개인이 오롯이 '맞아야' 한다. 그 결과가, 이곳의 누구도 부인할 수 없는 학벌-입시에서의 '각자도생'의 원칙(이 원칙이 현재 한국의 모든 영역에서 만연해 있는 초-자본주의적 각자도생의 원칙을 대변한다)이며, 그 증거가 학벌-입시에서의 성공을 위해 각 개인(가정)이 홀로 부담해야 하는 엄청난 숫자의 사교육비이다. 우리가 각자 노후를 힘들게 만들 정도의 사교육비를 감당해야 한다는 사실은, 마찬가지로 우리가, 각자, 홀로, 시민사회의 어떠한 보호도 없이 완고한 국가 정치의 폭력에 난자당하고 있다는 사실을 증명한다.

이곳의 1년 국방비 예산 총액(2025년 예산안 61.2조 원, 국방부 홈페이지)의 거의 3분의 2에 육박하는 이곳의 1년 사교육비 지출 총액(2024년, 39조 2000억 원)은, 입시·학벌 문제가 현재로서는 우리 각자가 홀로 마주하고 감당해야만 하는 것이라는 사실을, 학교 교육이 황폐화되었다는 사실을, 또한 시민사회의 정치적인 것이 무력화되었다는 사실을 보여준다. 학교 교육이 더 빈곤해질수록 시민사회 자체가 더 과격하게 무력화되며, 시민사회가 더 심하게 동공화될수록 학교 교육은 국가의 제도적 폭력에 의해 더 확실하게 형해화된다. 시민사회를 떠받치는 학교 교육이 살아 움직여야 시민사회가 살아나서 국가를 제어하면서 변화시킬 수 있지만, 한 세기 동안 학교 교육을 똑같게 규격화('과잉 표준화')해서 화석화시켜놓으니 근본적인 변화도 진정한 의미에서의—반자본주의적인 '휴머니즘'의 차원 또는 반'헬조선'의 차원에서의—발전도 불가능하게 되어버린 것이다.

진보적 성향의 사람들 가운데 상당수가, 민주노총의 일각에서도 교육 개혁 운동은 '배부른' 운동이라는 시각을 갖고 있다. 40조 원에 이르는 한 해의 총 사교육비만 보더라도, 이를 인정할 수 없다. 학벌-입시의 폭력에 민주노총을 포함한 우리 대다수의 가정이 상시적으로 노출되어 고통받고 있고, 바로 이 학벌-입시 체제가 노동자에 대한 무시나 경시의 습속을 양산해낸다는 사실을 다시 확인할 수밖에 없기 때문만은 아니다. 현재의 학벌-입시 체제가 계속 우리를 억압하는 한, 국가에 대항하는 모든 정치적 시민운동의 근거여야 할 시민사회가 제대로, 강한 결속력을 통해 작동하기 쉽지 않다고 보기 때문이다.

6. 학벌-입시라는 우민화 정책, 식민지 경험

렛 잇 비

현재 이곳에서, 학교와 시민사회는 서로가 서로를 피폐화 또는 '사막화'시키는 악순환에 빠져 있다. 현재 학교 교육은 주체적이고 비판적인 자유로운 시민을 길러낸다는 그 핵심적인 과제를 전적으로 방기하고 있으며, 그에 따라 국가적 차원에서 추구되는 초-자본주의는 그 자체의 강화를 위해 학교 교육(공교육)을 망가진 그대로 방치해두거나—즉 학벌-입시를 최우선의 목적과 가치로 그대로 유지시키거나—점점 더 악화시키고 있다. 이에 대한 시민들의 어떠한 결집된 전면적 저항도 없다.

학교 교육을 통해 주체적인 자유로운 시민을 길러낸다는 것은 무엇인가? 무엇보다 먼저 아이들을 국가라는 제도적 현실 사회와—설사 그 현실 사회가 아무리 이상적이고 바람직한 것이라 할지라도—분리된 공간에 놓아둔다는 것이다. 아이들에게 정치적인 것을 금지하는 것이 아니고, 국가의 현실 정치가 장악해서도 안 되고 장악할 수도 없는 '그야말로' 중립적인 자유의 공간을 부여한다는 것이다. 즉 아이들이 그 현실 정치를 답습하도록 강요받지 않고, 스스로 정치적인 것을 선택하는 자유를 확보할 수 있게 한다는 것이다. 또한 가정도 현실 사회도 아닌 그 중간의 공간에서, 아이들 각자로 하여금 어디에 흥미를 느끼는지, 무엇을 좋아하는지, 관심 가는 사물들과 현상들에 대해 스스로 주체적으로 생각하고 판단할 수 있도록 놓아둔다는 것이다.

렛 잇 비 Let it be. 아무리 좋은 도덕일지라도, 아무리 바람직해 보이는 교훈일지라도 가르치지 말고 주입시키지 마라. 제 자신의 삶도 감당하지 못해서 비틀대는, 단지 '어른'으로 분류될 뿐인 존재인데, 주제넘게 다른 누구의 삶을 바람직한 곳으로 이끌겠다고 나서지 마라. 당신이 부유한 고위층 인사일 줄 모르지만, 당신을 왜 아이들이 존중하지 않는지 아는가? 당신의 삶이 이 현실 사회를 그대로 받아들여 거기에 몸과 마음을 바쳐 충성하는 노예의 것이기 때문이다. 드라마 〈SKY캐슬〉에서 한 엘리트 교수가 자부심과 오만에 가득 차 보란 듯이 강요하는 그 노예적 삶에 반발하는 자식들을 보라. 그 굴종의 삶을 뭐가 대단하다고 아이들에게까지 강요하는가? 너 자신을 알라. 네 자신이 타인들에게 중요한 존재라고 막연하지만 확고하게 믿는, 그 주제넘음을 반성해보라. 네 자신이 타인들에게 중요하지 않다는 사실을 매 순간 마음에 새기고 다녀라. 당신에게 가장 중요하고 당신이 무엇보다 먼저 배워야 할 덕목인 **렛 잇 비**가 무엇인지 한 번이라도 생각해보라. 그래야만 당신은 희극을 연출하지 않을 수 있다.

렛 잇 비는 한국인들에게 가장 결여된 에토스일 것이다. 그럴 수밖에 없다. 초중고 교실에서 아이들에게 12년 동안 금기시하는 첫 번째 터부가 **렛 잇 비**이며, 그렇게 **렛 잇 비**에 대한 감수성 자체가 거세된 아이들은 어른이 되어—상당수가 맹목적이거나 억압적인—이러저런 사회적 기준들을 수호하는 데에 복무하게 된다. 그에 따라 굳어진 사회적 기류는 교실에서 다시 **렛 잇 비**에 대한 금지를 정당화하는 동시에 강화한다. 우리는 모두 언제나 남들의 눈을 살피면서 무난하게 사는 것을 선호하고, 남다른 것에 대한 본능화된 두려움과 거부감을 갖고 있다.

우민화 정책

이곳의 교실은 각 시대의 현실 사회의 지배적 가치에 의해 끊임없이 유린당해왔고, 여전히 난도질당하고 있다. 거기에서 아이들은 일제강점기에는 황국신민이 될 것을 강요받았으며, 그 이후의 군사독재 시대에는 반공투사이자 산업역군이 되기를 주입받았고, 현재는 스펙을 쌓아 필요한 '인적 자본'이 되기 위해 안간힘을 써야 한다(김누리). 교실에서 언제나 아이들에게,

각자의 가슴과 머리에, 몸·영혼과 정신에 현실 사회의 주도적 가치 하나가 '꽂혀 헤집고' 난입해 들어온다. 아이들은 자신들에게 대못처럼 박힌 그 지배적 가치에 꼼짝달싹할 수 없게 되어버리고, 그 가치의 근거도 이유도 목적도 명확히 모른 채, 그 가치를 달성하지 못하면 평생을 주눅 들어 살면서 '알아서 기게' 된다. 이제 우리는 그 가치의 근거와 이유와 목적을 분명히 밝힐 수 있다. '현실'을 참칭하는 그 지배적 가치의 근거지는 바로 그 가치를 주입시키고 확산시키는 지배 엘리트계층이다. 그 이유는 지배 엘리트계층의 권력 유지 및 확장이며, 그 목적은 사람들로 하여금 '알아서 기게' 만드는 것이다.

현재의 지배적 가치인 필요한 인적 자원('인적 자본')이 되어야 한다는 것에 대해 생각해보자. 사실 교실에서 교사에 의해 이 가치가 아이들에게 항상, 직접적으로 주입되지는 않는다. 교실에서 교사는 때때로 삶의 '진정한' 가치·의미나 우정의 소중함이나 주체적으로 살아가는 용기에 대해서 역설할 수 있고, 심지어는 지배계층의 허위·위선과 악덕에 대해 폭로할 수도 있다. 그러나 이이들의 귀에는, 우리 귀에는 교사의 그러한 말들이 왠지 '겉치레', '겉멋'이나 농담에 가까운 피상적인 것으로 받아들여지기 십상이다. 이 교실의 보편적이고 강력한 전제이자 실재는 입시와 경쟁이기 때문이다. 그 사실이 너무 무겁고 너무 억압적이며 '뭔가 껄끄럽기에' 우리는 '선행학습 금지', 초등학교 저학년에서의 '영어 수업 금지', '자유학기제' 등과 같은 수많은 '사탕발림' 또는 '캄푸라치' 정책들로 자기 자신을 달

랜다. 즉 우리는 마치 입시라는 대전제이자 실재가 없는 것처럼 서로가 서로에게 연막술을 벌이면서 '아닌 척하고' 거짓말하는 것이다.

    이랬든 저랬든 상관없다. 오랜 과거로부터 현재까지 이어져오는 입시·학벌 체제 또는 이데올로기만 유지해두면 된다. 그렇게 해두고, 아이들이 교사로부터 때때로 '이상한 소리' 몇 마디를 들을 수밖에 없다 할지라도, 아이들을 딴짓과 딴생각 못하게 입시로 '족치면' 된다. 그러면 아이들은 뭐가 뭔지도 모르는 채 입시의 '과도한 노동'에 순응하게 될 것이고, 어른이 되어서는 각자 직장의 '과도한 노동'을 순순히 받아들이게 될 것이며, 그렇게 이곳의 지배계층의 권력은 안전하게 보존될 것이다. 봉건 사회든, 현재의 초-자본주의 사회든, 지배계층은 일반인들의 과도한 노동을 먹고 살고 배불리면서 자신의 권력을 유지하고 확장시킨다. 이곳의 여러 시대 각각의 지배적 가치가 무엇이었든 간에, 그 모든 시대에 걸쳐 100년가량 끊임없이 이어져온 이 입시·학벌 체제는 우리를 어린 시절부터 몰아대서 다른 생각을 하지 못하게 만드는 '우민화愚民化'를 성공으로 이끌었다. 학벌-입시는 가장 오래되고 가장 지배적인 적폐의 이데올로기일 뿐만 아니라, 가장 오래되고 가장 큰 성공을 거둔 전면적인—전 국민 대상의—'우민화 정책'이다. 똑똑해지라고 과도한 공부를 아이들에게 부과하지만, 이는 아이들을 가장 심각한 바보로 만드는 의무 이외에 아무것도 아니다. (어떻게 여기서 현실에 대한 '감'도 잡지 못해 우왕좌왕하던 "촉수를 제거당한 곤충"

윤석열의 그 '대국민 희극'을 떠올리지 않을 수 있겠는가?)

교실의 아나키즘

교실은 지배계층이 원하는 '탈정치'의 공간이 아니라, 오히려 지배계층의 권력이 중립화되는 '탈권력'의 공간이어야 한다. 그래야만 시민사회가 온전히 유지된다. 지난 문재인 정권의 구성과 해체의 과정에서 우리가 봤던 바이지만, 정권이 바뀌어봐야, 학벌-입시에 휘말려 들어간 우리의 일상적 삶은 여전히 너무 늙은 지배 권력(100년 동안 유지된 학벌-입시의 권력)의 수중에 들어가 있을 수밖에 없게 된다. 학교가 국가라는 현실 사회에 결코 흡수되어서는 안 되며, 그 사회와 언제나 거리를 두는 '반反권력'의 자유의 공간이어야 한다. 그러한 의미에서 **공인된 아나키즘(무정부주의)의 공간**이어야 한다. 아이들은 각자 자신의 가정에서 가장 편할 수는 있겠지만, 학교에서 가장 자유로울 수 있어야 한다. 독일의 "노트르라인베스트팔렌주 교육부의 기본 지침에는 '수용할 수 없는 지배관계와 사회적 억압에 대한 저항 능력', '저항 기술에 대한 지식', '개혁적 혹은 혁명적 성격의 기획을 실현하는 능력', '주어진 사회적 규범을 자유로이 받아들이거나 거부하고, 경우에 따라서는 다른 규범을 선택할 수 있는 능력'을 학교에서 가르쳐야 한다고 되어 있다."*

왜 독일만 그렇게 할 수 있겠는가? 우리도 한국에서 그렇게 할 수 있으며, 마냥 독일을 부러워할 필요는 없고, 우리도 교실에서 지배관계와 사회적 억압에 대한 비판과 저항 기술을 교과 내용들로 가르치고 배울 수 있을 것이다. 그러나 이 너무 낡은 현재의 입시제도의 틀 내에서는 그것도 희극일 수밖에 없다. 이 입시제도의 틀을 그대로 놔두고 지배와 억압을 비판하고 저항 기술을 고려하고 고안해낸다는 것은 코미디이다. 왜냐하면 이곳의 입시제도라는 이 틀은 그 안에 어떠한 내용이 들어가든 곧바로 경쟁의 지배·억압이라는 기제로 작동할 수밖에 없게 되어 있기 때문이다. 한국의 학벌-입시 체제는 학교에서 어떠한 내용을 가르치고 배우든 그것을 교육이 아니라 권력을 육성하는 데에 소진해버리기 때문이다. 현재의 이 학벌-입시 체제는 그 체제 안으로 어떠한 가치가 들어오든 간에, 학교에서 아이들에게 무엇을 가르치든 간에 지배계층을 안전하게 보호해주는 변함없는 틀일 뿐이다.

교실은 탈권력의, 탈강요의 공간이어야 하며, 탈정치의 공간이어서는 안 된다. 다시 말해 교실에서는 어떠한 정치적 관념도, 어떠한 도덕적 관념도 아이들에게 주입되어서는 안 되지만, 어떤 정치적이거나 도덕적인 관념이 어디에서 발원되었는지, 어떠한 권력의 흐름을 타고 생성되고 유통되는지, 그러한 물음들을 아이들에게 차단시키지 말고 허용해야 한다. 교사들과 아이들에게 이렇게 정치적인 것(국가의 현실 정치와 다른, 민

---

* 김누리, 《우리에겐 절망할 권리가 없다》, 36~37쪽.

중들의 자발적인 공동의 정치적 대응들, 의견 형성·발언, 연대와 저항·거부)을 막아놓는 것 자체가 국가 정치 권력의 선택(즉 강력한 정치적 선택)이자 방침이며, 강요이자 억압 이외에 아무것도 아니다. 교실이 탈권력의, 동시에 정치적인 것의 공간으로 남아 있어야만, 시민사회가 국가에 대해 자율적인 공간으로 남아 있을 수 있고, 그럴 수 있어야만 시민사회가 제대로 국가를 떠받칠 수 있다—국가를 특정 사람들이나 특정 계층이 아닌 시민들 일반의 합의체로 유지시킬 수 있다.

독립국가에서의 식민지 경험

국가의 통치자가 바뀌어봐야, 심지어 어떤 혁명이나 혁명적 사건·상황에 의해 정권이 교체되어봐야, 학교와 시민사회가 과거의 수구적 권력의 손아귀에 장악되어 있는 한, 일상에서 우리 각자의 자유롭고 민주주의적인, 더 나아가 존엄한 삶이라는 것은 한갓 꿈같은 것 이외에 아무것도 아니다. 이를 박근혜 탄핵과 그 결과로 탄생했던 문재인 정부가 우리에게 정확히 증명해주었다. 이곳의 경우 각 시대의 지배적 가치가 무엇이었든 간에 학벌-입시라는, 100년간 유지되어온 국가적·전체적 권력의 틀(형식)에 시민사회 전체가 갇혀 있는 동시에 짜여 있을 수밖에 없는 한—문재인 정권 같은 일종의 '혁명 정부'가 집권한다 할지라도—근본적으로는 아무것도, 우리의 일상적 삶에서는 아무것도 바뀌지 않는다. 왜냐하면 우리 각자의 삶이, 일상이 여전히 수구적 권력의 틀에 따라(늘 자식의 성적에 신경이 곤두서서, 자식의 성적과 한 친구의 것을 비교하면서 학원비를 늘리고, 경우에 따라서는 거액의 대출을 받아 강남의 한 아파트로 이사하면서까지 자신을 들볶고 옥죄면서, 우리가 이렇게 사는데, 어느 고위 공직자가 '아빠 찬스'를 통해 자식의 입시에 '불법적으로' 도움을 주었다면, 참을 수 없게 된다) 좌우될 수밖에 없기 때문이다. 우리가 어느 집회에 나가서 소리 높여 탄핵을 외치고, 그래서 정권이 바뀐들, 모두 지나가면 그만인 한때의 에피소드들에 불과하고, 우리의 일상은 조금도 바뀌지 않는다. 우리 각자의 일상은 여전히 쪼들리고 각박한데, 아이들 사교육비는 자신의 노후를 위협할 정도로 지속되는 부담이고, 아이들은 각자 아주 어린 나이에서부터 시험·입시에 갇혀서 국가·현실 사회의 공포스런 권력의 감시에 끊임없이 노출되어 있어야 하며, 학급의 친구들은 경쟁자들·적들에 지나지 않기에, 일찍부터 이 초-자본주의 사회의 '각자도생'의 원칙을 습득하고 거기에 익숙해지는 훈련을 받아야 한다. 이렇게 각자 자신과 아이들의 일상의 삶은 여전히 노예화·식민화된 상태에서 쪼그라든다. **이곳의 학벌-입시에 대한 경험은 독립 국가에서 겪는 식민지 경험이다.** 우리는 그렇게 삶·일상에서 받아야 할 기본적인 존중을 무시당한 채 비루하게 살아가는 것에 익숙해지고, 그것을 정상적인 것이라고 무의식적으로 받아들일 수밖에 없게 된다. 그 가장 정확한 증거는, 이곳의 학벌-입시 체제는 이제 우리에게 자연환경과 같은 것이기에, 우리가 그 너머를, 가령 학벌과 입시가 사라진 세계를 상상할 수조차 없는 지경에 이르렀다는 것이다. 그렇다 할지라도 현재의 학벌-입시 체제의 개혁 없이 우리는 식민지 상태에서 벗어날 수 없다. 다시 말해 이 **학벌-입시 체제의 극복만이 독립의 완성이다.**

7. 86세대와 민주당의 시공간의 착각

문재인 정부는 "한 번도 경험해보지 못한 나라"를 보여주지도 만들지도 못했으며, 앞에서 살펴보았듯이, 이 정부의 좌절의 근거이자 증거는, 이 정부에서 의미 있고 주목할 만한 어떠한 교육 개혁도 없었다는 사실이다. 또한 그 사실은, 이 정부가 우리에게 근본적인 평등의 감각을 일깨우고, 우리 안에 평등의 에토스를 착근시키는 데 실패했음을 말해준다. 그러한 실패는, 이 정부가 대변한다고 여겨졌던 86세대의 정치적 실패이기도 하다. 우리의 주제인 학벌-입시 문제로 다시 들어가기 전에, 또한 다시 들어가기 위해, 여기서 학벌-입시 문제의 저변에 깔려 있는 평등에 대한 물음을 더불어민주당의 주도 세력인 86세대에게 던져보고자 한다.

민주당의 과거 지향성

지금까지도 국민의힘 일각에서는 더불어민주당을 주사파 정당으로 단순화하는 시각이 존재하지만, 2024년 4월 22대 총선에서 한동훈 당시 국민의힘 대표의 그러한 시각에 근거한 민주당에 대한 비판이 효율적이지 않다는 사실을 같은 당의 홍준표는 이렇게 지적했다. "임종석 한 사람을 잡고자 그러는 것인가?" 그의 말에는 민주당이 현재 주사파의 영향 아래에 있지 않다는 현실 이해가 깔려 있다.

1980년대로 거슬러 올라가서 보면, 북한을 추종했던 주사파는 단시 운동권의 주류 세력이었던 '엔엘(NL, National Liberation, 민족해방)'의 소수 일파를 가리키는 표현이었을 뿐이다. 1994년 7월, 당시 서강대 총장이었던 박홍이 학생운동권이 김정일에 의해 장악되어 있다고 공개적으로 발언했던 이후로 '엔엘=주사파'라는 인식이 국민들 일반에게 각인되었지만, 그전에 '주사파'는 운동권 전체의 일파만을 가리키던 단어였다.* 현재 민주당의 주류는 좁은 의미에서의 '엔엘'(주사파)과 더불어 넓은 의미에서의 '엔엘'(1980년대 이후의 재야운동권의 주류)을 포괄하는 86세대 일반을 대변하는 인사들이다. 그들 모

---

* "지금은 'NL'을 북한과 관련해서 해석하려는 경향이 강하지만, 1980년대 후반부터 2000년 무렵까지 NL을 민주화운동 또는 진보적인 재야운동의 큰 흐름을 총칭하는 의미로 받아들여졌다"(박찬수, 《NL현대사: 강철서신에서 뉴라이트까지》, 인물과사상, 2017, 7쪽).

두를 '주사파'라고 매도할 수 없고, 그들 중 소수가 '주사파' 전력을 갖고 있다 할지라도 과거의 '주사파' 이념을 현재까지 신봉하고 있다고 볼 수도 없다.

    그러나, 이 점을 강조할 필요가 있는데, 민주당의 주류 인사들은 자신들의 위치를 불행하게도 과거의 '주사파'와 마찬가지로 대규모 숙청과 한국전쟁 주도로 김일성이 정치적 정당성을 상실하기 전인 1940년대 해방 정국의 시공간에 설정해두고 있다. 그들은 자신들이 직간접적으로 참여했던 대군부독재투쟁을 항일운동의 연장선상에 있다고 믿으면서, 자신들을 사실상 '근거 없이' 항일독립운동가들의 후예로 자처하고 있는 것처럼 보인다. 물론 그 목적은 국민의힘을 '친일파'로 규정하면서 자신들의 정치적 도덕성을 내세워 부각시키려는 데에, 그에 따라 너무나 손쉽게 얻을 수 있는 정치적 정당성이나 정치적 이익을 확보해두려는 데에 있다. 그들은 좁은 의미의 '엔엘'(주사파)의 이념(종북주의, 주체사상)을 따르지 않는다 할지라도 그 '엔엘'과 마찬가지로 **시공간의 착각** 속에 빠져, 그 착각 속에 안주하고 있는 것처럼 보인다. 그들은 스스로 '친일파'의 후예인 국민의힘과는 근본적으로 다르다고 믿으면서 자신들이 집단적으로 설정한 내면의 도덕성에 머물러 만족하고 있는 것처럼 보인다. 민주당은 현실이 아니라 과거에, 1980년대 대군부독재투쟁 시기를 거슬러 올라가 일제 치하의 항일독립운동 시기에 뿌리내리고 있으며, 이러한 민주당의 정치적인 과거 지향성은 민주당 자체를 내면적 도덕성의 정치에 묶어놓을 수밖에 없게 된다. 그에 따라 민주당은 정치적 '외면(핵심)'에 대한, 즉 이곳 현실의 정치적·경제적 상황에 대한 무감각에 매몰된다.

어느 정치 집단이 자신의 도덕성을 강조하고 부각시킨다는 것은 결국 자신을 위한 '나르시스적' 정치밖에 못한다는 것이다. 하나의 정당이 그렇게 자신의 도덕성에 묶여 있다는 것은 정당의 가장 기본적인 의무인 국민 또는 민중에 대한 대의代議도 소홀히 하고 있다는 것이다. 민주당의 경우, 자신의 정치의 도덕성·내면성을 근거 없이, 자의적으로 '친일파의 후예'인 국민의힘 위의 높은 곳에 올려놓고 자만함에 따라, 국민의힘의 초-자본주의적 정책들(과도한 친기업, 마찬가지로 과도한 반노동, 자본주의의 맹주 국가들인 미국·일본으로 기울어진 외교, 국민통합과 평등의 가치에 대한 무관심, 그리고 이곳의 초-자본주의의 숙주인 현재의 학벌-입시의 과도 경쟁 체제의 방치·악화)과 대립각을 세우는 확연히 다른 정책들을 내세우지도 못한 채 국민의힘의 초-자본주의 노선에 저항하지 못하고 보조를 맞출 수밖에 없게 된다. 국민의힘은 현재 단순히 '친일파' 정당이 아니고, 전적으로 초-자본주의 정당이다. 분명한 그 현실적 사실을 무시하면서 여전히 해방 정국에 붙박여 있는 민주당의 시선은 민주당 자체로 향하게 되면, 그 자체를 항일독립운동의 적자로 자임하기만 하는 나르시시즘에 고정된다.

그러한 민주당의 자의식이 극명하게 드러났던 것은, 2016년 말부터 다음 해 봄까지 전개되었던 박근혜 탄핵운동의 대표적 구호였던 '적폐 청산'이었다. 이 탄핵운동은 과거로부터—일제강점기로부터 다카키 마사오高木正雄를 거쳐 그의 딸인 박근혜로—이어져온 정당성 없는 부패한 통치 권력을 제거하자는 것이었다. 이 '적폐 청산' 운동은 항일독립운동을 이어가서 완결시키자는 과거 지향적 운동이었을 뿐, 초-자본주의에 저항하고 그것을 극복하자는 현재의 것이 아니었다. 이 운동의 최대 수혜자였던 문재인은 자신의 양심과 도덕성에 대한 확신에 차서 마치 독립운동의 수장과 같은 위세로 통치 권력을 수임했지만, 그의 정권은 박근혜 탄핵운동에 참여했던 대다수의 시민들이 각자 자신의 현실에서 겪고 있던 실질적인 초-자본주의의 문제들(비정규직 문제, 서울·수도권과 지방의 격차 문제, 부동산 문제, 그리고 학벌-입시 문제)에 대해 어떠한 유효한 대책을 내놓지도 실행시키지도 못했다. 이 탄핵운동은 설사 외국의 여러 나라에서 모범적인 민주화운동으로 상찬되었을지는 모르지만 근본적으로 시대착오적인 것이었다. 물론 이 운동은 필연적인 것이었지만, 그것은 초-자본주의의 폐해에 대한 고발·폭로와 극복으로 나아갔어야 하고, 거기서 마무리되었어야 했다.

　이 사회는 이미 초-자본주의의 질서(시스템)에 완전히 포박되어 있기 때문에, 그 자체에 내재되어 있는 문제들이 통치 권력(대통령)이 바뀐다고 해서 해결되지 않는다. 한국은 이미 전적인 자본주의 시스템에 따라 움직이고 있으며, 대통령 한 명이, 정권이 바뀐다고 해서 실질적으로 바뀌지 않는다.

86세대와 학벌

86세대의 정치(즉 민주당의 정치)에 대해 말해야 했다면, 그 정치가 학벌-입시 문제를 해결하는 데에서 무력하거나, 그 문제를 방치하고 있거나, 확고한 해결 의지를 갖고 있지 않다는 사실을 지적하기 위해서였다.

민주당의 주축 인사들을 포함하는 86세대 일반 자체가—물론 예외는 있겠지만—학벌의 가치를 깊이 내재화하고 있다. 이 세대 전반이 학벌을 등에 없고 안정된 직장을 얻어 경제적·사회적 안정을 누릴 수 있었으며, 그렇기에 다른 어떠한 세대보다도 더 확고하게 학벌의 가치를 믿는 세대이며, 그렇기에 그들은 대부분 자식들에게 '관성적으로' 학벌의 가치를 주입시키고 강요한다. 사정은 엔엘과 대립한 다른 정파인 피디(PD, People's Democracy, 민중민주)의 경우도 마찬가지였다. 1989년 사노맹(사회주의노동자동맹)을 결성하면서 활발히 활동했던 노동자 출신의 박노해는 운동권 인사들과 접촉이 적지 않았던 당시를 회고하면서 운동권 내부에서도 학벌은 매우 중요한 일종의 증명서와 같은 것이었다고 말한다. "우리 사회에서 서울대, 명문대를 나왔다는 것은 …… 실력을 넘어선 숨은 신분 작위를 얻는 것입니다."* 여기서 김동춘은 한국에서 학벌은 (준)신분과

---

* 박노해, 《사람만이 희망이다》, 해냄, 1997. 김동춘, 《시험능력주의》, 89쪽에서 재인용.

같다라고까지 덧붙인다.

　하나의 사상이나 철학이—1980~1990년대 이곳의 '엔엘', '피디'가, 또한 사회구성체론자들이 그랬듯이—한 사회가 현재 어떠한 체제 위에 놓여 있는가를 규정하고, 그 사회가 지향해야 할 이상적인 다른 새로운 체제를 구상해서 그 사회가 미래에 도달해야 할 역사적인 목적을 제시하는 것은, 10년 뒤의 자신이 어떨지도 알지 못하는 인간의 능력을 벗어나는 일이다. 또한 어느 누구도 10년 뒤에 이 사회의 총체적·전체적 형태를 알지 못한다. 정치적인 것의 영역에서도, 추상적인 사상·철학과 무관하게, 우리가 정확하게 알고 있는 것, 구체적으로 분명하게 문제로 받아들여질 수밖에 없고 고통을 주는 것, 시급한 것, 그러한 것과 마주할 수밖에 없다.

　이곳에서 그러한 중요한 것들 가운데 하나가 학벌-입시 문제일 것이다. 이 문제는 사상·철학이나 이념의 문제도 아니고, 정치적 당파의 문제도, 정치적 입장의 문제도 아니다. 2022년 10월 교육부가 발표한, 일종의 일제고사인 '학업성취도전수평가' 실시 계획에 대해 진보 교육감과 보수 교육감 전원이 이구동성으로 반대를 표명했던 사실에서 알 수 있듯이, 2023년 이주호 교육부 장관이 주도했던 2028년도 대입 개편안 시안과 관련해 전국 17명 교육감 전원이 만장일치로 대입 자격고사화 실시를 의결했던 데에서 알 수 있듯이, 또한 교육전문가 이범이 잘 지적했듯이 이곳의 학벌-입시 문제는 진보-보수의 구도에 따라 완전히 다르게 파악되지 않는다.* 왜냐하면 이 문제는 진보와 보수를 막론하고 거의 모든 사람들에게, 국민 일반에게 너무 값비싼 고통을 강요하고 있고(만약 보수주의자가 되어 그 고통에서 벗어날 수 있다면, 우리는 모두 보수주의자가 될 수밖에 없을 것이다), 다른 여러 문제들과 연동되어 다른 여러 부작용들을 너무 많이 발생시키고 있기 때문이다.

    이 문제를 진보와 보수를 막론하고 일반적인 문제로 받아들일 수밖에 없는 이유들은, 첫째 자식들의 사교육비를 조달하느라 학부모들이 노후 준비를 제대로 하고 있지 못하기 때문이며, 둘째로 학생들이 입시 때문에 필요하지도 효율적이지도 않고 흥미도 없고 고되기만 한 공부에서 벗어나 진정으로 필요하고 의미 있는 학업을 할 수 있어야 하기(교육의 수월성·선진화) 때문이고, 셋째 현재 심각한 사회문제로 부상한 저출산을 극복해야 하기 때문이다.** 또한 학벌-입시 문제는 분명히 대학 교육의 문제(현재의 입시에 맞추어진 초중고에서의 '정답 맞히기' 학습 방법은 그 자체로 비효율적이지만, 대학에서의 교육과 학습에도 큰 영향을 끼치고 있는데, 이 점에 대해서는 이후에 다시 살펴볼 것이다), 부동산 문제(서울·수도권에서의 과도하게 높은 집값, 그리고 이 지역과 지방 사이의 부동산 가격들의 큰 차이), 서울·수도권과 지방의 경제·교육·문화에서의 격차 문제, 일자리 차별·서열화 문제, 국민 통합의 문제와도 결부되어 있으며, 그렇기에 학

---

*   이범,《문재인 이후의 교육》, 7쪽.
**   같은 책, 363~366쪽.

벌-입시 문제를 파고들어가는 과정에서 위와 같은 다른 문제들이 제대로 드러나고 검토되고 개선 내지는 개혁의 방향으로 열릴 수 있다. 물론 학벌-입시 문제는 이곳에서 하나의 문제, 하나의 구체적이고 '국지적인' 문제이지만 다른 문제들의 핵심 또는 연결고리에 위치한다.

국지적인 문제로부터

우리에게는 이 '국지적인' 구체적 문제로부터, 누구나 충분히 보고 만질 수 있을 만큼 분명하게 가시화된 이 문제로부터 출발하는 것 이외에 다른 방안이 없다. 한 사회가 위험한 상황에 빠졌을 때, 하나의 실질적이고 시급한 문제에 천착하는 것 이외에 다른 도리가 없다. 그때 어떤 이념, 사상(철학)이나 도덕을, 어떤 '내면적' 총체성을 내세운다는 것은, 어떤 특정 정치 집단에 권력을 몰아주자는 것 이외에 아무것도 아니다. 어떤 총체성을 내세워 사회를 변혁으로 이끌겠다는 모든 시도는 예외 없이 통치 권력(통치자)만을 바꾸는 데에서 끝났다. 더욱이 한국과 같이 이미 강력한 하나의 자본주의 체제(시스템)에 의해 움직이는 사회에서, 통치 권력이나 통치자만 바꾼다고 아무것도 해결되지도 개선되지도 않는다. 오히려 '국지적'이고 구체적인, 분명하게 가시화된 핵심적인 하나의 문제에 천착하고 집중하는 것이, 우리가 어떠한 통치 권력에도 흡수되지 않는 실제적인 방법이며, 나아가 정치적 차원에서 사실성·구체성·실질성과 더불어 우리의 '공동성'을 엄격하게 확보하는 방법이다.*

---

* 여기서 우리의 이러한 입장을 대변해주는 것처럼 보이는 미셸 푸코의 예를 생각해보고자 한다. 그는 왜 자신이 항상 국지적인 문제들(가령 광기, 정신병동, 섹슈얼리티)에만 집중하고 어떠한 정치적인 총체성으로도 나아가지 않는가라는 질문에 대해 이렇게 대답했다. "사람들은 나보고 국지적인 문제들을 제기하기는 하지만, 총체적인 문제들에 관한 입장은 제시하지 않는다고 말하지요. 사실, 내가 제기한 문제들은 항상 국지적이고, 특정한 문제들과 관련되어 있습니다. …… 우리가 문제들을 간결하고 정확한 방식으로 제기하고자 한다면, 우리는 가장 특이하고 구체적인 형태 속에서 그것들을 살펴야만 하지 않을까요?/나는 그렇게 생각합니다. 무엇보다 내게는 사회에 대해 발언해온 거대담론 중 어느 것도 믿음이 갈 만큼 확실해 보이지 않습니다. …… 나는 지식인들이 학구적이고, 학술적이며, 박식한 연구들로부터 출발해서는, 그들이 살고 있는 사회의 핵심적인 문제들을 지적해낼 수 없다고 생각합니다"(미셸 푸코, 《푸코의 맑스》, 이승철 옮김, 갈무리, 2004, 144쪽). 이어서 그는 이렇게 덧붙였다. "내가 문제들을 국지적인 차원에서 제기한다는 말은 정말 맞는 이야기입니다. 그러나 나는 그런 식으로 문제를 제기함으로써 다른 사람들에게 이러한 문제들이 일반적인 문제로 드러나도록, 아니 적어도 사람들이 기존에 일반적이라고 생각했던 문제들과 동등한 정도의 일반적인 문제로 드러나도록 할 수 있다고 믿고 있습니다"(같은 책, 146쪽).

3장 — 대학평준화와 대입 자격고사

1. 국공립대통합네트워크와 대학 서열

국립대 통합

학벌-입시 문제는 현재 우리에게 가장 중요한 정치적 문제들 가운데 하나이며, 또한 가장 어려운 문제들 중 하나이지만, 그 해결은 불가능한 것이기 이전에 불가피한 것이다. 지금까지 이 문제를 해결하기 위한 여러 시도들이 있어왔다. 그것들 가운데 여기서 다시 주목하고 고려해봐야 하는 것들을 되돌려보고, 이 문제가 가리키면서 향해 있는 방향과 더불어 향해 있어야 할 방향에 대해 가늠해보고자 한다.

최근 김종영 교수의 서울대 10개를 전국에 설립하자는 제안이 많은 주목을 받았다.* 부산대·경북대·전남대 같은 전국의 지방거점국립대들을 각각 해당 지역의 다른 국립대나 사립

---

* 김종영, 《서울대 10개 만들기》.

대를 통합하게 해서 서울대와 규모 수준과 질적 수준에서 버금갈 만한 대학들로 성장시키자는 계획이다. 이 계획이 실행된다면, 서울·수도권과 지방의 격차 완화, 지방 각 지역에서의 4차 산업혁명의 전진 기지 구축, 대입이라는 심각한 문제의 해결, 부동산 문제 해결, 사교육비의 대대적인 감축 등, 이곳에서 막혀 있는 여러 문제들에 대한 통로가 열리게 된다는 것이다.

이 제안은 20여 년 전 정진상 교수가 '국립대 통합네트워크'라는 명칭으로 제시했던 것과 큰 틀에서 다르지 않다.* 지방 거점 대학들을 중심으로 대학 통합네트워크를 구축하자는 계획은, 학자들의 발언을 넘어서서, 이미 2000년대 초 민주노동당의 중요한 공약으로 채택되었고, 이후 2012년에는 문재인 대통령 후보에 의해 '서울대를 포함한 10개 거점국립대학의 통합네트워크'라는 제목하에 다시 대선 공약으로 제출되었으며, 2017년 다시 문재인 대선 후보에 의해, 또한 문재인 정부의 초대 교육부 장관이었던 김상곤 교수의 구상에 따라 '국공립대 네트워크 구축'이라는 제명으로 공약에 내걸렸다. 그러나 정작 문재인 후보가 대통령으로 당선된 후 발표한 '100대 국정과제'에서 '국공립대 네트워크 구축'이라는 약속되었던 정책은 소리 없이 사라졌고, 문재인 정부 내내 다시 거론조차 되지 않았다. 이후 우리의 기억에 남을 만한 문재인 정부의 대학 관련 발표라고는, 소위 '조국사태'가 가져온 충격의 여파로 반사적으로

---

* 정진상, 《국립대 통합네트워크》, 책세상, 2004.

다급하게 내놓은 2019년 10월 22일의 '정시 선발 인원 확대'밖에 없었다. '국공립대통합네트워크 구축'이라는 개혁적인 정책이 겨우 '정시 선발 인원 확대'라는 대학 입학 인원 선발 기준을 약간 조정하는 정책 하나로 '쪼그라들었다'.**

'통합네트워크' 구축 정책은 2000년대 초반에 구상되어 몇 차례 진보 진영 쪽에서 대선 공약으로 채택되기도 했으며(정의당 쪽에서도 약간 다른 형태의 구상에 따라 2017년 심상정 대선 후보의 공약으로 제시되었다), 2023년에도 김종영 교수가 제안한 '서울대 10개 만들기'라는 명칭으로 정치권과 대학계 내에서 파급됐다. '통합네트워크 구축'과 '서울대 10개 만들기'는 모두 서울대와 지방거점 9개 국립대의 통합체를 전제하는 동시에 추구한다는 점에서 기본 틀이 같으며, '서울대 10개 만들기'는 그것을 위한 예산 문제에 대한 대책이 있을지는 몰라도, 근본적으로 '통합네트워크 구축'의 수정된 버전일 수밖에 없다. 그러나 문제는 이러한 국공립대학 통합체가 필요하다 할지라도 과연 실현 가능한가, 아니면 실현 가능하다 할지라도 과연 충분히 유효한 것인가라는 데에 있다.

이전에는 입시 전문 기관 메가스터디의 '스타 강사'였다가,

** 문재인 정권 시절 전교조 법외노조 조치 해제를 요구하며 문재인 대통령과 대립했던 조창익 당시 전교조 위원장은 이렇게 말했다. "우리는 그대에게 빛나는 보검을 쥐여주었으나/ 그대는 작은 바늘로 만들어 허공에 춤을 추었소/ 광장 함성을 모기만 한 목소리로 만들어버렸고/ 진실 앞에서 주저하였고 가난한 자에게 참 가혹했소"(조창익, 《변혁: 어느 교육노동자의 일기》, 397쪽).

공교육 영역으로 방향을 틀어서 몇몇 정당·정부에서 교육 정책 관련 자문 업무를 수행했던 이범은, 2017년 문재인 대선 캠프에서 일할 때, 자신에게 국공립대학 통합체 구성을 위한 공동 입학제에 대해 의문을 표시했던 캠프의 한사람에게 "그거 안 되는 거 이제야 아셨어요"라고 반문했다고 한다.* 또한 그는 이렇게 분명히 밝히는데, "나는 2012년부터 줄곧 '국립대 통합네트워크'에 대해 비판적 견해를 밝혀왔다. 즉 이것은 정책이라고 주장되지만 실은 구호일 뿐이고 구체적인 실행 계획action plan을 만들 수 없다."** 나아가 그는 국공립대통합네트워크 구성은 어떠한 형태로 제시되든, 어떠한 정부가 들어서든, 정책으로 채택될 가능성이 없다고 단언한다. "진보 교육계의 대학 체계 대안인 국립대 통합네트워크와 공영형 사립대[정부가 일부 사립대에 대규모의 재정 지원을 하는 대가로 그 사립대 각각의 이사진 가운데 절반을 '공익 이사'로 두어 사립대를 공영화하지는 계획, 그 계획에 따라 그 사립대들이 대학 통합체에 들어오게 될 것이라는 구상, 국립대 통합네트워크 정책에 포함되어 있다]는 이미 파산 상태이며 차기 정부에서도 채택될 가능성이 없다."*** 나아가 그는 "최근 한국의 교육 담론에서"의 "구조 개혁과 사회 통합을 저해하는 위험한 경향 세 가지" 가운데 첫 번째로 "'국립대 통합네트워크'로 대표되는 파산선고된 대안을 계속 주장하는 것"을

---

* 이범, 《문재인 이후의 교육》, 94쪽.
** 같은 곳.
*** 같은 책, 11쪽.

들고 있다.**** (나는 이범의 견해에 전반적으로 동의하지만, 국립대 통합네트워크가 실행 불가능한 것일지라도, 현재에도 그렇지만 특히 이후에 가속화될 학령인구 감소로 인해 어떠한 형태로든 대학들 간의 통합은 피할 수 없는 현실이라고 본다. 따라서, 이후에 여기서도 다시 살펴봐야 하는 물음이겠지만, 어떠한 과정을 거친 통합이어야 하고 어떠한 통합이 가능하고 효과적인가라고 다시 묻지 않을 수 없다.)

국립대 통합과 '입결'

그간 진보 진영에서 형태를 달리해서 계속 주장해온 국립대 통합네트워크가 가진 문제는, 이범과 같은 교육전문가가 아닐지라도 어렵지 않게 추측할 수 있다. 이곳, 한국에서는 사립대 비율이 매우 높고(전체 대학 대비 85%), 전체 대학생 가운데 사립대에 다니는 학생들의 비율이 압도적으로 높은데(전체 대학생 대비 75%, 즉 4분의 3), 과연 국공립대통합네트워크 구축이 실현 가능하겠냐는 것이고, 설사 가능하더라도 큰 의미가 있겠냐는 것이다.

특히 오랜 기간 대학 서열의 최상층부를 차지하고 있는 두 사립대 연세대와 고려대, 넓게는 1990년대에 나타나기 시작해서 이제는 하나의 확고한 카테고리가 된 '인서울'의 사립대

**** 같은 책, 363쪽.

학들(대표적으로 서강대·성균관대·한양대·중앙대·경희대·한국외대 등)이 국공립대통합네트워크에 구축에 수반되는—즉 이 네트워크 구축이 실효성을 거두려면 필수적으로 실행되어야 하는—'공영형 사립대 네트워크'에 들어가고자 하겠냐는 것이다. 최근 경상남도의 두 국립대, 경상대와 창원대가 통합을 추진했지만, 창원대 구성원들의 반발로 통합 논의 자체가 중단된 상태라는 사실에,* 그리고 더 최근 2023년 12월에 경북대와 금오공대의 통합 시도, 아니 통합 타진 자체가 경북대 학생들의 극심한 반발로 무산된 사실에 주목해봐야 한다. "경북대 총학생회와 학생 1000여 명(총학생회 추산)은 11일 대구시 북구 경북대 본관 앞에서 '경북대학교 학생 총궐기'를 열어 '학생 의견 없는 (금오공대와) 졸속 통합 반대한다'고 밝혔다. 이들은 '경북대의 미래를 사업적 효율에서 보지 말고, 교육 현장의 목소리와 교육 당사자인 학생의 외침을 외면하지 말아달라. 통합을 백지화한다는 대학본부의 결정을 환영하지만 확실한 답변이 필요하다. 홍원화 경북대 총장은 비민주적 논의였던 경북대와 금오공대의 통합을 무산하겠다는 명시적인 답변을 해달라'고 요구했다. 학생들은 총궐기 뒤 교내 행진을 벌였다. 이날 낮 오후 2시 기준 경북대와 금오공대 통합을 반대하는 온라인 서명 운동에는 1만 303명이 참여했다."** "통합 논의 소식이 알려지

---

*   《경남신문》, 2023.5.29.
** 《한겨레》, 2023.12.11.

자 지난 7일 경북대 본관 계단 앞에는 학생들이 벗어던진 500여 벌의 과잠이 널브러졌다. '경금대(경북대+금오공대) 절대 안 된다'는 팻말과 근조 화환도 등장했다. 경북대 학생들은 '명문 국립대인 경북대가 '한 수 아래'인 금오공대와 통합하는 것은 있을 수 없다'면서 '차라리 취업 프로그램을 늘려달라'고 요구했다."****

경북대 학생들이 통합에 극구 반대하면서 이렇게 학과점퍼들로 본관 계단을 뒤덮고 경북대 사망을 애도하는 근조 화환을 내세웠던 가장 근본적이고 가장 실제적인 이유에 대해 말할 필요가 있겠는가? "'통합에 대한 이야기를 들어본 적이 없어요. 뉴스를 통해서 알았기 때문에 일단 학과점퍼(과잠)로 우리 의견을 표한 뒤에……' 학생들의 통합 반대 이유 가운데 하나는 바로 입시 성적입니다. '저희 학과랑 금오공대랑 입결(입시 결과) 차이도 꽤 난다고 생각하는데, 이렇게 갑작스럽게 학생들에게 발표·통보하는 식이라……'[한 경북대 학생의 의견]."****

경북대 학생들이 자신들의 대학과 금오공대의 통합에 이렇게 반대했던 가장 중요한 이유는, 겉으로는 '학내 민주주의'를 내세운다 할지라도 결국은 자신들과 대학입시 성적이 크게 차이 나는 금오공대 학생들을 일원으로 받아들일 수 없었기 때문이다. 이를 단순히 경북대 학생들만의 차별의식의 발로라고

*** 《서울신문》, 2023.12.10.
**** MBN, 2024.1.27. https://www.mbn.co.kr/news/society/4998439, 2025년 7월 14일 재검색.

간단히 비판하기는 힘들 것이다―국립대, 공립대와 사립대를 막론하고 전국 어느 대학에서든 그 대학과 입시 성적에서 서열이 낮은 대학과 통합한다면 극심한 반발이 있을 것이라고 예상할 수밖에 없다. 따라서 대학들 간의 통합이 어느 정도 원활히 진행되려면 무엇보다 현재의 대학 서열을 크게 완화시킬 수 있는―즉 대학평준화에서 큰 성과를 이룰 수 있게 하는―방향에서 현재의 대학입시를 획기적으로 개편해야 한다. 이 점에 대해서는 이후에 더 상세하게 살펴볼 것이다.

경북대-금오공대 통합이 큰 벽에 부딪혀 진행되지 못하고 있는 사실은 국립대들 간의 통합도, 더욱이 통합네트워크 구축도 쉽지 않다는 것을 보여주는데, 과연 대입 경쟁의 기준이 될 정도로 중요한 '인서울' 주요 사립대들이 각각 자신의 소유권이나 경영권, 또한 재정권과 인사권에서의 자율성과 권력을 대폭 포기하거나 양도하면서 국가의 대학 통합 요구에 응하려고 할 것인가라는 의문이 강하게 들 수밖에 없다. 설사 이 대학들의 책임자들이 이곳의 학벌-입시 문제가 심각하고 개선이 필요하다는 점을 인식하고 인정하고 있다 할지라도 말이다.

국립대 통합과 공영형 사립대

국공립대통합네트워크 구축이 성공하려면, 즉 실제로 교육 평등(대학 서열 완화나 나아가 철폐)을 실현시켜서 이곳의 학벌-입시 문제를 어느 정도 해결하려면, 서울·수도권에서 반드시 '공영형 사립대 네트워크' 구축을 병행시켜야만 한다. 한국 인구의 절반가량이 서울·수도권에 몰려 있는 상황에서, 한 해의 서울·인천·경기 지역 수험생 전체 대비 이 지역 국공립대 입학 정원이 4.1%밖에 안 되어서,* 이 지역 수험생들의 95.9%의 학생들은 다른 지역들의 국공립대들이나 사립대들에, 특히 같은 서울·수도권 지역의 사립대들에 입학해야만 한다.

그러나 우리가 아는 대로, '인서울'이라는 표현이 모든 것을 말해주듯, 서울·수도권 지역 학생들의 압도적 다수는 능력만 되면 현재 다른 지역들의 몇몇 지방거점국립대학에도 관심 없고, 같은 지역의, 즉 '인서울'의 주요 사립대들에 입학하기를 원한다. 요원해 보이는 예상이긴 하지만, '인서울'의 사립대들은 현재대로 놔두고, 평준화된 국공립대통합네트워크만 구축되었다고 가정해보자. 과연 서울·수도권 지역 학생들이 각자 교육·문화·주거와 경제(일자리)의 인프라가 집중되어 있는 '인서울'을 버리고 평준화된 어느 지방거점국립대에 입학하기 위

---

* "한국은 국공립대가 매우 적을 뿐만 아니라 그 분포가 매우 불균등하다. 인구 밀집 지역인 서울·수도권 지역에 국립대가 극히 적다. 서울·인천·경기 지역 수험생 대비 이 지역 국공립대 입학 정원이 4.1%밖에 안 된다. 2020학년도 기준 수능 지원자(원서 접수 기준, 재수생·검정고시 포함)는 54만 8,734명이고 그중 서울·인천·경기 지역 수험생은 절반이 넘는 29만 7,385명인데 이 지역 4년제 국공립대 정원은 1만 2,181명밖에 안 되는 것이다. 서울대, 서울시립대, 서울과학기술대, 인천대, 한경대(경기도 안성 소재 국립대) 등 5개 종합대학과 서울교대, 경인교대 등 2개 교육대학을 더해서 그렇다. 이러니 전국적인 공동입학·공동학위 시스템을 만들기 어렵다"(이범, 《문재인 이후의 교육》, 342~343쪽).

해 지방으로 기꺼이 내려갈 것인가? 서울·수도권에 살던 한 학생이 어느 거점국립대에 다니면서 자신의 기득권을 내려놓고 월세 하나를 구해 황량하고 낯선 풍경을 감상하면서 자신의 지역에 어느 대기업이 새로운 회사를 지어 양질의 일자리를 만들어주기를 마냥 기다리고 있겠는가? '인서울'이라는 가장 큰 권력을 내버려둔 채, 현재의 학벌-입시 권력을 문제 삼는다는 것은 '눈 가리고 아웅하는' 격이다. 국립대 통합네트워크가 '기적적으로' 잘 구축되어 거기에 속한 국립대들이 평준화되었다고 가정해보자. 현재의 학벌-입시 권력을 해체하려면, 절대다수가 사립대인 '인서울' 대학들의, 특히 연고대의 학벌-입시 권력을 해체해야만 한다. 그러나 과연 연고대가 자신들의 기득권을 내려놓고 국립대 통합네트워크 구축에 발맞춘 공영형 사립대 네트워크에 들어가고자 하겠는가? 정부로서는 연고대를 비롯한 '인서울'의 주요 사립대들을 공영형 사립대 네트워크로 유인할 단 한 가지 방법밖에 없다. 바로 이 대학들 각각의 이사진에 '공익 이사들'을 배치하는 대가로, 막대한 대학 지원금을 주는 것밖에 없는데, 과연 계속 어려움 없이 재정을 확보해서 잘 운영되고 있는 서울의 이 주요 사립대들이 그러한 대가를 받고 순순히 자신들의 기득권과 권력을 양도하고자 할 것인가? 이 사립대들은 아무리 큰 지원금이 '미끼'로 주어진다 할지라도 평준화된 지방 국립대들 '밑에서' 보조를 맞추는 역할에 만족하지 않을 것이다.

대학들 사이의 평등, 또한 교육 평등과 교육 정상화를 목표로 한 국립대 통합네트워크 구축은 그 목표에 이르려면 반드시 공영형 사립대 연합(해당 사립대 각각의 재단의 자율성을 유지시켜준다는 전제하에서의 네트워크)을 병행시켜야만 한다. 그러나 국립대 통합네트워크 구축 계획은 2000년대 초반에 처음으로 제출된 이후 거의 20여 년이 지났지만, 단 한 번도, 그 첫 단계도 구체화된 적이 없다. 이 계획을 지속적으로 지지하고 있는 대학무상화·대학평준화추진본부연구위원회(임재홍·김학한·홍성학·이현·임순광·김병국)도 스스로 확인하고 있듯이, 정부의 통제하에 있는 국립대들도 현재까지 통합으로 나아가기는커녕 각자의 서열과 차이점만을 부각시키면서 항상 똑같이 분리된 채로 남아 있을 뿐이고, 공영형 사립대 연합이라는 계획은 고사 위기에 놓인 지방 사립대들에만 단지 생존의 활로 개척 방안으로 모색되었을 뿐이다.*

국립대와 사립대를 막론하고, 한 대학 내에서의 인접 두 학과 간의 통합도 쉽지 않다. 관계자들의 여러 이해의 상충, 내세울 수 있는 명분들의 상치와 어떠한 보상으로도 포기되기 힘

---

* "국공립대통합네트워크 수립이 [문재인] 정권 초기 국정기획자문위원회의 국정 과제에서 빠지는 등 정부 추진력의 한계가 드러나면서 활발한 논의는 수면 아래로 가라앉았다. 오히려 국립대학 내에서도 서열과 차이점이 부각되면서 공동 대응의 동력은 약화되었다"(대학무상화·대학평준화추진본부연구위원회, 《대한민국 대학혁명》, 213쪽). "지방 대학을 중심으로 지속적인 대학 구조조정이 진행되는 상황에서 지방 사립대(지방 전문대 포함)의 활로로 모색되고 있으며, 시급하게 실현되어야 할 과제로 급속히 부상했다. 그러나 문재인 정부가 공영형 사립대 추진을 위한 예산 확보에 미적거리면서 임기 내내 논의 수준에 머무르고 말았다"(같은 책, 213쪽).

든 자율성 유지에 대한 욕구 등과 같은 걸림돌들을 해당 대학이 강제로 치울 수도 없는 법이다. 하물며 국립대들 사이의 통합네트워크 구축도 너무나 요원한데, 특히 공영형 사립대 연합은 불가능에 가깝다. 사립대들에게, 특히 연고대를 포함한 '인서울'의 주요 사립대들에게 연합을 강제할 어떠한 방법도 없다. 만에 하나 정부가 연합을 강제하는 어떤 조처를 취할 경우, 여러 해당 사립대들의 '줄소송'이 이어지리라는 예상이 쉽게 우리의 앞을 가로막는다(자사고 취소 조처가 내려졌던 몇몇 고등학교가 법적 소송으로 대응했던 사실을 기억해봐야 하는데, 각각 오랜 전통과 강력한 기득권 위에 서 있는 서울 시내 주요 사립대들이 어떤 강제 조처가 자신들을 억압할 때, 가만히 있을 리가 없다). 마찬가지로 만에 하나 국립대 통합네트워크가 구축되고, 거기에 이 사립대들이 전혀 보조를 맞추지 않는다면, 오히려 이 대학들은 한국의 '아이비리그'(초일류 사립대학 연합체)를 형성하기 위해 일로매진할 가능성이 높다. 만약 그 가능성이 현실화될 경우 대학 서열의 순위만 바뀔 뿐 학벌-입시 문제와 연관된 모든 병폐들은 다시 악순환에 악순환을 거듭하게 될 것이다. 20년 가까이 첫 단계도 실행하지 못한 하나의 계획은, 그것이 아무리 바람직하고 이상적이라 할지라도 그 자체에 문제가 있다. 그러나 여기서 우리가 국립대 통합네트워크 수립과 공영형 사립대 영합체 구성이라는 두 플랜을 단순히 거부하고 있는 것은 아니다.

여기서 우리의 입장을 일단 간단하게 밝히면, 두 플랜에 모두 원칙적으로 찬성하지만, 현재로서는 그 실현 가능성과 실현 효과에 대해 매우 회의적이기에 그 형태·방법과 절차에 대해 다시 성찰할 필요가 있다는 것이다.

원인과 결과의 전도

김종영의 '서울대 10개 만들기' 제안이 놓여 있는 가장 중요한 전제들 가운데 하나는, 학벌-입시 문제와 관련해서 우리가 원인과 결과를 혼동하는 심각한 오류에 빠져 있다는 사실이다. "모두 원인과 결과를 혼동하고 있다."* 즉 입시 과열 경쟁이라는 결과를 가져온 원인은 너무나 오래 유지되어온 대학 서열 체제인데, 우리는 그 근본 원인을 그대로 둔 채, 결과에 불과한 입시제도만을 이렇게 저렇게 고쳐서, 그 공정성을 확보하려는 시도들에만 머물러왔다는 것이다. 대학들 사이의 가치 차, 축적된 인프라(한 학생당 투자비, 국가 지원금 금액, 학생 한 명당 교수 수, 시설 투자의 규모 등) 차로 인한 위계와 서열은 문제 삼지 않은 채, 우리는 대학별 고사에서 예비고사·본고사 제도로, 예비고사·본고사 제도에서 학력고사로, 학력고사에서 수능으로, 저기서 여기로 입시제도만 손질하는 데에만, 또한—'조국사태' 이후에 우리가 잘 확인할 수 있었듯이—정시·수시 모집 인원

---

* 김종영, 《서울대 10개 만들기》, 28쪽.

비율 조정에만 주의를 기울이고 신경 써왔다는 것이다. 따라서 드러난 결과에 지나지 않는 입시제도로부터 시선을 거두어들여 바로 원인이자 근본적 문제인 대학 서열 체제로 돌려야만 하며, 그 체제의 병폐를 해소하기 위한 가장 현실적인 방법은, 바로 서울대 수준의 국립대학들(지방거점국립대들)을 지방 아홉 곳에 적극적으로 육성하는 데에 있다는 것이다. 그렇게 할 수만 있다면, 서울대에 준하는 명문대들이 전국에 자리 잡게 되고, 기존의 대학 서열 체제의 강고함이 해체되며, 입시 과열 경쟁을 가져왔던 명문대 '병목현상'(명문대들의 좁은 입구를 통과하기 위해 학생들이 과도하게 몰리는 현상)이 사라지게 될 것이다.

80여 년에 걸쳐 수많은 대입제도에 보완과 변화가 있어왔지만, 학벌-입시 문제는 전혀 해결되지 않았다라는 김종영의 판단에는 누구라도 수긍할 수밖에 없을 것이다. 어느 계층에, 어느 지역의 학생들에게 유리하지도 불리하지도 않도록 공정한 입시 형태를 정립해서 가능한 최대한의 학생·학부모가 겪는 불공정에 대한 불만을 줄이고자 한다는 명목으로 시행되었던 지금까지 모든 정부의 시도는 대학 서열과 입시 경쟁 과열이라는 심각한 문제들을 해결하기는커녕 첨예화시키기만 했다는 사실도 부정하기 어렵다. 특히 소위 '조국사태' 이후에 수시가 '아빠 찬스'를 시도할 수 있는 특정 계층에 유리하다는 비판이 들끓자 문재인 정부는 2019년 10월 '즉흥적으로' 어떠한 효과도 기대하기 힘든 정시 선발 인원 확대라는 안일한 조처를 취했는데, 이는 학벌-입시·교육 문제에 대한 이 '혁명 정부'의

무능함을 증명했을 뿐만 아니라 역대 모든 정부의 무능함을 대변했다.

그러나 김종영이 비판한 '원인과 결과의 혼동'을 가져온 원인과 결과의 기이한 전도가 우리의 현실에 이미 존재한다. 물론 원칙적으로는 대학들 사이의 가치 차이가, 인프라 차이가 원인이 되어 그 결과로 입시 경쟁이라는 현상이 나타나야 정상이지만, 원인과 결과가 전도되어 과도한 입시 경쟁이, 즉 세밀하게 차등화된—즉 1점 차가 어느 대학의 어느 학과의 당락을 결정하는—입시 점수들이 대학들과 학과들의 서열을, 대학들과 학과들 각각의 사회적·경제적 '정가'(값·가치)를 결정하는 측면 역시 무시할 수 없다. 여기서 입시 점수들은 단순히 숫자들이 아니라 너무나 많은 경우—의대나 치대나 공대·상경계·법대 등의 많은 학과들의 경우—그 졸업장들이 약속해주는 획득할 수 있는 부의 양(소득량, 부동산값)과 사회적 지위의 높이를 나타낸다. 그 부의 양과 권력의 높이는 대학 자체의 가치와, 대학의 인프라와 원칙적으로 무관하다. 물론 한국의 현실에서도 대학들의 가치 차, 즉 대학들 사이의 인프라 차이(예를 들어 지방거점국립대학들에 정부가 투자하는 금액은 서울대에 지급하는 금액의 약 3분의 1 수준이다)가 대학들의 입학 점수들의 차이로 나타난다. 그러나 그 입학 점수들의 차이가, 즉 대학들과 학과들이 학생들에게 차후에 약속하는 부의 양과 지위의 높이가 대학들의 가치 차를, 서열을 결정하는 원인이 되는 측면이 더 크다. 물론 국가가 지방거점국립대들에 대대적인 투자를 하면 그 대학들의 서열이 어느 정도 상승할 것이다. 그러나—현재로서는 거의 가능하지 않은 일이지만—대기업들이 각각 모든 지방거점국립대학(반드시 지방거점국립대일 필요도 없는데, 웬만한 지방 국립대나 사립대여도, 소위 '지잡대'여도 상관없다) 각각의 소재지에 대규모 투자를 단행해서 풍부한 일자리를 창출하면, 서울·수도권 지역의 학생들도 그 지방 국립대들로 몰리게 될 것이고, 이 대학들의 경우 입시 점수와 서열은 동반 수직 상승하게 될 것이다. 대학 인프라보다 중요한 것은 일자리이다.

2. 입시와 '정답 베끼기' 교육

'정답 베끼기'

김종영이 지적한, 대학들 사이의 가치(인프라) 차이와 대학들 사이의 입시 점수 차이에서 원인과 결과의 전도 현상이 이곳에서는 분명히 확인된다. 전자가 원인이 되어 후자가 결과로 나타나야 함에도 불구하고, 이곳에서는 후자가 원인이 되어 전자가 결과로 나타나는 것이다. 그러나 그것은 이곳에서 대학입시 점수가 너무나, 과도하게 중요하다는 사실을 증명할 뿐이다. 이곳에서 대학입시 점수가 얼마나 중요한지 다시 한번 살펴볼 필요가 있으며, 그에 따라 김종영이 주목하고 있지 않은 입시 개혁이 왜 필요한가를, 획기적인 어떤 대입 개혁이 왜 필수적인가를 확인해봐야 한다.

우리가 잘 아는 대로, 오래전부터 대학입시(대학입시에서의 점수)에 모든 초중고 교육이 맞춰져 있으며, 현재에도 이 때문에 정상적이고 효율적인 초중고 교육이 이루어지지 못한다. 그러나 한 걸음 더 나아가 주목해보면, 초중고 교육뿐만 아니라 대학 교육의 패턴과 방향을 결정하고 고정시키는 기준 역시 대학입시라는 사실을 부인할 수 없게 된다.

2014년 EBS에서 시리즈로 방영된 '교육대기획 6부-시험' 가운데 하나인 〈서울대 A$^+$의 조건〉*을 보면, 이곳의 최고 학부라고 알려진 서울대의 학생들이 학점을 잘 받기 위해 어떻게 하고 있는지, 어떻게 '한국에서 발견된 특이한 공부 습관'을 답습하고 있는지, 즉 어떻게 대학에 가서도 대학입시 공부 방법을 고수해서 반복하고 있는지 적나라하게 확인할 수 있다. 전공을 막론하고 학점이 좋은(4.3 만점에 4.1) 학생들은 학점 유지를 위해 같은 방법을, 즉 고등학교 때 수능 준비를 위해 체화했던 방법을 대학에 가서도 반복하고 있었다. 출연했던 한 서울대 학생이 밝혔던 대로 "대학 공부와 고등학교 공부가 다르지 않다". 즉 그들은 고등학생 때와 마찬가지로 공부 내용(수업 내용)을 통째로 세밀하게 암기해서 그대로 '답안지에 쏟아부어 정답을 맞히는' 기계적인 반복 작용을 반복하고 있었다. 수업이 시작되면, 생각을 멈춘 채 물음도 의문도 없이, 특히 비판

---

* https://www.youtube.com/watch?v=CNrzvdcU9SE, 2025년 7월 14일 재검색. 이 이하의 출처 없는 인용들은 이 동영상에서 따왔다. 또한 이 방송의 주인공인 서울대 교수학습개발센터 이혜정 소장의 다음 저서를 참조. 이혜정,《서울대에서는 누가 A$^+$를 받는가: 서울대생 1100명을 심층조사한 교육 탐사 프로젝트》, 다산에듀, 2014.

적인 견해는 차단시키고 해당 교수의 말들을 토씨 하나 틀리지 않게, 심지어는 농담 한마디도 그대로 노트에 받아 적은 후, 시험 때 노트를 통째로 암기해서―한 학생의 말대로 "요약하면 안 되고"―전부 답안지에 '들이붓는', 고등학생 때의 '정답 외우기', '정답 맞히기'와 '정답 베끼기'를 반복하는 것이다. 〈SNU Best Learner! 그들은 무엇이 다른가?―대학에서의 최우수 학습자 요인 분석〉이라는 조사를 실시했던 서울대 교수학습개발센터의 이혜정 소장에 따르면, "현재 서울대의 최우등생들은 고등학교 때까지 했던 방식의 공부를 대학에서도 지속하고 있는 셈"**이다. 이러한 기계적인 반복 공부의 중요한 특성 하나는, 답안지를 제출하고 나면 곧바로 공부 내용을 잊어버린다는 데에 있다.

    물론 이렇게 공부하지 않는 학생들도 있다. 어디에나 예외는 있는 법이다. '정답'에 집착하는 서울대 학생들의 현상을 두고 이혜정 소장이 학생들에게 "우리 학교에는 이런 아이들만 있니"라고 물었더니, 학생들은 "아니요. 비판적인 아이들도 있어요. 그런데 그런 아이들은 다 학점이 낮아요"라고 대답했다. 이에 대해 이 소장은 "문제는 학점이 낮은 아이들이 4.0이 넘는 학생들처럼 가지 않으면 죄책감을 느끼고, 그렇게 가야지 맞는 거라는 생각을 하니까 자신의 행동을 수정하려고 해요"라고 덧붙였다. 이 덧붙인 말에 주목할 필요가 있다. 그러한 기계적인

**   같은 책, 171쪽.

반복 작용을 거부하고 자신들의 소신에 따라 답안지를 작성했던 학생들로 하여금 "죄책감"이 들게 만들면서 "행동을 수정"하게 만드는 '대세'가 존재한다는 것이다. 쏟아부어 정답을 맞히는 습관에 순응해온 학생들뿐만 아니라 소신과 자율성에 따라 움직였던 학생들을 옭아매는 '무의식적 억압'이, 담당 교수들도 습관적으로 복종해왔던 어떤 집단적 권력이 작동하고 있다는 것이다. '정답 외우기', '정답 맞히기'와 '정답 베끼기'는 따라서 교육의 문제가 아니고 유사 정치적 권력의 문제이다.

'정답 베끼기'의 위력

학생들을 기계나 노예로 전락시키는 이러한 패턴이 한 대학 클래스나 한 대학만의 것이라면, 거기서 방향을 틀어서 창의적이고 비판적 교육을 함으로써 문제가 해결되겠지만, 그 패턴은 원칙적으로 초중고 교육을 이곳에서 받아온—높은 대입 점수를 향해 일로매진하는 교육 아닌 교육에 함몰되어온—모든 대학생들과 모든 교수들이, 나아가 모든 사람들이 세대에 세대를 걸쳐 오랜 기간 동안(일제강점기에서부터 한 세기 동안) 체화해온 것이다. 본고사, 학력고사나 수능에서의 높은 점수라는 하나의 목표를 향해 수 세대에 걸친 수많은 사람들이 질주를 벌이게 되면, 그 목표의 가치와 정당성은 불문에 부쳐질 수밖에 없게 되며, 따라서 그 목표를 정하고 확고한 것으로 만들어온 이 학벌-입시 체제는, 나아가 그 위에서 유지되는 이 사회의 체제 자체와 그 권력은 모든 비판으로부터 벗어나 수월하게, '무의식적'으로 정당화되고 강고해지게 되는 것이다.

'외우기', '정답 맞히기'와 '베끼기'의 패턴이 초중고 교육과 대학 교육뿐만 아니라 그 이후의 석박사 과정과 연구자·교수의 연구에조차 너무 큰 영향을 미친다. 석박사 과정에서도 예외는 있지만 너무나 많은 교수들이 지도 학생들에게 '설익은 네 생각을 따라가서 낭패보지 말고' 해당 주제나 학자의 생각을 숙지해서 잘 따라가라고 주지시킨다. 또한 '전문적인' 고등 연구와 관련해서, 이곳의 가장 보편적인, 즉 국가에 의해 관리되는 학술지 논문 게재를 되돌려보자. 한 연구자가 원하는 해당 학과의 포스트(자리, 지위)에 요구되는 학술지 게재 논문 편수가 모자라면 지원조차 할 수 없게 되어 있는데, 이 학술지 논문 심사에서도—물론 예외는 있지만—대세가 정해져 있다. 여기에서도 '정답 베끼기'를 잘해야 하는 것이다. 여기에서도 중요한 기준들은 얼마나 논문 형식에 잘 맞게 썼는가, 각주들은 정확하고 꼼꼼하고 풍부하게 달았는가, 논문에서 다룬 학자나 사상가의 생각을 딴소리하지 않고 잘 베끼고 옮겼는가, 지나치게 자유로운 자신의 생각을 따라가는 바람에 '학문성'(나는 지금도 학술지 논문심사에서 그토록 강조하는 '학문성'이 무엇인지 알지 못하고, 이해하지도 못한다)을 훼손하지는 않았는가와 같은 것들인데 (그것들 모두를 전적으로 무시해야 한다는 것이 아니라, 그것들만 중요하고 그 이외에는 거의 관심도 주의도 기울이지 않는다는 것이다) 그것들 모두는 '당신이 주어진 어떤 사회적·집단적 관행을 얼마나 잘 준수했는가'라는 기준으로 수렴된다. 그리고 그 기준을 벗어난 자에 대해서는 '게재 불가'라는 처벌이 반복적으로 주어진다. 논문 심사자들은, 물론 예외가 있기는 하지만, 논문을 쓴 사람이 어떠한 문제를 제출하고 있고, 어떠한 방향으로 나아가고 있으며, 어떠한 다른 관점을 제시하고 있는가에 대해서는 그가 동료 연구자임에도 불구하고 거의 관심이 없다. 게다가 이러한 논문 작성·제출과 심사는 박사과정에서부터 시작되어 박사후·연구자·강사와 교수 전 기간에 걸쳐 30여 년 동안 계속되며, 많은 연구자와 교수는 '논문 작성자와 심사자들 외에는 거의 아무도 읽지 않는 재미없는 논문 양산'의 이 반복적 과정에 지치고 너무 많은 시간을 뺏겨서 각자 진정으로 관심 있는 연구와 문제에 다가갈 수 있는 여유조차 가질 수 없다. '정답 베끼기'가 초중교 교육과 대학 교육뿐만 아니라, 이후의 석박사 교육 및 논문 심사와 연구자·교수의 논문 작성·게재에서조차 대세의 관행이자 기준이다.

다시, 렛 잇 비

문제는 정확히 어디 있는가? 물론 학문은 자유롭게 개성을 추구해서 표출하는 작업이 아니며, 학문에서 근거 없는 무절제한 자유의 행위, 즉 방종은 배제되어야 한다. 또한 논문 쓰기는 시나 소설 쓰기가 아니며, 각주들은 꼼꼼하고 정확하게 달아야 한다. 그러나 학문이라는 것이 의미 있는 작업이 될 수 있다면, 그것이 인문학·사회과학의 영역에서뿐만 아니라 자연과학의 영역에서도 어떤 문제를 제기하고 공유될 수 있도록 정식화해서 사람들의 생각과 물음의 욕구를 일깨우면서 사람들 자체를 자극하는 과정이어야만 한다. 예를 들어 프랑스에서는 초등학교 때부터 아이들에게 에세이 쓰기 연습을 시키며, 거기서 가장 중요한 점은 '네가 스스로 생각한 것을 쓰라'이고, 석박사 논문 심사에서 가장 중요하게 보는 것은 '이 논문에서 너는 스스로 어떠한 문제를 제기하면서 그 문제를 풀어나갔는가'이며, 가장 나쁜 논문은 틀린 논문이 아니라 '뻔한' 논문이다.

반면 이곳에서는 연구자들이 의미 있는 학문과 연구의 통로를 '자기 검열' 속에서 스스로 차단하고 있다. 그 중요한 이유들 가운데 하나는, 그들이 초중고 교육과 대학 교육에서조차—위의 EBS 방송에 출연한 한 서울대 생이 "중요한 것은 의문을 갖지 않는 거예요"라고 말하듯이—'의문을 갖지 않고' 외워서 정답을 베끼는 나쁜 습관의 토양에서 성장해왔기 때문이다. 의문을 갖지 말아야 하며, 너의 의문에 끌려가서도 안 되고, 너 자신의 길을 가는 것은 주제넘고 위험한 짓이며, 핵심적인 것은 너보다 더 높은 권력이, 대세가 가르쳐주는 '정답'의 길을 순종하면서 따라가는 것이다. 남들과 보조를 맞추는 것이며, 남들이 하라고 하고 하는 대로 하는 것이다. 그렇게 본다면, 서울대라는 곳은 '정답 맞히기, 정답 정리하기와 베끼기'에 가장 능한 교수들과 학생들이 모여 있는 곳이다―물론 거기서도 '정답'을 거부하는 예외들이 있다. 이곳의 학벌-입시의 능력주의 문제와 관련해 주목해봐야 하는 비판을 담고 있는 《시험능력주의》의 저자 김동춘 교수가 이 책의 서문에서 던져놓은 이러한 말을 심각하게 받아들여야 한다. "나는 학생으로서는 한국에서 가장 큰 대학을 다녔지만, 교수 생활 25년 동안은 서울에서 가장 작은 대학에 근무했다. 내가 명문대에서 교수 생활을 했다면 아마 이 책의 문제의식을 갖지 못했을 것이다."* 이 말은 서울대를 비롯한 소위 명문대들일수록 학벌-입시 권력에 순종하는 경향이 더 크다는 사실을 증명한다.

1980년대 수많은 대학생과 연구자가 엔엘의 이론이나 피디의 이론에 그토록 쉽게 포박되었던 이유들 가운데 중요한 하나도 '정답 베끼기' 교육이었다. 상황의 현실 또는 현실의 상황을 전혀 몸으로도 느끼지 못하고 주체적으로 생각하지도 못한 채, 당시의 '대세'가 가르쳐주는 '이상한' 정답(엔엘의 경우 김일성을 중심으로 전개되어야 할 민족통일, 피디의 경우 20세기 초반 러시아를 장악했던 계급혁명)을 머리로만 받아들이는 데에 따라 과거(엔엘의 경우 1945년에 열린 한반도의 해방 정국, 피디의 경우 20세기 초 러시아의 혁명 전야)의 이상理想에 붙박여 정답을 베껴 쓰고 전파하거나 강요하는 데에 급급했던 것이다. 몸은 1980년대의 초라하고 비루한 '천민자본주의' 남한에 있었지만, 머리는

---

*　김동춘, 《시험능력주의》, 8쪽.

김일성이 아직 심각한 정치적 과오들(한국전쟁, 권력 세습과 무자비한 일련의 숙청)을 저지르지 않았기에 어느 정도 정치적 정당성을 확보하고 있었던 1945년 이후의 해방 정국(엔엘)이나, 독재자이자 학살자 스탈린 이전의 위대한 혁명가-철학자 레닌이 인민의 존엄과 평등을 위해 펼쳐 보여준 20세기 초의 혁명전야(피디)에 가 있었던 것이다.

1990년 초 동구권이 몰락하고 판도가 다르게 돌아가는 것처럼 보이자 마찬가지로 많은 수가 이번에는 대세처럼 보이는 포스트모더니즘이나 현대 프랑스 철학으로 갈아탔지만, 언제나 같은 패턴이 반복되었을 뿐이다. 이번에는 새로운 사상 하나가 가르쳐주는 정답(가령 탈주와 노마디즘)을 숙지하고 베껴 써서 이곳의 정치 현실을 바라보고 해석하면서 실천을 모색하는 데에 몰두했다. 원인과 결과의 전도가 가져온 또 하나의 심각한 오류, 상황의 현실을 몸으로 느끼는 데에 따라 의문과 물음이 자라나서 하나의 사상으로 형태화되는 것이 정당한 과정임에도 불구하고, 상황의 현실 바깥에서 주어지는 어떤 사상을 정답으로 머리로만 받아들여 어떤 가상의 현실에 그대로 쏟아부으려는 기이한 오류를 우리는 반복해왔다. 다시 김동춘의 말에 의하면 "사회과학 이론에서 식민성은 문화에서 식민성이 그러하듯이 미국 혹은 서구에서 최근에 유행하는 이론이 무엇인가가 가장 중요하게 거론되고, 자신의 눈으로 직접 관찰할 수 있는 현실은 언제나 이론의 '적용 대상'으로 전락한다".*

이 말은 사회과학을 염두에 두고 나온 것이기는 하지만,

인문학이나 철학에도 적용된다고 인정하지 않을 수 없다. 인문학이나 철학에서도 이러저런 서구의 최신 이론이나 과거의 고전적 이론이 연구 교류의 장에서 정형화된 '정답'의 틀로 설정되는 경향이 지나치게 강하다. 이후에 곧 다시 살펴보겠지만, 문제는 학문 자체의 주체성 또는 '민족주의'를 추구해야 한다는 것이 전혀 아니다. 한 국가나 민족에게 고유한 학문은 존재하지 않으며, 외국의 사상들과 이론들을 필요하다면 다양하게 받아들여야 한다. 문제는 그것들을 '주체화'하는, 즉 이곳의 상황에서 '문제화'해서 공유하는 교육과 연구의 시스템이 거의 작동하지 않는다는 것이다.

예를 들어 니체를 읽을 필요가 있지만, 우리는 니체를 읽고 그의 문구들을 숙지해서 '베껴 쓰는' 데에 머무르는 패턴이 정형화되어서 니체를 '법전화'할 뿐 우리의 어떤 문제에 대응할 수 있는 '우리의 니체'를 만들어내지 못하고—즉 니체를 위대한 외국 사상가가 아닌 우리의 중요한 사상가로 변형시키지 못하고—, 거기에 거의 관심조차 없다. 어느 니체 연구자가 니체에 대한 독창적인 연구를 내놨다 할지라도, 니체를 경유해서 중요한 어떤 문제를 잘 정식화했다 할지라도 그것을 동료 니체 연

---

* 김동춘,《1997년 이후 한국사회의 성찰》, 길, 2006, 64쪽. 또한 다음과 같은 지적을 살펴보자. "오늘의 사회과학 특히 진보 사회과학이 갖는 한계는 외국의 선진 이론을 보다 빠르고 확실하게 흡수하지 못했기 때문이 아니라 한국사회의 모순과 갈등의 진면목과 민중들이 처한 고통을 주체적으로 이해하는 깊이가 얕기 때문이다. 그리고 현대 한국의 인간을 어떻게 볼 것인가, 더불어 근대 한국의 역사를 어떻게 볼 것인가 하는 근본적인 문제제기와 그것에 대한 대답의 깊이가 낮기 때문이다"(같은 책, 78쪽).

구자들은 의심의 눈초리로 바라보거나 크게 신뢰하지 않거나, 그 이전에 거기에 거의 관심이 없다. 그들에게 니체에 대한 해석에서조차 주목해봐야 하는 것은 어느 권위 있는 외국의 니체 전문가의 해석이다. 그렇기에 이곳에서 니체는 주체적으로 받아들여지지 못하고, 니체 연구자들 사이에서도 진정한 의미에서의 니체 연구 공동체는 존재하지 않는다. 그러나 가령 프랑스의 몇몇 철학자들이 함께 니체 연구에 매진해서 1960년대부터 1970년대에 걸쳐 독일에는 없는 '프랑스 철학자 니체'를 창조했던 것을 기억해볼 필요가 있다.

상황의 현실로 들어갈 수 있게 하는 것, 그에 따라 의문에 강력하게 사로잡힐 수 있게 하는 것, 물음과 이의제기를 던지지 않을 수 없게 하는 것, 그것은 의식(머리) 아닌 몸의 느낌의 작용이다. 관건은 타인이나 세계와의 관계 속에서, 어떤 상황 내에서 주어진 관습과 대세를 그냥 따라가지 않고, 타인이나 세계를, 그 상황을 스스로 느끼고 거기에 주의(의식이 아닌 몸의 느낌의 주의·집중, 몸이 타인이나 어떤 것과 엄밀히 관계하는 행위)를 집중시키는 것이다. 그러나 초중고의 모든 교실과 모든 대학 클래스에서 지금까지 우리는 몸의 느낌을 원천적으로 차단하면서 수많은 정답을 기계적으로 머리에 욱여넣어 주입시키는 일종의 폭력적 '정치'를 끊임없이 강요해왔을 뿐이다. 원칙적으로 '무정부', '아나키'의 공간이어야 할 교실들과 클래스들이 우리의 경우 강압적이고 일방적인 하나의 '정치'에 의해 점점 더 돌이킬 수 없이 '화석화'되어왔을 뿐이다. 그 '정치'를 해체해서 죽은 교실들과 클래스들을 살려내지 않는 한, 즉 아이들의 몸들을 미리 설정된 머리의 틀(아이들을 사육하는 입시의 '우리cage')로부터 해방시켜 자연스럽게 움직이도록 놔두지 않는 한, 자연·사회와 인간의 여러 문제들과 맞물려 돌아가면서 상황의 현실 내에서 움직이는 학문은 불가능하다. 아이들을 통제해서 뭔가를 가르쳐줄 수 있다고 착각하지 말고, 그냥 자유롭게 내버려둬야 한다. **렛 잇 비.**

'베끼기'라는 '무의식의 명령'

만약 이곳의 현실 상황이 정상적으로 돌아가고 있다면, 대학들 사이의 격차(인프라 차이, 서열)가 원인이 되어 입시 경쟁이라는 현상이 결과로 나타나겠지만, 이곳의 현실은 극단적인 경쟁이 대학들의 격차를 좌우하는 전도된 상황에 의해 지배되고 있다. 다시 말해 '살인적인' 입시 경쟁에서 옆의 친구들을 '죽이고' 승리한 학생들이 과연 높은 서열에 올라가 있을 만한 정당한 자격이 있는지 묻지 않을 수 없는 기이한 상황 내에 우리는 들어가 있다. 그러한 학생들이 모여 있는 대학들이 서열상 상위에 있다고 통념적으로 받아들여지고 있는 것은 사실이지만, 과연 그 대학들이 진정으로 탁월하다는 평가를 받을 자격이 있는지, 타 대학들에 비해 과연 윤리적·정치적으로 정당화될 수 있는 보다 더 '참된' 교육을 실시하고 있는지, 또한 각 전공 분야에서 창의적 재능들을 보다 더 견실하게 후원하고 있는지, 의심을 거둘 수 없는 것이다. 물론 그러한 의심은 어떤 통계 자료에 의해 객관적으로 증명되기 어렵겠지만, 일부 교육자와 교육 문제 전문가에 의하면, "상위권 대학을 향한 경쟁은 치열하지만, 이 경쟁은 대다수를 실패로 내몰고 열패감에 빠트리는 것으로 종결된다. 그런데 상위권 대학이라고 해서 학생들을 더 잘 교육시킨다는 근거는 지극히 주관적일 뿐 현재까지 확인되지 않고 있다".* 또한 이곳의 대학입시와 국가고시 모두가 배면에 엄청난 경쟁의 압력이 가해진다는 공통점이 있다고 확인해주는 다음과 같은 말에 귀 기울일 필요가 있다. "고시라는 허들 앞에 대학입시라는 허들이 있다. 대학입시에서 가장 높은 성적을 받은 사람이 어디에 모이는가? 한국은 대학 서열화가 심하므로 SKY(서울대+연세대+고려대), 특히 서울대에 모인다. 이들은 이미 '시험의 달인'으로 검증된 만큼 당연히 고시 합격률도 높다."** 또한 앞에서 주목했던 EBS 〈서울대 A^+의 조건〉에 출연했던 학점 상위권의 학생들은 왜 '정답 베끼기'의 학습 방법을 고수하냐는 질문에 이렇게 답했다. "5지선다형 문제에 이미 최적화된 상태이고, 그냥 저희가 뭐 잘하는 거니까, 어떻게 바꿔야

---

* 대학무상화·대학평준화추진본부연구위원회, 《대한민국 대학혁명》, 113쪽.
** 이범, 《문재인 이후의 교육》, 195쪽. 곧이어 이범은 1975년 사법고시 제2차 시험 합격자 60명의 출신들을 분석했는데, "60명 가운데 서울대 출신이 38명으로 63%를 차지한다. 고려대 4명, 연세대 1명에 불과하고 유일한 고졸로 '노무현'의 이름이 눈에 띈다"(같은 책, 195쪽).

할지 잘 모르겠고……" "중고등학교 교육은 일단 소위 수용적인 그런 걸 요구하는 거고, 그걸 잘 밟아가지고 온 곳이 서울대이니까." "나를 보여준다기보다는 그냥 원하는 틀에 맞추는 경우, 그렇게 해야 그냥 무난무난하게 잘 넘어가니까."

그렇게까지 자유롭지 못한, 스스로를 구속하는 경직된 서울대생들의 일반적 경향에 대해 노소영 아트센터 나비 관장이 우리에게 다시 확인시켜준다. 노 관장은 서울대에서 특강을 진행한 후 참석했던 학생들에게 "'질의응답 시간에 나는 가슴에서 나오는 질문을 더 좋아한다고 말하면서 진솔한 소통을 유도했다. 가슴으로 말하려면 가드를 내려야 하는데, 이들은 잔뜩 경직되어 있었다'며 '나오면서 주임 교수에게 느낀 그대로 이야기했다. 좀 실망스러웠다고. 그러자 본인도 지방대에서 가르칠 때가 더 좋았다고 했다'고 전했다."* 반면 노 관장은 같은 내용의 특강을 지방의 계명대에서도 진행했는데, 거기에서 그녀는 "50분 정도 강연을 하고 포스트잇을 학생들에게 나누어 주었다. 무엇(질문, 코멘트)이라도 써 내지 않으면 저 문을 나가지 못한다고 선언했"고, "무슨 질문이 나올까 매우 궁금해하면서 한 장씩 읽어보았다. 감동이었다. 우선 순수했다. 질문들이 제대로 정곡을 찌른다. 진지한 고민들이 묻어나는 질문들이었다"**라고 밝혔다. 이어서 "두 학교를 비교하면서 많은 생각을 했다.

---

* 《조선일보》, 2024.6.16.
** 같은 곳.

…… 한쪽은 평범한 지방대, 다른 한쪽은 이 사회 최고 엘리트들이 모인 곳. 문제는 챗GPT 등의 인공지능이 서울대 학부생들의 지능은 훨씬 넘어섰다는 것이다. 교육시스템의 문제를 넘어 이제 교육의 목적 자체를 재고할 때"이고 "인공지능 시대의 교육은 정체성이 기반이 되어야" 하며 "그래야 오리지널(독창성)이 생기고, 그것만이 인간이 기계를 이길 수 있게 한다"***라고 덧붙였다.

    하지만 대입뿐만 아니라 대학에서까지도 높은 점수를 얻는 이 학생들이 물론 뭘 몰라서 그토록 수동적으로 '정답 베끼기'의 방법을 고수해서 반복하는 것이 아니다. 이유는, 그들이 그렇게 하는 것이 차후에 자본과 사회적 지위를 획득하는 데에 그나마 유리하다는 '무의식의 명령'에, '아버지의 법'에 순종하기 때문이다. 단지 '공부 잘할 뿐인' 이 학생들의 잘못이 아니다. 특정 누구의 잘못도 아니다. 문제는, 너무 오랜 기간 동안, 한 세기 동안 강고하게 유지되고 강화되어온 이 학벌-입시 체제 자체이다. 그 체제에 이 학생들도 기계적으로, 노예적으로 순응해왔고, 순응하고 있을 뿐이다. 그렇다 할지라도 부인할 수 없는 점은, 이곳의 상위 대학들은 윤리적인 측면에서든 능력의 측면에서든 진정으로 창의적이고 탁월한 자질들과 재능들이 모이는 곳이 아니라, 단순히 부와 권력을 손에 넣는 데에 유리한 위치를 점한 학생들이 모이는 곳이라는 사실이다. 과연, 대

*** 같은 곳.

입 점수가 대학의 경제적·정치적 서열을 결정한다. 부유하고 권력 있는 사람과 인격적이고 능력 있는 사람을 혼동하는 것이 우리가 너무 오랫동안 얽매여온 숙명인지는 모르지만, 적어도 이 체제는 우리를 끊임없이 그러한 혼동으로 몰아넣는다.

  그러한 공부만 잘할 뿐인 학생들이 사회의 지도층(가령 고위 공직자나 국회의원)에 오를 가능성이 매우 높고, 실제로도 그렇게 되어왔다는 사실은 문제가 아닐 수 없다. 왜냐하면 그들이 높은 점수를 위해서라면 동료들뿐만 아니라 자기 자신들도 내팽개쳐왔는데, 차후에는 부와 권력에 정신이 팔려서 또다시 자기 자신들도 내팽개치면서 타인들이 어려움과 핍박 속에서 지켜내고 있을지도 모를 정의正義에 완전히 무감각할 수도 있기 때문이다(이를 12·3 계엄 선포 이후에 윤석열을 비롯한 상당수의 엘리트들이 분명히 증명해주지 않았는가). 또한 그들이 차후에 오를 높은 위치에서 각자 자신의 가정뿐만 아니라 사회 전체에 이 학벌-입시 이데올로기와 그것과 연관된 '부-권력 지상주의'를 세대에 세대를 거쳐 다시 유통시키고 전수할 가능성이 작지 않기 때문이다. 이 학벌-입시 체제·이데올로기 내에서의 승자들로서 말이다. 부-권력과 학벌이 세대에서 세대로 대물림되는 현재의 상황에서 학벌-입시 문제는 과연 계급의 문제, 즉 정치적 문제이다.

3. 그래서, 그래도 입시를 개혁해야 한다

입학사정관제

'공부만 잘할 뿐인', '정답 베끼기에만' 능한 학생들에게 유리했던 이전의 입시제도의 폐해를 줄이고 창의성과 적성에 대해서도 평가하겠다는 취지로 노무현 정부는 2004년 10월에 입학사정관제 도입을 발표했고, 입학사정관제는 2008년 대입 때부터 실시되었으며, 이후 박근혜 정부 때 학생부종합전형으로 명칭이 바뀌어 현재까지 시행되고 있다. 내신 성적과 더불어 동아리 활동·봉사 활동과 각종 체험 활동 및 학교 외부 활동의 실적들을 평가하겠다는 이 제도는 이제 수능 점수 평가 전형인 정시를 밀어낸 수시의 중심이 되었다(2024년도 대입 전체에서의 정시 선발 비율과 수시 선발 비율은 각각 21.0%와 79.0%였다).

그러나 이 제도가 실시됨에 따라 각 수험생의 일상에서의 여러 활동과 취미·특기 활동 모두를, '일거수일투족'을 심사해서 점수화하게 되었고, 이제 이 제도가 고교 교육의 정상화에도 대입 경쟁 완화에도 대학 서열 해소에도 근본적인 해결책이 될 수 없다는 사실이 분명해졌다. 또한 이 제도는 소위 '조국사태'가 가져온 여파로, 근본적으로 '부모를 잘 둔' 학생들에게 유리하다는 논란과 비판에 직면했고, 2019년 10월 문재인 정부의 정시 모집 인원을 확대하겠다는 발표를 불가피하게 만들기도 했다. 그렇기에 이곳의 학벌-입시 문제를 해결하는 데에서 입시제도를 이렇게 저렇게 바꾸는 오랜 관행은 전혀 유효하지 않았다는 김종영의 이러한 비판이 타당할 수밖에 없다. "학종[학생부종합전형]의 원류인 미국에서도 그 제도가 논란에 휩싸이지는 않았는데, 왜 유독 한국에서 이렇게 큰 문제가 되는가? 미국의 입학사정관제도가 완벽하지는 않지만, 한국처럼 거대한 사회적 이슈는 아니다. 곧 한국이 교육지옥이 된 이유는 입시가 원인이 아니라는 말이다."* "입시가 종속변수인 이유는 매우 분명하다. 정부는 지난 수십 년 동안 입시를 바꾸어보았지만 한국을 교육지옥에서 구해내지 못했다. 입시가 문제가 아니라는 말이다. 교육부가 고교학점제를 2025년부터 시행한다고 발표했고 교육 과정, 평가, 입시가 또 바뀔 테지만 고교학점제가 한국을 교육지옥에서 구해낼 것이라고 기대한다면 당신은 바보다."**

---

*　　김종영, 《서울대 10개 만들기》, 29쪽.
**　　같은 곳.

이러한 지적과 비판은 타당하다. 지난 100여 년 동안 이곳에서 우리는 경쟁의 교육지옥의 늪에 점점 더 깊이 빠져들어 갔으며, 거기에서 이제 죽음을 목전에 두고 허우적거리고 있는데, 이 위험신호에 대응하기 위해 입시제도를 여러 차례 수정·보완과 변화를 거쳐 고쳐왔지만, 실효는 없었고, 이제 더 절박한 위험신호만 들리고 있을 뿐이다. 김종영이 지적했던 대로, 지금까지 정부가 대입제도를 끊임없이 수정해왔지만, 이는 교육지옥의 문제를 해결하는 데에서 무력했다.

학벌, 대입 점수 위에 서 있는 대학의 위상

그러나 그 사실을 인정한다 할지라도, 대입은 이곳의 초중고 교육을 좌지우지할 뿐만 아니라 대학 교육과 그 이후의 전문가들의 연구 방향과 패턴까지도 결정한다. 한마디로 대입의 정답 맞히기 방식은 초중고와 대학 교육, 그 이후의 연구에서의 '정답 베끼기' 방식을 고정화하는 동시에 정당화한다. 이 대입의 정답 맞히기라는 고정된 틀 때문에, 모든 교육과 모든 연구에서 의문 갖기·묻기·문제 제기와 그에 따르는 성찰의 모든 실질적이고 중요한 과정은 생략되거나 무시되거나 부차화된다. 그냥 정답들을 맞히면 되고, 반복해서 베끼면 되며, 너와 내가, 우리 모두가 그 정답들만 '정답으로' 보호하고 보존하면서 그 밖으로 '삐져나오는' 자들을 처벌하고 배제하면 된다. 모든 것이 '5지선다형식'으로 간단해지고, 간단하게 처리되면 그만이다.

대입 시험의 엄청난 위력과 권력을 무시할 수 없다. 더 나아가 바로 대입 시험이 이곳의 모든 대학들 각각의 가치와 위상을 결정하는데, 대입 시험에 의해, 정확히는 대입 점수들에 의해 결정되어서 서열화·고착화된 대학들 각각의 가치와 위상을 우리는 '학벌'이라고 부른다.

물론 우리가 정상적인 상황 내에 있다면, 김종영의 판단대로, 대학들 각각의 가치와 위상이 원인이 되어 그에 합당한 점수가 결과로서 정해지겠지만, 우리는 매우 불행하게도 '도착적인' 상황 내에 전도된 채로 빨려들어가 있다. 그 '미친, 광기의' 상황을 다시 한번 확인하기 위해 다음의 인용을 반복한다. "2000년대 이후부터 20대 학생들에게 아파트 가격과 수능 점수는 거의 신앙적 표식이 되었다. 이들은 대학 서열을 신분제 사회의 위계처럼 받아들이고 대학 서열의 굴레에 혼연일치가 되어 살아간다. 그들에게 수능 점수는 가장 가시적이고 공신력 있는 성과 지표다."*

즉 우리 모두는, 적어도 절대다수는 대학들과 학과들 각각의 가치는 불문에 부친 채 수능 점수를 신봉한다—'신앙한다'. 이러한 준종교적인, 즉 '도착적인' 상황에서 우리의 현실은 분명 대입 점수가 대학 가치를 결정하는 곳이다. '도착증', 즉 '페티시즘', 대입 점수에 대한 '물신화'에 홀려서 불행하게도 우리

---

*   김동춘,《시험능력주의》, 131~132쪽.

는 '앞뒤를 못 가리게' 되어버린 것이다. 그것을 학벌-입시 문제와 관련해서 정상적인 것이 별로 없다는, 거의가 비정상적인 것들이라는 사실이 증명한다. 무엇보다도 먼저 전국 곳곳에, 거리마다 왜 이리도 학원들이 많은가, 한 해에 전체 약 40조 원이 사교육비로 증발해버리는 것, 부모의 노후까지 위태롭게 만드는 그 사교육비, 아이들이 밤늦게까지 이 학원에서 저 학원으로 몰려다니는 것, 밤늦은 시간이 되면 학원 한 곳에서 아이들을 '픽업'하기 위해 정차해 있는 부모들의 차량 행렬, 부모가 의대에 가라고 강요해서 고등학교의 미적분 문제집을 풀고 있는 어느 초등학교 6학년생, 성적 때문에 우울증에 걸려 신경정신과 치료를 받는 아이들, 성적 때문에 자살을 시도하거나 정말로 자살해버리는 아이들, 열패감과 소외감에 비틀거리는 특성화고 아이들, 어느 일반 고등학교 교실에서 수업 내내 엎드려 자기만 하는 아이들, 그들을 측은하게 바라볼 수밖에 없는 교사들, 최고 학부라는 서울대에서 학점을 잘 받기 위해 '정답 베끼기 기계'로 변해가는 '공부 잘하는 아이들', 나치 전당대회를 연상시키는 연고전의 응원제, 〈SKY캐슬〉, 이 기이한 현상들과 풍경들을 우리는 지금부터 몇 쪽에 걸쳐 나열할 수 있을 것이다. 이러한 '도착적인' 광기의 상황에서 대입 점수가 대학의 가치를 결정하는 것이, 대입이 원인이 되어 대학 가치라는 결과를 결정하는 것이 우리의 부인할 수 없는 현실이다. 불행하게도 대입 점수가 아이·부모의 관계, 가정(아이·부모)과 학교의 관계, 학교와 사회의 관계, 그리고 자본과 권력의 관계를 결정

짓는다. 그 숫자 하나가 그 모든 관계를 매듭짓는다.

대입 자격고사

결론은 무엇인가? 대학입시 형태를 이리저리 바꾸는 고질적인 악순환에 종지부를 찍고, 이 야만적인 경쟁의 대학입시 자체를 없애야 한다. 이 모든 광기와 도착증의 경쟁을, 누가 더 '미쳤고' 누가 더 도착되었는지를 판정하는 이 웃기고 슬프고 괴로운 콘테스트('콘-테스트con-test', 즉 모두가 동일한 테스트를 함께 받는 것, 경쟁하는 것)를 여기서 그만두어야 한다. 현재의 수능, 즉 '대학수학능력시험'이라는 전 국민이 귀에 못이 박힐 정도로 듣는 말 자체가 뻔한 거짓말이며, 이 말이 학벌-입시를 둘러싸고 펼쳐지는 모든 거짓말들을 대변한다. 현재의 수능이 대학에서 학생들이 수학능력(수능)이 있는지를 판정하는 시험이 아니고, 학생들을 성적순으로 1점 차까지 따져가며 줄 세우기 위한 시험이라는 사실을 누가 모르는가.

그 가짜 '수능'을 문자가 말하는 바 그대로의 '수능'으로, 즉 '대학수학능력자격시험'으로, 대학에서 수학능력이 있다고 판정되는 모든 학생들을 합격시키는 가부 판단 시험으로(몇 퍼센트의 응시생들을 합격시킬지, 80%의 응시생들 또는 70%를 받아줄지 정해야 하며, 이후에 졸업을 매우 어렵게 해야 한다*) 바꾸어야 한다. 내신도 없애서 자격고사만으로 합격 가부를 가리거나, 아니면 내신도 절대평가로 바꾸고 그 점수를 자격고사 점수와 합산해서 합격 가부를 판정해야 한다—물론 그 방법에 대해서는 이후에 제도적인 공공의 차원에서 숙고와 합의가 필요하며, 여기서 우리가 결정할 수 없지만, 어쨌든 대입 시험과 내신 모두에서 상대평가의 경쟁은 없어져야 한다. 그렇게 해서 가능한 최대한 빠른 시간 내에 아이들을 시험지옥, 즉 교육지옥에서 해방시켜야 한다—이곳에서는 의심할 바 없이 시험지옥이 바로 교육지옥이고, 교육지옥이 바로 시험지옥이다. 대학입시를 자격시험, 즉 입학 가부 판단 시험으로 바꾸면, 김종영이 입시 병폐의 원인으로 지목한 '병목현상'('스카이'나 '인서울' 대학들의 입구에 학생들이 과도하게 몰려 경쟁하는 현상)은 곧바로 사라진다. 자격시험으로의 전환이 경쟁을 없애는 것, 즉 바로 대학평준화이기 때문이다. 현재의 '도착된' 상황에서는 비정상적인 대입 점수 경쟁이 학생·부모, 가정·학교, 학교·사회, 경제·정치와 자본·권력의 모든 기이한 관계들을 규정하고 있으며, 그 이상한 경쟁이 사라질 때,—우리에게 유토피아가 도래하지는 않겠지만—그 모든 뒤틀린 관계들도 정상화, 즉 상식화된다. 적어도 이곳이 '헬조선'은 아닌 곳이 된다.

경쟁 입시 철폐와 평준화가 연동되어 교육 문제를 해결한 사례들을, 우리는 다른 나라들이 아닌 이곳 한국에서 찾을 수

---

* 만약 경쟁이 필요하다면 대학 입학 후에 이루어져야 한다는 견해를 이후에 밝혔다. 이 책 256~266쪽 참조.

있다.* 바로 1969년의 중학교 입시제도 철폐(중학교 입학 추첨제)와 그 결과인 중학교평준화, 그리고 1974년의 고등학교 입시제도 개선(고교 입학 자격시험인 '연합고사'로의 전환, 즉 '줄 세우기' 시험으로부터 합격·불합격 판정의 자격고사로의 전환)과 그 결과인 고교평준화이다. 전자, 중학교평준화는 1968년 7월 15일 발표되었던 7·15입시개혁('줄 세우기' 경쟁 중학입시 철폐와 중학교 입학 무시험제·추첨제)을 근간으로 이루어졌고,** 후자, 고교

---

*   미국 태생으로 한국에 10년째 거주하고 있는 칼럼니스트 콜린 마샬은 《뉴요커》 등의 외국 매체들에 기고했던 자신의 한국 관련 기사들을 정리해서 출간한 책 《한국 요약 금지》(어크로스, 2024)에 대한 한 인터뷰에서 한국은 자체의 어떤 문제를 외국의 사례들을 모방해서 해결하려는 경향이 너무 강하다고 지적했다. "한국은 사회문제의 해결을 외국에서만 찾으려는 것 같아요. 한국 안에 있을 수도 있는데 말이죠." "한국은 너무 다른 나라를 모방하려는 경향이 있다. '한국의 문제를 어떻게 개선할 수 있느냐'는 질문의 답은 일본이나 미국, 덴마크에 없다." "답은 한국 안에 있을 수 있다. 한국은 한국스럽게 해도 된다"(《경향신문》, 2024.3.4.). 문제의 심각성은, 한국의 이러한 외국 모방의 지배적인 경향을 한 외국인이 지적할 정도로 우리가 방치해두고 당연시해왔다는 데에 있다. 창피한 줄 알아야 한다.

아마 이곳에서 교육·입시 문제와 대학 문제보다 더 적극적으로 이러저런 외국의 사례들을 참조하고 모방해서 대안들을 마련해온 문제는 없을 것이다. 예를 들어 입학사정관제(학종)·수능 그리고 윤석열 정부의 이주호 교육부 장관이 실행시킨 '무전공입학' 제도가 모두 미국의 사례들을 본떠서 구상된 것들이다. 물론 한 국가에서 어떤 문제를 해결하기 위해 여러 다른 국가의 사례들을 살펴보는 과정은 필수적일 수 있지만, 역사적·사회적 상황들·경험들과 문제들을 공유하고 있지 않은 어느 나라의 한 사례를 그 자체로 본떠서 한국에 적용하는 실행은 부작용과 무리를 가져올 수밖에 없을 것이다. 이곳에서는 특히 교육·입시나 대학과 관련된 어떤 문제가 불거지기만 하면, 모두 외국의 사례들을 뒤지고 베끼느라 바쁘고, 외국을 '선진'으로 높이고 이곳을 '후진'으로 깎아내려 비교하면서 그 사례들 중 몇몇이 이곳의 '기준들' 또는 '해답(정답)들'로 승격된다. 이는 아래에서 살펴보겠지만 이곳에서 외국 유명 대학의 박사학위가 무조건적('묻지 마') 권력으로 통용되는 사실, 그리고 외국 유명 학자나 사상가의 이론에 연구자들이 언제나 순응해왔다는 사실과 무관하지 않다.

평준화는 문교부 산하의 '입시제도개선연구협의회'의 연구·토론 및 정책 수립에 따라 문교부가 1973년 3월 14일 공표했던 '고등학교 입시제도 개선에 수반된 행정조치'에 근거해 이루어졌다.*** 이 두 평준화는 모두 국가가 주도한 입시제도 개혁(입시 철폐 또는 자격고사로의 전환)을 조건이자 중심으로 실현되었다는 점에서 공통점이 있다. 이러한 '거대한' 교육 개혁들에, 물론 다른 여러 조건들(학군 분류, 학교들의 통폐합, 해당 학교들의 제반 시설의 개선 및 확충, 교원들의 합당한 배치 등)이 수반되었지만, 거기에서 가장 중요한 조건이자 핵심은 바로 과열된 경쟁의 현실이자 현장 그 자체인 '줄 세우기' 입시를 폐지하거나 자격고사로 전환시키는 데에 있었다.

평준화를 향한 박정희 정부의 이 두 번의 개혁의 공통적 목적들은, 과도한 입시 경쟁을 없애고(가령 '사당오락四當五落', 즉 '하루에 네 시간 자면 붙고 다섯 시간 자면 떨어진다'는 유명한 이 말은 1969년 이전에 중학교 입시를 준비하는 초등학교—당시의 '국민학교'—아이들에게 주지시켰던 것인데, '7·15입시개혁'의 첫 번째 취지는 "어린이의 정상적 발달 촉진"이었다), 해당 각급 학교의 교육을 정상화하는 데에 있었다. 하지만 이 두 번의 개혁이 단행되었던 이유는 교육 문제에서만 도출되지 않았으며, 근본적으로

**   하승천·유성상, 〈학교 교육의 맥락에서의 '평준' 의미 분석: 중학교 무시험제 및 고교평준화 관련 신문기사를 중심으로〉, 《아시아 교육연구》, 24권 2호, 2023, 294~295쪽.
*** 강대중, 〈고교평준화제도의 전개 과정〉, 《교육비평》, 8호, 2002, 60~61쪽.

는 "사회 경제적인 병리현상의 치유"*에 있었다. 극심한 입시 경쟁이 가져온, 아이들의 육체적·심리적 건강의 저하, 각급 학교에서의 교육의 비정상화, 사교육비 부담, 그리고 대도시들로의 인구집중에 따르는 주거 불평등 등의 문제들이 가정 일반을 넘어서 사회 전체를 위협하게 되자 두 번의 개혁이 불가피하게 되었던 것이다. 두 번의 교육 개혁 당시의 원인들·목적들과 "사회 경제적인 병리현상들"을 되돌려보면, 그것들은 현재 우리가 학벌-입시 문제에 붙들려 보고 겪게 되는 기이한 것들과 너무나 유사하다.

문교부 장관 민관식의 주도하에 입시제도연구협의회는 1972년 12월부터 1973년 2월까지 단 3개월간의 협의를 거쳐 연합고사라는 결론을 도출해냈다. 당시를 회고하면서 민관식은 이렇게 말했다. "나는 확고한 신념을 가지고 이 고등학교 입시제도 개혁을 추진했다. 일류 지향 의식이 팽배되어 있는 사회에서 전통 있는 일류 고등학교의 개념을 허물어뜨린다는 것은 보통 결심으로는 실천하기 어려운 것이었다. …… 80년대, 90년대의 한국사회는 소수 엘리트 중심의 사회가 아니라 세계와 더 폭넓게 교류될 지식 대중사회일 것이다. 우리는 어떤 면에서는 사회 발전을 둔화시키는 전통적인 상징을 허물어뜨리는 노력을 더 계속해야 할 것이라고 본다."**

---

*   같은 책, 60쪽.
** 민관식, 《개혁과 진로》, 광명출판사, 1975, 77~78쪽, 김지영, 〈1974년 고교평준화〉, 《교육비평》, 28호, 2010, 158~159쪽에서 재인용.

고교평준화를 주도했던 한 인사의 이러한 언급은, 무엇보다 먼저 평준화 정책의 핵심이자 가장 중요한 조건이 바로 "입시제도 개혁"에 있다는 사실을 다시 한번 주지시킨다. 동시에 이 언급은 "소수 엘리트"가 아니라 평등한 "대중"이 중심에 선 사회가 "사회 발전"을 촉진시킬 수 있다는 사실을 다시 한번 환기시킨다. 민관식의 또 다른 말을 되돌려보면, "어떤 위원은 당시의 입시제도를 지지하면서 '사람은 태어날 때부터 경쟁을 하기 마련이다. 선의의 경쟁은 불가피한 것이다'라는 논리를 폈다. '선발고사에 의한 추첨 배정 방식은 학생들의 학력 저하를 초래할 뿐만 아니라, 양과 이리를 한 학급에 몰아놓고 공부한다는 것과 같다'는 논리를 바탕으로 수비의 편에 선 위원도 있었다. 그러나 대부분의 위원들은 개혁의 필요성을 주장하였다. '…… 또, 학력 저하를 우려하는 분이 있는데, 시험이라는 절박한 상황 속에서 오직 시험을 위한 단편적 사실의 기억에 급급하여 시험을 치고 나면 모두를 까맣게 잊어버리는 하루살이 공부보다는 공부하고 싶을 때 읽고, 쓰고, 사고하는 것이 진짜 학력이 아니겠는가? 너무 지적 편중의 고교 교육에서 사람됨을 강조하는 인간 교육에로 전환시켜야 한다'는 논리를 펴면서 새 제도 개혁을 지지한 모 위원의 발언은 감명 깊은 바 있었다."***

*** 같은 책, 160쪽에서 재인용.

과거의 중학교·고등학교 평준화

선발고사(합격·불합격만을 판정하는 시험을 통과한 학생들에 대한 추첨 선발, 소위 '뺑뺑이')로의, 즉 자격고사로의 전환을 주축으로 단행된 1974년의 고교평준화 정책은, 교육 현장뿐만 아니라 가정들 일반과 사회 전체를 병들게 만들었던 '일류병'과 과도한 경쟁의 비정상적('병리적') 상태를 단번에 정상 상태로 바로잡으려는 일종의 "쇼크 요법"이었으며, 여러 이해집단의 이해관계들을 초월한 '과격한' 움직임이었다. "[이] 정책을 특정 이해집단의 이해관계 조정의 산물로 보는 관점도 있는데 [이] 평준화 정책의 경우는 정책 관계자의 이해나, 관련 이해집단의 이해와는 무관하거나 그에 반하는 성격을 지니고 있다. 최열곤 당시 실무 담당자는 면담에서 평준화 정책은 당시 사회의 병폐적인 문제들에 대한 일종의 '쇼크 요법'이라고도 했는데, 이러한 방법론에 있어서의 과격성은 특히 기득권층의 해체라고 하는 과제의 어려움을 증명하는 것이기도 하다. 다시 말해 평준화 정책은 어떤 개인이나 단체의 이해관계에 근거하지 않은, 기존 질서와 가치의 해체를 통해 새로운 사회를 형성하려는 사회 개혁적, 급진적 시도였다는 점에서 오늘날의 교육 정책과는 그 성격이 다소 다르다고 할 수 있다."*

이 인용문의 저자의 지적대로 개혁적이고 급진적이었던

---

*　김지영, 〈1974년 고교평준화〉, 위의 책, 159쪽.

1974년의 고교평준화는 "오늘날의 교육 정책과는 그 성격이 다소 다르다". 아니, 기존의 권력을 조금도 건드리지 않은 채 오히려 그 권력의 안정을 위한 최대한의 '공정'—따라서 공정할 수 없는 '공정'—만을 추구하는 현재의 절대다수의 교육 정책들과는 크게 다르다고 말할 수 있다. 그렇다고 1974년 고교평준화 이전의 '줄 세우기' 고교입시의 폐해가 현재의 대입의 그것보다 더 컸다고 말할 수는 없다. 아니, 전자는 사실상 후자보다 결코 더 심각하지 않았다. 왜냐하면 첫째, 적어도 1974년 이전의 경쟁의 고교입시가 현재의 대입과는 달리 지역 문제(서울 내부의 강남·강북이라는 지역 격차, 그리고 서울·수도권과 지방의 격차 문제)로까지 비화되지 않았기 때문이다. 당시에는 각 지방 대도시마다 서울의 '명문고들' 못지않은 '명문고들'(가령 광주의 경우 광주제일고와 광주고)이 존재했다. 둘째, 당시의 고교입시가 현재의 대학입시와는 달리 계급 문제와 사회·경제 구조적으로 정확하게 연동되어 있지 않았기 때문이다.

    현재의 대학입시는 계급 문제의 중심에 놓여 있는 동시에 계급 문제를 반영할 뿐만 아니라 그 문제의 원인이 된다. 한마디로 현재 강남의 한 아파트 단지는 '스카이캐슬'이다. 즉 강남의 한 고급 아파트 단지가 '필사적으로' 자신의 담장을 지키면서 자신을 차별적으로 드려내려는 것과, 그 단지의 부모들이 자식들을 '스카이'라는 울타리 안으로 들여보내 보호하려는 것은 결코 다르지 않다. 양자 모두 계급 보존의 욕망이 표출된 사실상 동일한 현상들일 뿐이다. 다시 말해 현재의 학벌-입시 문제는 계급의 문제, 과도한 계급 불평등의 문제, 즉 전형적인 정치적 문제일 수밖에 없다. 그 사실을 묻어두고, 역대 정부들은 대입과 관련해 거의 예외 없이 '교육제도 공학적인' 차원에서 대입의 소소한 형태들(대입 문제 제출 방식과 대입 평가 방식)만을 만지작거리며 이리저리 '다람쥐 쳇바퀴 돌리듯' 바꿔왔을 뿐이다. 오늘날의 교육 정책들은 현재의 학벌-입시 문제가 전적으로 정치적 문제라는 사실을 덮어 가리고 애써 못 본 척하면서 헛수고들만을 반복한 결과이다. 그러나 심각한 정치적 문제에 대해서는 그 문제 자체로 다루어야만 하고, 정직한 정치적 해법을 내놔야만 한다. 그렇지 못하고 계속 '헛다리만 짚는다면' 그 문제는 점점 더 격화되고 점점 더 심각해질 것이다. 한 사람이 폐암에 걸렸는데 그 사실을 무시하고 계속 폐렴 치료만 한다면, 어떻게 그 중병이 깊어져만 가지 않을 수 있겠는가. 학벌-입시 문제가 '망국병'이라는 말을 그동안 우리는 자주 들어왔는데, 이대로는 더 이상 갈 수 없으며, 중병을 중병이라고 인정하고, 근본적인 치료에 착수해야만 한다. 1974년의 고교평준화가 소기의 성과를 거두었다면, 그 정책을 추진했던 인사들이 당시의 학벌-입시 문제가 "사회 경제적인 병리현상"의 문제라는 사실을 정확하게 파악하고 있었기 때문이다.

만약 이 위선적인 표현인 '수능'('대학수학능력시험')이 말 그대로의 '대학수학능력자격시험'이라는—이전의 고입 연합고사와 같은 합격·불합격만을 판정하는—자격고사로 전환되어 대학평준화가 실행된다면, 아니 실행된다는 약간의 움직임이 있거나 결정이 내려지기만 해도 우리는 기득권 세력의 엄청난 반발에 부딪히게 될 것이다. 상위의 여러 사립대학의 재단 인사들·경영진·관계자들과 졸업생들·재학생들, '스카이' 학벌을 형성하고 있는 각계각층의 엘리트들, 수많은 사교육 종사자들, 학벌-입시 경쟁에 큰 '판돈'을 걸어놓고 있는 여러 지역의 학부모들, 수많은 사람들이 가만있지 않을 것이다. 한국은 가히 '준혁명 상황' 아니 '혁명 상황'에 돌입하게 될 것이다. 그러나 그것은 결국 현재의 학벌-입시 문제가 정치적인 문제라는 사실을 너무나 정확히 증명한다.

대학평준화

그러나 대학평준화가 실현될 수 있을지, 아니 시도되기나 할 수 있을지 아무도 모른다. 나 자신도 당연히 아무것도 확신하지 못한다. 나 자신은 대입을 자격고사로 전환하게 되면 현재의 학벌-입시 문제가 근본적으로 해결될 것이라고 확신하지만, 그 전환 자체가 실행될지 확신하지 못한다. 더 정확히 말해 나 자신이 어떤 것을 확신하느냐 아니냐가 결코 중요할 수 없다. 그 이유는 마찬가지로 현재의 학벌-입시 문제가 개인적 문제가 아니라 정치적 문제이기 때문이다. 즉 한사람이나 한 집단이—특히 교육부의 어느 정책 결정자가, 어느 정책 결정 부서가—결코 단독으로 해결할 수 없는 문제, 국민들 일반의 공동의 의지·동의와 협력·단결을 통해서만 해결의 단초를 찾을 수 있는 문제이기 때문이다. 학벌-입시와 관련해서 대다수가 무력감 또는 체념·자조自嘲, 나아가 무감각에 지배되어 이 문제는 해결 '불가능'하거나 필연적·'자연적'인 것으로 제쳐두고 있기 때문이다. 그러나 승리자가 되어야 한다는 무한 경쟁의 악순환이나 헛수고를 언제까지 반복해야 하는가, 1세기 동안 지속되고 있을 뿐만 아니라 가중되어가기만 하는 그 고통을 언제까지 국민들 전체가 감내해야 하는가라는 물음을 깨끗이 떨쳐낼 수도 없다. 이 문제는 해결 '불가능'한 것이기 이전에 해결 '불가피'한 것 아닌가?

2002년 경기도교육청의 고등학교 배정에 이의를 제기하면서 일부 학부모들은 학교 선택의 자유를 가로막는 고교평준화제도에 대해 헌법 소원을 제기했다. 이와 더불어 특목고(특수목적고등학교)와 자사고(자율형사립고)와 같은 평준화에서 벗어난 고등학교들이 김대중 정부 이후로 계속 증가해왔고, 이러한 '비평준화' 고등학교의 존재에 대한 논란이 현재까지도 끊이지 않고 있다. 그러나 특목고는 고유의 '특수목적'(과학이나 외국어 특화 교육) 수행 기능을 뒤로한 채, 자사고는 '자율 교육'이라는 명분을 외면한 채, 양자 모두 대학입시에 전적으로 '타율적인' 상태에서 너무나 '일반적인' 목적인 입시 성공을 실제의 목적으로 삼아 운영되고 있다. 윤석열 정부는 논란이 많았던 특목고와 자사고에 대한 존치 결정을 내렸고, 현재 고교평준화는 폐기되지는 않았다 할지라도 사실상 흔들리고 있다. 그럴 수밖에 없는 가장 근본적이고 가장 중요한 이유가 무엇인지 굳이 말할 필요가 있는가. 대학들이 서열화되어 있기 때문이다. 고교평준화와 '비평준화' 고등학교의 존재를 둘러싼 논란이 벌어질 수밖에 없는, 더 나아가 고교 교육 자체뿐만 아니라 초등학교·중학교 교육 전반이 언제나 신경 곤두서게 만드는 논란이 될 수밖에 없는 가장 근원적인 이유는 대학 서열, 즉 대학 비평준화 때문이다. "고교평준화제도가 소기의 성과에도 불구하고 논란이 끊이지 않았던 가장 큰 이유는 대학입시제도에 별다른 변화가 없었기 때문이라고도 볼 수 있다."*

그러나 하나는 분명하다. 현재의 학벌-입시 문제는 정치적 문제, 즉 부당하고 기이한 하나의 권력이 악순환에 악순환을 거듭해서 집단적 억압·피억압과 지배·피지배, 전면적 차별·피차별의 전 사회적인 서열 구조를 강화시키고 있다는 것이다. 그리고 이 문제의 경우 부당한 심각한 불평등을 조장하는 그 권력은 단순히 우리를 '위에서 찍어 누르는' 것이 아니다. 그것은 우리가 서로서로를, 부모가 아이를, 교사가 학생을, 한 학생이 다른 학생을, '옆에서 밀어내면서 압박하는' 권력이다. 그 권력이 기이하고 비정상적이라는 사실을, 학벌-입시와 관련되어 벌어지는 현상들·사건들 가운데 정상적인 것들이 별로 없고, 우리가 취하는 태도와 마음이 걷잡을 수 없을 정도로 왜곡되어 있다는 현실이 증명한다. 또한 그 권력에 포박되어 있

---

* 강대중, 〈고교평준화제도의 전개 과정〉, 위의 책, 73쪽.

는 상태에서 '쉬쉬하면서' 우리가 집단적으로 너무나 많은 거짓말을 서로가 서로에게 강요하고 있는 현실이 증명한다. 가령 '대학수학능력시험'뿐만 아니라 '특수목적고등학교'와 '자율형 사립고등학교' 같은 거짓말들 말이다.

4장 ——— 학벌-입시라는 정치적 문제

학벌-입시 문제에 대한 첫 번째 실천적·제도적 해결책으로 여기서 제시하는 것은, 대학입시를 현재의 '줄 세우기' 경쟁 시험을 자격고사(합격·불합격만을 판정하는 시험)로 전환하는 것, 즉 눈속임일 수밖에 없는 '대학수학능력시험'이라는 표현으로 지칭되는 현행의 시험(수능)을 폐지하고 사실을 내포하는 진정한 의미에서의 '대학수학능력시험'을, 즉 대학에서 수학할 능력 여부만을 판정하는 시험을 도입하는 것이다. 이러한 방향은, 2000년대 초반부터 현재까지 국공립통합네트워크나 서울대 10개 만들기라는 명목으로 타진되었던, 대학 구조조정을 중심에 둔 대학 개혁의 방향과 같지 않다. 물론 그러한 대학 구조조정은 필수적으로 진행되어야 하고, 그 이전에―현재의 학령인구 감소와 전체 대학 수의 과다를 두고 볼 때―필연적으로 진행될 수밖에 없다. 위에서 입시 개혁에 따르는 1964년의 중학교평준화와 1974년의 고교평준화에 대해 이야기했는데, 두 번의 평준화는 전체 중학교 인프라와 전체 고등학교 인프라의 평준화 과정(학군 분류, 학교들의 통폐합, 학교들의 제반 시설과 설비의 균등한 보완 및 확충, 교원 수의 공평한 확보 등)을 포함하고 있었다. 대학의 경우 그러한 인프라 평준화 과정은 보다 더 중요하고 보다 더 어렵겠지만, 국공립통합네트워크나 서울대 10개 만들기 같은 제안의 핵심은 바로 대학들 사이의 인프라 평준화를 위한 대학 구조조정이다.

그러나 그러한 대학 구조조정이 성공적으로 마무리되고 학벌-입시가 가져온 현재의 수많은 파행들과 폐해들을 근본적으로 없애기 위해서는 자격고사로의 전환이 대학 개혁에서 중심이 되어야 하고 전제이자 귀결점이 되어야 한다. 대학 일반의 인프라 평준화를 목표로 하는 대학 구조조정은 필수적이지만, 자격고사로의 전환을 통해서만 용이하고도 효율적으로 이루어질 수 있다. 그 사실에 대해 이후로 자세히 살펴보고자 한다.

1. 대입 시험은 원래, 현재에도 국가 소관이다

국가 소관의 대입 시험

한국에서의 대입 시험은 1945년부터 한국전쟁이 끝난 1953년까지는, 국가의 개입 없이 대학별로 시험을 치르고 학생들을 선발했다. 1954년의 국가연합고사와 1962년의 대입자격국가고사는 모두 국가 주도로 시행됐지만 단발적으로 시행되다가 곧 폐지되었고, 1969년부터는 마찬가지로 국가가 주관하는 대입 예비고사가 실시되었고, 이후 1982년부터의 학력고사와 1994년부터 현재까지의 수능에 이르는 동안 이곳에서의 대입 시험의 기본적 형태는 변함없이 '국가고시'였고 '국가고시'이다. 한마디로 한국에서의 대입은 반세기 넘게 국가의, 즉 정부의 관리와 통제 아래에 들어와 있다.

바로 거기에, 가령 2023년에 윤석열 정부가 야당과의 협의도 없이, 국회도 거치지 않고 단독으로 '2028년 대학입시제도 개편안'을 내놓을 수 있는 이유가 있다. 이 개편안의 가장 큰 문제점은, 거기서 제시된 5등급 상대평가 내신 평가체계가 2025년에 실시하기로 결정되었던 고교학점제(고등학생들이 대학에서처럼 각자 자신이 흥미 있는 과목들을 선택해서 공부하고 절대평가로 성적을 받는 제도)와 정면으로 충돌한다는 데에 있을 것이다. 이 개편안이 발표됨에 따라 이미 실행이 결정된 고교학점제는 폐기, 유보·유예나 의문의 대상이 되고 만다. 이 개편안이 발표되고 며칠 뒤 〈대입제도는 왜 이렇게 자주 바뀌나〉라는 제목의 칼럼에서 오창민 기자는 이렇게 말했다. "시간이 지나면 이번 개편안의 취지는 차기 정부 입시 개편의 빌미가 될 것이다. 임기 5년의 새 권력자가 교육 개혁의 명분으로 결단을 내리면 산전수전 다 겪은 교육부 관료들은 입시안을 만든다. 캐비닛에 쌓여 있는 기존 자료와 용역보고서를 참조해 기안을 도출한 뒤 설문조사와 공청회를 진행하고, 결정 권한은 국가교육위원회에 넘긴다. 미래인재 양성, 공교육의 바람직한 변화 유도, 사교육 감축, 평가의 공정성 제고 같은 문구를 추가하는 것을 잊지 않는다. 돈이 들지 않기 때문에 예산 당국과 협의할 일도 없고, 법을 고치지 않아도 되므로 야당 눈치를 볼 필요도 없다. [이] 칼럼도 그즈음 재활용될 수 있을 것이다. 장점과 단점을 맞바꾸고 대통령 이름과 몇 가지 숫자만 수정하면 된다. 웃기면서도 슬픈 대한민국 백년대계의 자화상이다."*

---

*   《경향신문》, 2023.10.19.

이 칼럼은 자주 바뀌는 대입안에 대한 국민들 일반의 반응과 정서를 대변한다. 대입과 관련된 교육 문제는 이렇게 심각한데, 또 교육은 백년대계라는데 정권이 바뀔 때마다 '연례행사'격으로, 또 정권 홍보용으로 입시안을 이리저리 뜯어고친다. 그에 따라 학생들과 학부모들만 신경이 곤두서게 되고, 입시 컨설턴트만 배부르게 된다. 그러나 입시안이 이렇게 쉽게 바뀔 수 있는 근본적인 이유는, 대학입시가 국가(정부)의 소관이기 때문이다.

정부 소관의 대입 개편안

2000년대 들어와서 가장 영향력이 컸던 대입 개편안은 노무현 정부가 제시한 입학사정관제였다. 이후 박근혜 정부에서부터는 학생부종합전형으로 이어진 이 제도는 중앙 행정기관이었던 교육인적자원부가 2004년 8월 '학교 교육 정상화를 위한 2008년도 이후 대학입학제도 개선 방안'을 발표하면서 도입되었다. 입학사정관제의 도입 목적들은 공교육 정상화와 대학별 학생 선발 권한의 제고 등이 있지만, 가장 중요한 것은 성적 위주로만 학생들을 선발하는 관례에서 벗어나 '새로운 지적 기반 사회'에 부합하는, 창의성·리더십과 인성 같은 잠재적 능력들을 평가하겠다는 것이었다. 그러한 교과목 성적에 잡히지 않는 능력들을 평가하는 전문가가 입학사정관 Admission Officer이며, 입학사정관제는 정부지원사업으로 추진되었고, 그 첫 번째 성과는 2007년 서울대학교를 비롯한 10개 대학에서 시행되어 254명을 선발했던 것이다. 이후 이 제도는 2011년에 이르러서는 정부지원금 351억 원을 기반으로 전국 126개 대학에서 실시되어 3만 8169명을 선발했다. 이 제도는 실시 초기인 2009년부터 오히려 전 교과를 잘하는 학생을 선발하게 만들고, 사교육 시장을 먹여 살리는 중요한 기제라는 비판과 논란에 부딪혔으나, 정부 주도하에 확산되었고, 이후 이명박 정부에서 더 광범위하게 실행되었다.

특히 이명박 대통령은 입학사정관제를 단호하게 지지하면서 2009년 7월 24일 충북 괴산고를 방문한 자리에서 "논술도 없고 시험도 없이 100% 면담[입학사정관 면담]만으로 대학 가는 시대가 올 것"이라고 장담했고, 며칠 뒤 7월 27에는 라디오 연설을 통해 "대학들이 내년 입학 시험부터 논술 없이 입학사정을 통해 학생을 뽑고 농어촌 지역 분담을 해서 뽑을 것이다. 임기 말쯤[2013년] 가면 상당한 대학들이 거의 100%에 가까운 입학사정을 그렇게 하지 않겠냐"*라고 더 강화된 발언을 공개적으로 내놓았다. 대통령의 이 '과격한' 발언이 사회 각계각층에 큰 파장과 논란에 부딪히자, 당시 이주호 교육과학기술부 차관은 "100%라는 숫자에 너무 연연해하지 말아달라"는 부탁과 함께 "모든 학생에게 입학사정관제가 의미 있는 제도가

---

* 《부산일보》, 2009.7.28.

되게 하자는 뜻으로 과거 점수 경쟁에서 자유롭게 하겠다는 취지"로 받아들여달라고 덧붙였다.**

'100% 입학사정관 면담 선발'을 강조하면서 이 대통령 또한 수능 체제에서의 극심한 점수 경쟁이 폐단일 뿐만 아니라 무의미하다고 고백했다고 볼 수 있다. 그러나 이 대통령의 그 발언은 이주호 같은 정부 인사들의 조정을 거치고, 국민들의 반발에 부딪혀 실제로 실행에 이르지는 못했다. 그러나 노무현 정부 시기의 입학사정관제 도입 결정·과정과 더불어 이 대통령의 제안은 국회에 입법 절차는 물론이고 야당과의 합의도 없이 구상된 오로지 정부만의 행보들이었을 뿐이다. 그 모든 것들이 이곳에서 대학입시는 전적으로 정부와 대통령의 손에 맡겨져 있다는 사실을 다시 확인시켜준다. 특히 이명박이 자신의 임기 내에 "거의 100%에 가까운" 학생 선발을 입학사정관 면접으로 하겠다고 장담할 수 있었던 이유는, 그 제안의 실행이 원칙적·제도적으로 오로지 자신과 정부의 소관이었기 때문이다. 그렇지 않았다면 그 제안은 나올 수조차 없었을 것이다. 입학사정관제가 바람직한가 아닌가는 다시 살펴봐야 할 문제지만, 만약 100% 입학사정관 면접 선발이 정부 인사들의 동의를 얻고 국민들 사이의 사회적 합의를 통과했다면, 그것은 실행될 수도 있는 사안이었다.

대입 시험은, 대입 시험의 형태·방법은 국민들이 국가·정

** 《파이낸셜뉴스》, 2009.7.27.

부와 직접 협상('딜')할 수 있는, 국민들의 뜻에 따라 국가·정부가 결정할 수 있는 사안이다.

2. 서울대 10개 만들기는 필요하지만 불충분하다

서울대 10개 만들기

2000년대 초부터 지속적으로 논의되어온 국립대통합네트워크와 그 새로운 버전인 서울대 10개 만들기에 반대할 이유도 없고, 반대해봐야 의미가 없으며, 적극적으로 지지해야만 한다. 왜냐하면 그것들은—학령인구(대학 입학생의 수)의 감소와 서울·수도권과 지방의 심각한 격차라는 현실적 조건들을 두고 볼 때—어떠한 형태로든 필연적으로 실행되어야 하거나, 실행될 수밖에 없는 사안들이기 때문이다. 그러나 문제는, 그러한 대학 구조조정 계획들이 그 자체로만 실행된다면, 현재의 학벌-입시라는 심각한 병폐를 해결하는 데에서 불충분하다는 사실에 있다.

이곳에서는 전체 대학 대비 사립대 비율이 85%로 과도하게 높고, 전국 전체 대학생의 75%가 사립대에 다니고 있으며,

특히 서울·인천·경기라는, 전국 인구의 절반이 몰려 있는 수도권 지역에서 국공립대에 다니는 대학생 비율(이 지역 고교 졸업생 대비)은 5% 미만이다. 이러한 현재의 현실에서, 국립대통합네트워크나 서울대 10개 만들기가 공통적으로 주장하는 대로 지방거점대학 9개를 서울대와 함께 통합시켜봐야, 연고대를 비롯한 서울의 주요 사립대들은 그 통합체로부터 벗어나 있을 수밖에 없다. 그러나 서울대를 제외시킨다 하더라도 현재 대학입시 경쟁의 중심지·진원지라고 할 수밖에 없는 이 사립대들이 그대로 남아 있는 한 문제는 사라지지 않는다. 심각한 입시 경쟁이 대학 서열화, 사교육의 대국민 지배, 국민 분열과 수도권·지방의 격차 같은 폐단들의 가장 중요한 하나의 원인일 수밖에 없는 현실에서, '인서울'의 사립대들은 그대로 놔두고 국립대 10개만 통합시켜봐야, 그 폐단들은 근본적으로 해결되지 않는다.

첫 번째 문제는, 서울대를 포함한 국립대들의 통합 자체가 불가능하거나, 너무 어렵거나, 만에 하나 실현된다 할지라도 완결에 기약할 수 없는 시간을 들여야만 하고 부작용·후유증과 후폭풍이 클 수밖에 없다는 것이다. 앞서 언급한 경상대·창원대, 경북대·금오공대의 통합 논의에서 구성원들의 극렬한 반발만 봐도 이 통합의 문제가 얼마나 풀기 어려운지 알 수 있다.

국립대들의 경우뿐만 아니라 더욱이 수도권의 주요 사립대들의 경우에도 국가가 나서서 실행하고자 하는 학교들 간의 통폐합은 말할 것도 없고 같은 학교 내에서의 어떠한 소규모

학과 간 통폐합도 반기지 않는다. 국립·사립을 망라한 이곳의 핵심 대학들은 각각 자체의 경영권·학생 선발권과 인사권 등의 권력을 결코 포기하려 하지 않을뿐더러 침해받는 것도 원치 않는데, 그 권력은 과거 봉건시대의 '토호'의 권력과 상당히 유사하다. 근래 서울대가 법인화 노선을 택한 것은 자체의 유구하고 막강한 권력을 '사유화'하겠다는 의지의 발로 이외에 다른 것일 수 없다. 대통령이 아니라 그 위의 누가 됐든, 무소불위의 어느 독재자가 아니고서야 가령 연고대에 권력을 내놓으라고 강요할 수 있겠는가? 원칙적으로—국립대, 사립대를 불문하고—대학 권력에 정당성이 전혀 없는 것도 아니고, 그것을 해체하는 것이 전적으로 정당한 것도 아니다. "대학의 자율성은 법률이 정하는 바에 의하여 보장한다"(헌법 제31조 4항, 1987년 10월 29일 공포). 이 헌법 조항의 의미는, 헌법재판소의 해석대로, "대학에 대한 공권력 등 외부 세력의 간섭을 배제하고 대학 구성원 자신이 대학을 자주적으로 운영할 수 있게 함으로써 대학인으로 하여금 연구와 교육을 자유롭게 하여 진리 탐구와 지도적 인격의 도야陶冶라는 대학의 기능을 충분히 발휘할 수 있도록 하기 위한 것"이다.

따라서 국립대통합네트워크나 서울대를 지방에 9개 더 만드는 국립대 통합을 주장할 수도 있고—쉽지 않아 보이지만—어떻게든 실현시킬 수 있다 할지라도 사립대들은, 가령 연고대는 제쳐둘 수밖에 없다. 국립대통합네트워크의 새로운 버전인 '서울대 10개 만들기'를 제안한 김종영 교수도 이렇게 말한다.

"서울대 10개 만들기 프로젝트에서 독립 사립대학이 차지하는 비중이 70%가 넘기 때문에 이 문제도 중요하다. 하지만 사립대 문제를 여기에 넣는 순간 모든 것이 꼬여버린다."* 그러나 정확하게는 70% 이상을 상회하는 전체 대학 대비 85.8%(2017년 기준, 산업대·전문대·교육대·사이버대 포함**)가 사립대인 현재의 상황에서, 어떠한 대학 개혁을 실시하든, 거점국립대학들만 염두에 두고 사립대들을 제쳐둔다는 것은 문제가 아닐 수 없다.

또한 서울대가 자체의 확고한 전통의 독보적 위상을 포기하면서 서울대 10개 만들기라는 국립대 통합 프로젝트에 참여하기를 받아들일 수 있을지도 전혀 확신할 수 없다. "그런데 서울대 관계자들, 정치권, 여론이 서울대가 대학통합네트워크에 들어오기를 격렬하게 반대한다면 나는 서울대를 빼고라도 대학통합네트워크를 추진하는 것이 바람직하다고 생각한다. 저항이 너무나 크다면 이것을 뚫고 갈 필요는 없다. 27년 동안 대학통합네트워크는 한 발짝도 내디디지 못했다."*** 서울대가 국립대통합네트워크에 참여하지 않는다면, 서울대를 비롯해 연고대와 서울 소재 주요 사립대들을 제쳐둔 채 진행되는 9개 국립대의 통합이 무슨 큰 의미가 있을지 의문이 들지 않을 수 없다. 그러한 통합이 극심한 대학 서열, 과도한 사교육비 지출, '인서울' 대학들과 지방 소재 국사립대들 사이의 격차, '병목현

---

*   김종영, 《서울대 10개 만들기》, 261쪽.
**   대학교육연구소, 〈대교연통계〉, 2018.8.29.
*** 김종영, 《서울대 10개 만들기》, 239쪽.

상'을 만들어내는 대입에서의 살인적 경쟁, 나아가 서울·수도권과 지방의 경제·문화 등 모든 영역에서의 인프라 격차, 또한 너무 무거운 사교육비 부담으로 인한 출산율 저하 등 현재 이곳의 심각한 문제들 가운데 어떠한 것에 대해서도 유효한 해결책이 될 수 없다.

  서울대 10개 만들기를 제안하면서 김종영 교수는 이 프로젝트가—이전의 국립대통합네트워크가 프랑스 파리 대학 체제를 모델로 삼아 구상되었던 반면—미국의 캘리포니아 대학 체제를 벤치마킹해서 기획되었다고 밝힌다.**** 김종영에 따르면, 캘리포니아 전역에 중요하고 영향력 있는 UC(University of California)들이 자리 잡게 됨에 따라 투자가 몰린 캘리포니아 전역이 경제적으로 균등하게 발전을 이루었던 것처럼, 이곳의 지방거점국립대들을 육성하면 현재 서울·수도권의 기세에 눌려 뒤처진 지방 주요 도시들(부산·대구·광주 등)이 발전할 수 있다는 것이다. 지방거점국립대들에 대한 국가적 차원에서의 지원과 투자가 대규모로 시행되면, 지방의 주요 도시들이 크게 성장하리라는 것이다. 어느 정도는 성장할 수 있을 것이다. 그렇기에 원칙적으로 서울대 10개 만들기에 동의할 수밖에 없고, 나아가 이 프로젝트를 지지할 수밖에 없다. 지방거점국립대들에 대한 획기적인 투자는 분명 현재의 서울·수도권 격차를 '어느 정도' 완화시켜줄 수 있을 것이다.

**** 같은 책, 226~239쪽.

그러나 이 대학들을 위한 투자와 이 대학들의 통합은 서로 다른 문제들이며, 앞에서도 밝혔듯이, 후자는 거의 가능하지 않거나, 수많은 심각한 반발과 난항 앞에 직면하게 되거나, 만에 하나 실행에 들어가더라도 너무 많은 시간을 요구하게 될 것이다. 게다가 서울대, 연고대와 '인서울'의 주요 사립대들을 논외로 제쳐둔 상태에서, 어렵기만 할 이 지역 국립대들의 통합은 설사 완결된다 할지라도, 그 의미는 매우 제한적일 것이다. 또한 이 대학들에 대한 전면적인 투자가 주요 지방 대도시들 각각의 발전에 줄 수 있는 영향력도 제한적일 수밖에 없다. 한국이라는 한 국가 자체가 미국의 한 주에 비교될 수 없기 때문이다. 한국의 모든 영역(정치·경제·문화·교육과 인구)의 인프라 전체가 서울·수도권에 과도하게 쏠려 있는 상황에서 지방의 몇몇 국립대들에 큰 투자를 한다고 해서 서울·수도권과 지방의 격차와 불평등이 근본적으로 해소되지는 않는다.

다만 교육·입시 전체가 다른 영역들 전체와 강하고 밀접하게 연동되어 거기에 큰 영향력을 주고 있는 이곳의 현실을 두고 볼 때, '스카이'와 '인서울'의 주요 사립대들을 포함하는 대학 전체를 개혁할 수 있는 어떤 시도의 실행에 대해서는 다시 다르게 생각해볼 수 있다.

김종영 교수는 한 티브이 프로그램*에서 다시 서울대 10개 만들기를 제안하면서 지방거점국립대들에 대한 대규모 투자

---

* KBS, 〈이슈 Pick 쌤과 함께〉 162회, 2023년 12월 17일 방영.

와 육성만을 강조할 뿐 그 통합에 대해서는 한마디도 하지 않았다. 그가 그 통합에 대해 차후의 문제라고 판단했는지, 아니면 요원하다고 생각했는지 우리로서는 알 수 없다. 그러나 그 프로그램만을 두고 본다면, 서울대 10개 만들기 프로젝트는 9개의 지방거점국립대 육성 프로젝트와 구별되지 않고, 거기로 수렴된다. 사실 그렇게 축소된, 즉 대학 통합 문제가 고려되지 않은 서울대 10개 만들기를 현 이재명 정부는 추진하고 있다.

3. 학벌-입시 문제는 집단적·정치적 문제다

이곳의 학벌-입시 문제는 교육과 관련된 어떠한 제도의 문제도 아니다. '교육제도 공학적' 문제가 아니고, 전형적인 정치적 문제이다. 그렇기에 영어를 초등학교 저학년에서 배우지 않기로 결정해봐야, 야간 사교육을 금지해봐야, 자사고 폐지를 결정해봐야, 내신등급 수를 늘리든 줄이든, 상대평가 과목 수와 절대평가 과목 수를 어떻게 정하든, 정시 모집 인원을 늘리든 줄이든, 나아가 교육부 장관을 교체해봐야, 어느 유능한 교육 전문가를 교육부 장관에 앉히든 아니든, 모두 '다람쥐 쳇바퀴 돌리기'에 지나지 않는다. 학벌-입시 문제를 해결하기 위해서는, 현재의 정치적 질서를, 현재의 계급 질서를 흔들 수 있는 어떤 정책을 실행에 옮기는 위험부담을 감수해야만 한다.

이곳의 '식민지' 아이들

이곳에서의 입시 경쟁 '잔혹사'의 시발점은 1924년 일제의 경성제대 예과 설립이었다. 당시의 '잔혹사'를 일제 군국주의가 조종했다면, 현재의 '잔혹사'는 이곳의 초-자본주의가 연출한다. 일제는 자기 자신을 유지하고 정당화하기 위해 대학입시에 네 가지 틀(지위재 획득을 위한 대학입시, 획일적이고 기계적인 주입식 입시 학습, '줄 세우기'식의 경쟁과 객관식 시험)을 부과했고, 그 네 가지 틀은 지금까지 변함없이 이곳의 대입의 본질을 결정한다. 그 네 가지 틀을 흔든다는 것이 과거 일제강점기에는 일본 군국주의에 거스른다는 것이었다면, 그것은 현재 이곳의 경우에는 초-자본주의('각자도생'의 자본주의)를 위협한다는 것이다.

먼저 어떠한 방식으로든 현재의 대학 서열 체제를 흔든다는 것은, '스카이'와 '인서울'의 상위권 대학들 각각의 '브랜드' 가치(자본주의적 가치)를 흔든다는 것이다. 또한 어떻게든 대학 입시제도를 바꿔서 경쟁을 완화한다는 것은, 공식적으로만 총액이 26조, 27조, 29.2조(2022년 기준 26조 원, 2023년 기준 27조 원, 2024년 기준 29.2조 원)에, 비공식적으로는 약 40조(2024년 기준 39.2조 원)에 이르는 사교육 시장에 타격을 준다는 것이다. 또한 사교육 시장이 타격을 입는다는 것은, 부동산 시장이 위해를 입는다는 것이다. 두 시장은 밀접하게 연동되어 있는 것을 넘어서 사실상 하나의 시장이다. 절대다수가 현재의 극심한 입시 경쟁에 대해 뭔가 잘못되어 있고 비정상적이라고 느끼지만, 또한 거의 매일 언론이나 방송을 통해 이 기이한 입시 경쟁의 이러저런 폐해에 대해 읽거나 보거나 듣지만, 그 경쟁으로부터 벗어나기 불가능하다고 '무의식적으로'(대입에서의 성공은 아버지의 법이니 '묻지 말고' 복종해야 한다) 믿는다.

그럴 수밖에 없는 가장 큰 이유들 가운데 하나가, 수많은 사람들이 거대한 고급 아파트 단지들에 몰려 살면서, 모두 같은 아파트 구조에 갇혀서 아파트-부-자본에 집착하듯이, 학벌과 입시에서의 성공을 욕망하고 거기에 집착하기 때문이다. '스카이캐슬.' 그들 중 누군가 그 아파트 단지로부터 쫓겨난다는 것은 학벌 입시의 성공으로부터 배제된다는 것이며, 그 두 가지 배제의 사실은 그가 반드시 유지해야 할 계급으로부터의 '퇴출'을 의미한다. 그들은 그 두 가지 배제에 대해 공포에 가까운 감정을 느끼고 있다. 즉 입시의 성공도 아파트 소유와 마찬가지로 곧바로 자본으로 귀결된다는 것을 '무의식적으로' 알고 있다. 그렇기에 우리에게는 입시-사교육-학벌-부동산-자본-계급의 이 연쇄사슬로부터 벗어난다는 것이 불가능에 가까울 정도로 어려울 수밖에 없다.

따라서 이 연쇄사슬에 묶여 있는 사람들을 탓할 수도 비난할 수도, 그들에게 거기로부터 벗어나라고 '도덕적인 양심'의 호소를 할 수도 없다. 그러한 호소는 어떠한 효과도 없고 무의미하다. 왜냐하면 이 연쇄사슬은 한 개인이나 한 집단이 아니라 국민 전체를 직간접적으로, 구조적으로 억압하고 있기 때문이다. 이 사슬은 직접적으로는 그 자체에 묶여 있는 사람들을 더 강한 압박으로 옥죄고, 간접적으로는 그 바깥으로 배제되어 나간 사람들을 차별한다. 입시-사교육-학벌-부동산-자본-계급 각각 사이의 극심한 상호 악영향·악순환을 통해 우리를 끊임없이 억압하는 이 연쇄사슬은 단순히 교육의 문제도, 도덕·양심의 문제도 아니고, 구조적인 정치적 문제일 수밖에 없다. 이 사슬 내에서는, 아이들이 사교육을 위해 존재하고, 집이 계급을 위해 존재하며, 결국 아이들이 자본을 위해 존재하는 전도 현상들이 지배한다. 그러나 아이들이 사교육을 위해 존재하는가, 아니면 사교육이 아이들을 위해 존재해야 하는가? 아이들이 자본을 위해 존재하는가, 아니면 자본이 아이들을 위해 존재해야 하는가?

일본제국주의 국가는 사라졌지만 그 당시 일제가 이곳에 주입시킨 대학입시 형태는 한 번도 본격적인 비판에 마주한 적 없이 건재한 적폐 중의 적폐로서 엄청난 영향력을 행사하고 있다. 다만 현재의 대학입시에서 국가가 아니라 자본이 '초자아'로서 군림하고 있고, 그 자본이라는 '초자아'에 전적으로 지배되는 우리는 여전히 아이들을 '남의 자식' 다루듯이, 식민지 아이 다루듯이 한다. 이곳에서 입시의 경험은 독립 국가에서 겪기를 강요당하는 식민지 피지배의 경험이다. 현재 이곳의 학벌-입시 체제는 초-자본주의를 토대로 일본식 식민지 '노력동원' 군국주의를, 일종의 식민지 '파시즘'을 유지시킨다. 일본제국주의 식민지 국가에서는 대입이 결국 그 국가에 충성하는 소수정예를 선발해서 다른 아이들은 배제하는 장치였다면, 현재 이곳에서 대입은 자본에 순응하는 소수정예를 가리고 나머지 아이들은 차별하는 장치일 뿐이다. 여기의 대입을 위한 교육은 아이들을 배제하고 '정리'해서 소외시키기 위한 것일 뿐 양육하고 성장시키기 위한 것이 아니다. 이를 이곳의 수많은 젊은이들은 잘 알고 있기에 아이를 낳지 않으려고 하는 것이다. 이후에 배제되고 소외되고 차별받게 될 불쌍한 아이의 미래를 분명하게 예감하면서 보고 싶지 않아 하는 것이다.

'공정'과 '안정'?

자본이 아이들을 위해 존재해야 할 것이다. 가령 한 해에 29.2조 원(또는 공식적 통계에 잡히지 않는 금액까지 합치면 약 40조 원)이라는 천문학적인 금액을 사교육에 쏟아부을, 정확히는 '날려버릴' 것이 아니라, 현재 전국의 모든 대학생들을 무상으로 교육시킬 수 있다는 금액인 11조 원*을 그들을 위해 투자해야 한다. 이는 간단한 상식일 수 있지만, 문제는 입시-사교육-학벌-부동산-자본-계급의 연쇄사슬이 모든 상식을 무시하게, 보지 못하게 할 정도로 우리의 '무의식'을 완전히 장악하고 있다는 데에 있다. 우리의 그 '무의식'은 집단적인 것이며, 따라서 그 '무의식'을 무너뜨리기 위해서는 마찬가지로 집단적인, 즉 정치

---

* 이 책 271~272쪽 참조.

적인 어떤 해결책이 나와야 한다.

정치권과 대통령·정부가 어떤 근본적인 정치적 결단을 내려야 하고, 실효를 거둘 수 있는 어떤 정치적 해법을 내놔야 한다. 정권 바뀔 때마다 홍보 행사 격으로 교육부에서 내놓는 대입 개편안은 이제 안 하느니만 못하다. 드라마 〈SKY캐슬〉이 학벌-입시로 인한 국민들의 고통이 이미 한계를 넘어섰다는 현실을 보여주었다면, 국민들이 사교육비로 한 해에 40조 원가량을 허공에 뿌리고 있는 모습을 봤다면, 자식들 사교육비를 대면서 불안정한 노후를 각오하고 있는 부모들의 입장과 아이 갖기를 두려워하고 거부하는 청년들의 입장에 한 번만이라도 제대로 서봤다면, 특히 정형화된 기계적인 학습을 흥미 없이 억지로 하면서 비인간적인 경쟁까지 떠맡아야만 하는 '남의 자식 같은' 아이들의 불행을 당연하게 여기지 않고 단 한 번이라도 절감해봤다면, 이렇게 매번 안 하느니만 못한 개편안을 들이밀 수는 없는 것이다.

대입 자격고사로의 전환은 새로운 것도, 매우 혁신적인 것도 아니다. 대입 자격고사는 2007년 정동영 후보가 대선 공약으로 제시한 바 있으며,** 이후로 2017년 6월 전국 시도 교육감들은 진보와 보수를 불문하고 '한목소리로'—'전국시·도교육감협의회'의 만장일치로—문재인 정부의 인수위원회에 2021

** "2011년까지 대학수학능력시험을 졸업자격시험으로 전환하고, 시험을 통과한 학생들은 1년에 2차례 이상, 한 번에 3개 이상의 대학에 지원할 수 있도록 한다는 것"(《한국경제》, 2007.11.27.)이다.

년까지 도입되어야 하는 대입 형태로 제안했던 것이고,* 최근 (2023년)에도 전국 4년제 대학 총장 86명의 과반수(53.3%)가 가장 바람직한 대입제도로 선택한 것(게다가 대입 자격고사를 원했던 대학 총장들 가운데 수도권 총장들의 비율과 비수도권 총장들의 비율이 각각 53.3%, 51%로, 오히려 수도권 총장들이 자격고사를 더 선호하는 것으로 나타났다**)이며, 곧이어 유홍림 서울대 총장 역시 차후의 바람직한 입시 형태로 꼽았던 것이다. '대입을 어떻게 바꿔야 하나'라는 질문에 유 총장은 이렇게 답했다. "공교육 강화가 궁극적인 답이다. 수능은 초중고 과정에서 충분히 학습했는지 확인하는 시험이어야 한다. 수능을 자격고사화하고, 대학에 선발 자율권을 줘야 한다."***

---

* "'대입제도 개선과 관련해서는 2021학년도 대입 개편안에 대입 체제 단순화와 수능 절대평가 확대, 자격고사화 등의 구체적인 방안을 제시해야 한다'고 요구했다. 이 회장[교육감협의회 이재정 회장]은 '대한민국 교육 문제의 근원인 대입제도의 개혁안을 서둘러 마련해야 한다. 수능 절대평가 확대와 자격고사화를 적극 추진해야 한다'며 '다음 달 발표할 2021학년도 수능 체제 개편안부터 대입제도 개혁의 윤곽을 잡아야 한다'고 밝혔다"(《교육희망》, 2017.6.10.).

** "한국대학교육협의회(대교협) 하계 총장 세미나에 참석한 전국 4년제 총장 86명을 대상으로 한 설문조사에 따르면 교육부의 '2028년 대입 개편안' 마련과 관련해 응답자의 51.8%는 수능을 '자격고사화'해야 한다고 답했다. 자격고사는 절대평가로 치러지고, 일정 성적 이상 받으면 대입 자격을 주는 식으로 운영된다. 프랑스의 바칼로레아, 영국의 에이레벨 등이 대표적이다. …… 대학 유형별로 보면 수도권 대학총장(53.3%)이 비수도권(51%)보다, 국공립대 총장(64.7%)이 사립(49.2%)보다 수능 자격고사화를 더 원하는 것으로 나타났다. 수능이 현행을 유지해야 한다는 응답은 24.1%에 불과했다. 이어 '서·논술형 도입'(15.7%), '수능 폐지'(8.4%) 등의 순이었다"(《한국경제》, 2023.7.9.).

*** 《조선일보》, 2023.7.29.

그러나 2017년 6월 대입 형태의 근본적인 개혁을 요구했던 교육감협의회의 제안(대입 체제 단순화와 수능 절대평가 확대, 자격고사화)이 문재인 정부에 의해 간단히 묵살되었던 것과 마찬가지로 2023년 7월 전국 대학 총장의 과반수가 원했던 대입 자격고사로의 전환이라는 대안은 이주호 교육부 장관에 의해 간단히 무시되었다. 그 대안은 이주호 장관이 2023년 10월에 발표한 2028학년도 대입 개편안 시안을 준비하기 위해 마련한 자리에서 나왔지만, 정작 2023년 10월 10일 이 장관이 내놓은 2028년 대입제도 개편 시안을 보면 고려의 대상조차 되지 못했다. 이 장관의 그 시안의 핵심 사항들은 수능에서의 선택과목 배제, 내신에서의 5등급 상대평가(현행의 수능 9등급제와 부조화)로서, 입시 문제가 이곳에서는 정치적 문제라는 사실과 현실을—언제나 그랬듯이—재차 분명히 확인하면서 제시되었다. 그럴 수밖에 없었을 것이다. 이주호 장관이 이 시안을 발표하면서 국민들에게 공표한 두 가지 키워드는 '공정'과 '안정'이었다. 제발 이제 이런 '눈 가리고 아웅' 식의 몸짓과 언행은 그만두자. 국민들이 그가 말하는 '공정'이, '살인적 경쟁에서의 공정'으로, 즉 '남들을 공정하게 죽이기'로, 또한 '안정'이 현재의 양극화된 경제 질서와 기득권 정치 질서의 '맹목적 유지'로 받아들이지 않을 만큼 바보들인 줄 아는가? 폐암에 걸린 한 환자에게 아무 의미도 효과도 없는 폐렴 치료 처방을 내리면서 자족해하는 이 난센스를 이제 그만 연출하자.

대학과 고교 현장의 목소리들을 마치 못 들은 것처럼 '뭉

개면서' 이주호 장관이 '공정'과 '안정'을 내세우는 행보를, 그 같은 것들을 국민들은 너무 많이 봐왔기에 그러려니 하고 또 넘어가준다. 습관적인 무의미한 행보에 대한 만성화된 반응, 그것은 그러나 결코 당연한 것이 아니다. 이 장관의 '공정'과 '안정'이라는 발언은 표면적으로 보면 균형 잡히고 상식적인 것처럼 들리지만, 전국 4년제 대학 총장 86명이 대변했던 민의를 단칼에 무시하고, 아무것도 아닌 것, 또는 애초에 없었던 것(총장 86명에게 돌렸던 '바람직한 입시 형태는 무엇인가'라는 설문에 대한 답변을 과연 이주호 장관이 한 번이라도 진지하게 고려해봤겠는가)으로 단번에 되돌려놓는 지극히 정치적인 행위다. '공정'과 '안정'이라는 이 장관의 발언은, 학벌-입시 문제라는 정치적인 문제를 건드리지 않고 그대로 놔두겠다는 가장 분명한 정치적인 조처일 수밖에 없고, 교육 현장의 대표들 위에 군림해도 된다는 근거 없는 우월감을 전제하지 않고서는 나올 수 없는 지극히 정치적인 표명이다. 한마디로 이주호는 학벌-입시 문제가 정치적 문제라는 실상을 짐짓 모르는 척하면서, 대단히 상식적이고 당연하게 보이는 '공정'과 '안정'이라는 단어들을 내세워 실상을 덮어 가리면서 그 문제에 대한 단호한 하나의 정치적인 결론에 곧바로 이르렀던 것이다. 이 살인적인 입시 경쟁은 어떻게도 '공정'해질 수 없고, '안정'을 확신하고 내세울수록 학생들과 학부모들은 더 불안해질 수밖에 없다.

학종이라는 '불법'

자격고사로의 전환이 대단히 급진적이어서 실행 불가능하기 때문에 문제되는 것이 아니다. 대학 교육의 현실과 고교 교육의 현실을 각각 현장에서 보면서 총괄적으로 관리하고 있는 전국의 대학 총장들과 교육감들이, 즉 철없는 반체제주의자들이 아닌 현장 책임자들이—본래 교육자·교육 관계자 일반은 보수적이기 마련임에도 불구하고—자격고사를 가장 합당한 입시 형태로 꼽았다면, 대통령·정부와 정치권의 의지만 있다면 자격고사로 충분히 전환할 수 있다. 그러나 한 세기 동안 지속되고 있는 이 경쟁의 입시제도에 완전히 짓눌려 있는 많은 사람들에게 경쟁을 불가능하게 만드는 자격고사로의 전환은 매우 '불공정'하고, 그렇기에 엄청난 '혼란'을 가져올 것이라고 여겨질 수 있고, 어떠한 방식으로든 실제로 자격고사로의 전환이 결정된다면, 그들은 '공정'과 '안정'을 외치며 그들에게 '불합리'하고 '공정하지 못해' 보일 이 새로운 입시제도에 크게 반발할 것이다. 자격고사로의 전환은 제도적으로는 간단한 것일 수 있지만, 현실적·실질적으로는 거대한 변화를 예고하는 것이기에 결코 쉽고 간단한 것이 아니다.

그러나 현재의 수능-학생부종합전형의 입시제도는 이미 '불합리'와 '불의'의 극에 이르지 않았는가?

사실 비교과 학생부종합전형은 '깜깜이' 전형임을 이미 누구나 다 알고 있다. 이 전형을 통해 학생들을 평가하는 주도권을 쥐고 있는 해당 학과에서 차출된 입학사정관 교수들 대다수 (또는 절대다수)가 이 전형이 실시되는 학기 중에 수업과 업무 때문에 시간에 쫓겨 학생들이 제출한 서류들을 꼼꼼히 검토하지 못할 뿐 아니라 각 서류에 적힌 평가 대상 항목들을 보고 공평하게 정량적으로 점수들을 합산해내지 못하거나 그렇게 할 필요조차 못 느낀다. 더욱이 인문대의 대다수 학과처럼 비인기 학과들의 경우, 현재처럼 전과와 복수전공이 어렵지 않은 상황에서 학과 이탈률을 최소한도로 줄이기 위해 면접 시 거의 서류들을 보지 않고 오직 지원자들이 과연 해당 전공에 진정한 관심이 있는가 아닌가만을 판정해서 매우 편파적으로, 전자이면 매우 높은 점수를 주고, 후자이면 심하게 점수를 깎기도 한다. 그래야만 해당 학과 소속의 교수 입학사정관들은 각 지원자의 수능 점수나 다른 점수들이 줄 수 있는 당락의 영향력을 무력화시키고 자신들이 원하는 학생들을 선발할 수 있기 때문이다. 이러한 편파 판정은 결코 '불법적'이지 않으며, 입학사정관 교수들에게 주어진 고유한 권한이기도 하다. 그렇다면 이러한 경우 면접에 들어온 지원자들이 비교과 학생부종합전형의 평가 항목들을 보기 좋게 채우기 위해 쏟아부었던 노력은 사실상 필요 없었던 것이 될 수밖에 없다.

2019년 8월 조국이 법무부 장관으로 지목된 이후 이곳을 떠들썩하게 했던 이른바 '조국사태'의 경우, 검찰의 수사는 그의 딸인 조민에게까지 들어갔는데, 조민의 고려대학교 생명과학대학과 부산대학교 의학전문대학원 입학 과정들 전반을 그

대상으로 삼았다. 여기서 과연 그 수사가 합당했는지 지나쳤는지, 조민이 과연 유죄인지 아닌지는 문제 삼지 않고자 한다. 다만 그 수사가 전개될 수 있는 첫 번째 조건은, 이곳의 대학과 대학원 입학 과정 일반에서의 일체의 서류 심사가 객관적일 수도 근본적으로는 완벽하게 정당화될 수도 없는 자료들을 근거로 허술하게 진행될 수밖에 없다는 데에 있다.

    2024년 4월 10일 제22대 국회의원 선거에 앞서 한 기자가 두 부산 여성 시민과 함께 진행했던 인터뷰(〈2024 '만민 공동회' 장윤선이 간다! 부산 남구 민심은?—조민 수사에 한마디! 대학 보냈으면 다 아는데 '기가 차' 대학 간 애들 200% 다 걸려요〉)*를 보면, 이곳에서 자식들을 대학에 보내기 위해 서류 심사 자료들을 준비하는 학부모들이 단 하나의 '불법'도 저지르지 않기란 불가능하다는 사실을 확인할 수 있다. 예를 들어 그 두 부산 학부모 시민이 말했듯이, 자식의 봉사 활동 점수를 확보하기 위해 부모가 대신 봉사 활동에 나서기도 하고, 봉사 활동(학급 청소) 10분이 두 시간으로 부풀려 기재되기도 한다. 한마디로 현행의 비교과 학생부종합전형은 결코 '합리적'일 수 없는, 근본적으로 '합리적'이기 불가능한 전형이다.** 나아가 학과에 따라서는 아예 '사

---

*   www.youtube.com/watch?v=ZTi-K4cwusU 2024년 9월 10일 검색.
** 예를 들어 숭실대 철학과 1학년 한 학생은 '문화와 철학'이라는 2025년 1학기 수업에서 자신은 생활기록부에 십수 권의 책을 읽었다고 밝혔지만 사실은 한 권밖에 읽지 않았다고 고백했다. '거짓말'을 자백한 셈인데, 그 '거짓말'에 수업에 참여했던 학생들 중 누구도 놀라지 않았고, 거의 모두가 당연하다는 태도를 취했다. 거의 모두가 각자 자신의 생기부에 이러저런 '거짓말'을 적었으리라는 의심을 거둘 수 없다. 그렇다

실상' 무시되는, '없는' 전형이다. 비교과 학생부종합전형은 폐지되어야 한다. 2~5단계 절대평가 내신(또는 내신 폐지), 그리고 자격고사가 대입에서의 두 기준이 되어야 한다. 이것이 이 책에서의 우리의 입장이다.

김상곤 장관

현재의 수능-학생부종합전형의 입시제도에서의 '불의'가 무엇인지 밝히기 위해 위에서 한 대학원생의 판단(이곳의 학벌-입시 현실은 결코 바뀌지 않을 테지만, 그 정당성은 1도 없다는 것)을 예로 들었는데,* 이 학생의 판단은 이곳에 살고 있는 누구든 내릴 수 있는 것이었고, 그러한 만큼 이곳의 '일반적' 상황을 잘 보여주고 있는 것처럼 보인다. 한 체제가 어떠한 정당성도 확보하고 있지 못한데, 그것이 결코 바뀔 것 같지 않아 보이고, 따라서 거기에 따를 수밖에 없다는 사실은, 거기에 사람들이 필연적으로 감수할 수밖에 없는 강력하지만 부당한 어떤 권력이 작동하고 있다는 사실을 증명한다. 그 권력이 '정의롭지 못한', '불의'의 권력이라는 사실은, 다음과 같은 현상들에서 밝혀진다. 그 권력의 압박에 따라, 특성화고교 학생들은 사회의 음지로 내몰려

면 이곳에서 각 교실은 공인된 '거짓말'을 하라고 가르치고 있는 것 아닌가.
* 이 책 21~22쪽 참조.

자존감을 상실하게 되고, 여느 일반계 고교 학급에서는 과반수를 훨씬 넘는 학생들이 수업 시간에 책상에 엎드려 그냥 자게 되며, 10% 정도의 승자(수능 응시자들 가운데 '인서울'에 입학하는 비율) 이외의 다른 학생들은 소외되고 있고, 서울·수도권과 지방의 격차가 더 벌어지게 되며, 부모들은 자식들의 사교육비를 떠안느라 노후를 준비할 수 없게 되고, 청년들은 결혼과 출산을 꺼리게 되며, 그렇게 학교·가정과 사회는 양분화(양극화)로 찢기게 된다. 그러한 각자도생의 초-자본주의 권력을 해체할 수 있을 어떤 입시·교육·대학 정책이 정립되어 실행되어야 한다. 이주호가 주재한 2028학년도 대학입시 개편안과 같은, 지금까지 계속 반복되어온 것들은 초-자본주의 권력을 전혀 건드리지 않은 채 다만 공정이나 안정이라는 거짓말로 유지시키기에 급급했다.

민주당이 창출했던 정부들에서도 사정은 다르지 않았다. 특히 박근혜 탄핵 이후로 국민들의 압도적 지지로 탄생했던 문재인 '혁명 정부'의 경우를 되돌려보자. 교육 개혁 문제는 문재인 정부 초반부터 중요한 현안으로 떠올랐고, 진보 교육운동을 대변해왔던 당시 김상곤 교육부 장관이 추진했던 정책은 수능 전 과목 절대평가제(그것은 수능에서 이른바 '줄 세우기'를 폐지하겠다는 것이었고, 수능 자격고사화를 향한 진일보이기도 했다)였다. 물론 이 정책은 정치권, 여론과 여러 시민단체에서 논란을 일으켰지만, 그 논란에 종지부를 찍었던 사람은 김상곤 장관과 마찬가지로 정부에 속해 있었던—같은 정치적 진영에 속해 있었던—이낙연 국무총리였다. 이낙연 총리는 당시 한창 논란의 와중에 있었던 수능 절대평가제와 관련해 2017년 8월 3일 자신의 SNS에 직접 이렇게 밝혔다. "오늘은 대입 수능 절대평가 전환 문제로 뜨겁게 논의했습니다. 2021학년도 대입 수능시험에 절대평가를 전면 도입할 것이냐, 단계적으로 도입할 것이냐? 학생들의 경쟁 부담을 덜기 위해 전면 도입하자는 의견, 교육 현장의 안정과 학부모들의 신뢰를 확보해가며 단계적으로 도입하자는 의견으로 나뉘었습니다. 저는 단계적 확대를 제안했습니다. 교육부가 의견을 더 수렴해 결정, 발표하기로 했습니다."

당시 문재인 대통령은 '뜨거운 감자'가 된 이 사안을 두고 철저한 침묵으로 일관했다. 그러한 상태에서 제2의 국정 책임자였던 이낙연 총리의 발언은 결코 사적인 것이 될 수 없었고, 공적인 결론에 가까웠다. 여기서 이 총리는 수능 절대평가제 도입 문제의 최종 소관이 마치 김상곤 장관의 교육부에 있는 것처럼 말했지만, 당시 문 대통령이 전적으로 침묵을 고수하는 상황에서 절대평가를 단계적으로 도입하자는 이 국무총리의 제안은 그 자체로 대통령·정부의 입장을 대변하는 것으로 여겨질 수밖에 없었다. 또한 하나의 대입 정책을 단계적으로 실시하자는 것은, 그것을 차기 정부의 손에 맡겨 사실상 유기해 버리겠다는 것 이외에 아무것도 아니었다. 곧바로 김상곤 장관은 고립되었다. "문재인 정부의 제1호 교육 개혁안을 시행하는 교육부가 '우군友軍' 하나 없는 사면초가 상황이다."*

그러나 문제의 핵심은 이낙연이 말했던 "교육 현장의 안정"도, "학부모들의 신뢰"도 아니었다. 더불어민주당 내에서 논란이 큰 완전 절대평가를 밀어붙였다가는 다음 해 6월 지방선거에서 참패할 것이라는 현실적인, 즉 정치적인 우려가 컸고, 그 민주당의 우려가 교육부를 수능 전 과목 절대평가제를 포기하도록 압박했다. 결국 김상곤 장관은 자신의 구상을 접고, 수능 개편안 확정과 발표를 1년 미루겠다고 선언함으로써 논란으로부터 일단 급히 벗어났다. 이는 학벌-입시 문제가 정확히, 결국 정치적 문제라는 사실을 보여주는 또 하나의 분명한 사례일 것이다.

혁명적 결단의 부재

문재인 정부 초기의 이 논란은, 이곳에서 교육 개혁에 대한 논의 일반이 어떻게 움직이고 그 결론 일반이 어떻게 내려지는가를 예시적으로 보여준다. 학벌-입시 문제와 연관된 부정적인 여론 하나가 불거지면 정부는 정책 하나를 제안하고, 이어서 이 정책을 두고 정부·정당들·언론·방송과 시민단체들 사이에서 갑론을박이 오가고, 그것을 정부·여당은 듣는 척하다가 최종적으로는 자신들에게 정치적으로 약간 이익이 되거나 크게

---

*   《한국경제》, 2017.8.27.

손해되지 않는 선에서 움직인다. 즉 자신들의 정치적 의도·손익·계산을 숨기고, 정책 하나를 교육부의 교육전문가들과 자문위원들에게 만들어내라고 지시해서—즉 자신들의 정치적 관심을 '교육제도 공학적인' 것으로 포장해서—무난한 형태로 가다듬어 실행하나 마나 하거나 실행하지 않는 게 나은 것으로 공표한다. 이어서 다시 학벌-입시 문제로 인해 여기서기서 불만·고통과 좌절의 소리들이 터져 나오게 되거나 사건 하나가 터져 다시 여론이 들끓게 된다. 그러면 다시 정부·여당은 자신들을 위해 정치적 계산을 하게 되고, 다시 교육부와 교육전문가들에게 의뢰해서 스스로 '비정치적'이라고, '공정'하다고, '안정'을 유지시킬 수 있다고 자부하는 무용하거나 무해(또는 사실상 유해)한 정책 하나를 우리에게 들이밀고 뒷짐 지고 물러난다. 악순환의 악순환의 반복.

지금까지 모든 정부가 내놓은 대입 정책들은 겉으로는 '공정성', '교육 현장에 대한 고려', '공교육 정상화', '사교육비 절감'이나 '학생들의 학업 부담 완화' 같은 명목으로 제시되었지만, 그 근간에 놓여 있는 것들은 거의 예외 없이 이러저런 정치적 판단들이었다. 2017년 여름, 문재인 정부가 출범한 지 3개월도 안 되었을 때 불거져 나왔던 수능 전 과목 절대평가 논란의 경우도 마찬가지였다. 이낙연 총리는 이 절대평가 정책을 사실상 뒤엎으면서 그럴 수밖에 없는 명목들로 "교육 현장의 안정"과 "학부모들의 신뢰 확보"를 내세웠다. 그 이후 문재인 정부는 입시-교육 문제에 대한 어떠한 유의미한 대책도 내놓지 못했을 뿐만 아니라, 나아가 그 문제에 대해 가장 무관심했던 정부로 남았다.* 또한 문재인 대통령 임기 내에 터졌던 이른바 '조국사태' 이후에 들끓었던 정국이 예시적으로 증명해주듯이, 이 정부 내내 교육 현장은 전혀 안정되지 않았을 뿐만 아니라 학부모들의 신뢰는 바닥을 쳤다.

 '조국사태'는 조국 자녀의 입시 비리(또는 입시 비리라고 여겨졌던 어떤 것)에 대한 도덕적 책임을 조국 가족에게 묻는 것을 넘어서서 그 가족에 대한 법적 처벌과 정치적 무력화로까지 비화되었다. 특히 조국을 정치적으로 이 사회로부터 배제하는 것이 관건이었다. 또한 '조국사태'가 시작되고 전개되어 마무리되는 궁극적인 장이 정치 현장이었으며, 이 사태 이후로 새로운 정국(정치의 국면)이 전개되었다는 사실은 다시 확인할 필요도 없을 것이다. 이 사태는 의심할 바 없이 이곳의 학벌-입시 문제가 결국 정치적 문제 그 이상도 그 이하도 아니라는 사실을 정확히 보여주는 대표적인 하나의 사례일 수밖에 없다. 그 사실을 못 본 척하면서 "교육 현장의 안정"과 "학부모들의 신뢰 회복"이라는 건전하고 무난한 표현들로 감추려 했지만, 이는 결국 너무 오랫동안 큰 폐해를 주고 있는 학벌-입시의 정치에 측면에서조차 부딪히지 않겠다는, 그 정치를 그대로 유지시켜 나가겠다는 전형적인 정치적 행보에 불과했다. 학벌-입시의 문제 앞에서 지금까지 국정 책임자들과 정치인들이 보여주었던

---

* 이 책 69쪽 참조.

몸짓들은 거의 예외 없이 '부질없음'의 연속에 불과했다. 그들은 각자 자신의 정치적 계산과 이익에 가로막혀 '교육 현장'에 감금되어 있는 아이들의 고통과 좌절을 끊임없이 외면해왔을 뿐이다. 이낙연뿐만 아니라 문재인도 마찬가지였다.

임기 중에 문재인 대통령도 전형적인 정치적 문제인 학벌-입시 문제가 대두되었을 때마다 드러나지 않게, 또는 드러나게 정치적 표명들을 내놓았다. 그는 이 문제가 불거져 나왔을 때마다 정치적 판단과 선택을 강요받았던 것이다. 임기 초반 2017년 여름 그는 자신이 임명했던 교육부 장관 김상곤이 수능 전 과목 절대평가 안으로 곤혹을 치르고 있었을 때, 연일 이 안 때문에 나라가 시끄럽고 사교육걱정없는세상에서는 "21학년도 대입 개편안을 연말에 대통령이 직접 발표하라"는 요구가 나왔음에도 불구하고 어떠한 행동도 입장도 취하지 않았고 단 한마디 말도 하지 않았다. 그에 따라 국정 제2의 책임자였던 이낙연 국무총리의 수능 전 과목 절대평가 안에 대한 거부 입장이 곧 대통령 그 자신의 것이라고 받아들여질 수밖에 없었다. 당시에 문재인은 결국 이낙연과 함께 하나의 정치적 선택을 했던 것이다. 김상곤 장관은 약 1년 뒤 2018년 10월 경질되었다.

2017년 8월에 문재인은 과연 올바른 정치적 선택을 했던 것인가? 오히려 그 자신이 대통령으로서 직접 나서서 사람들을 불안하게 만들었던, '그렇게 수능을 절대평가로 하게 되면 내신에서만 과도하게 경쟁이 불붙게 되고, 그에 따라 사교육이 더 과열되지 않겠는가'라는 물음에 대답했어야 했다. 국민들이 요구했던 대로 숙고의 시간을 가진 후, 가령 '김상곤 교육부 장관의 제안대로 수능을 전 과목 절대평가로 전환하겠다, 마찬가지로 내신도 절대평가로 하겠다,* 아니면 내신은 폐지하겠다'와 같은 과격하지만 근본적인, 즉 '혁명적인 정치적' 대답을 했어야 했다. 아니면 최소한 '혁명 정부'의 수장답게 어떠한 방식으로든 논란의 한복판에 자신을 곧바로 갖다 놓고서, 어떠한 결과에 이르든 교육 개혁의 선봉에 섰어야 했다. 그는 자신의 '무엇' 때문이 아니고, 전적으로 국민들의 힘에 의존해 대통령 자리에 오른 사람 아니었던가. 국민들이 입에 떠넣어준 숟가락에 담긴 국가 권력을 삼키기만 해도 되었던 사람 아니었던가. 그렇다면 어떠한 정치적 상황에 놓였든, 어떠한 정치적 득실이 눈앞에 있든 전적으로 국민들의, 민중의 편에만 서서 근본적인 결단을 내렸어야 하지 않는가.

당시 대통령인 자신에 대한 지지율이 거의 80%를 넘나드는 상황에서 문재인에게는 자신이 2017년 5월 대통령 취임식에서 했던 "한 번도 경험해보지 못한 나라"에 대한 약속을 지킬 수 있는 단 하나의 길이 열려 있었다. 경쟁 대학입시 철폐와

---

* 2024년 12월 3일 윤석열의 계엄 선포 이후 2025년 1월 21일 임태희 경기도교육감이 〈교육 본질 회복을 위한 미래 대학입시 개혁 방안〉이라는 제목의 발표에서 2032년도부터 수능을 5단계 절대평가로 바꾸고, 내신에 전면적 절대평가를 도입하겠다고 말했는데(《스포츠서울》, 2025.1.22.), 이는 수능과 내신 모두에 절대평가를 도입하는 방안이 이제는 현실적으로 요구된다는 사실을 증명한다.

대학평준화의 길이 그것이었다. 이곳의 학벌-입시 문제는 너무나 오랜 시간 큰 폐단을 가져온 정치적 문제라는 전제하에, 이 문제의 근본적 해결을 위해서는 자신이 결국 급진적인 어떤 정치적 판단을 할 수밖에 없다는 사실을 직시했어야만 했다. 이 근본적인 교육 개혁 또는 대학 개혁은 누가 한번 대통령을 하는가 아닌가와는 비교할 수 없는 중차대한 과제이며, 그 개혁만이 이 나라를 궁극적으로 바꿀 수 있다는 사실을 직시하고, 자신, 자신의 정부와 당의 사소한 정치적 득실 계산으로부터 완전히 벗어나, 국민들이 "한 번도 경험해보지 못한" 역사적이고 혁명적인 결단을 내렸어야 했다. 사실 그러한 결단을 촉구하기 위해 국민들이 거의 반년 동안 주말마다 광화문광장에 나갔던 것 아닌가. 그러한 결단을 기대하고 국민들이 문재인을 대통령으로 선출했던 것 아닌가.

플라톤의 동굴

만약 그러한 과감한 정치적 결단에 자신을 걸었다면,—이러한 단순한 가정에 어폐가 있기는 하지만—'조국사태'와 같은 것이 터졌을 때, 문재인은 어떠한 구차한 정치적 변명을 할 필요도 없었고, 그 사태를 빌미로 적들이 공격해 들어올 수조차 없었을 것이다. 아니, 그 이전에 적들이 '조국사태'와 같은 것을 일으키지도 못했을 것이다. '사태'로까지 비화시킬 생각을 할 수조차 없었을 것이다.

 2019년 8월 윤석열 당시 검찰총장은 학벌-입시 문제가 정치적 문제라는 것을, 중요한 공직자 한사람의 학벌-입시에서의 '비리' 하나가 정치적인 큰 문제로 충분히 비화될 수 있다는 것을 잘 알고 있었기에 법무부 장관으로 지명되었던 조국과 그의 가족에 대한 전방위 압수 수색에 들어갔던 것이다. 그러나 그 이전에 문재인이 학벌-입시라는 정치적 문제에 대한 근본적인 대답을 미리 해놓았다면, 윤석열의 검찰은 아마 조국 가족의 입시 '비리'를 파고들어갈 수조차 없었을 것이다. '입시 비리'라고 불릴 수 있는 것이 이미 큰 의미가 없는 상황에서 그것을 헤집는다는 것이 무의미하다는 것을 잘 알고 있었을 것이다. 또한 문재인이 그러한 완벽한 사전 방어책을 미리 준비해 놓고 있었다면, '조국사태'가 민주당에 결정적인 정치적 타격을 가했다는 사실을 되돌려보면, 그는 자신이 임명했던 검찰총장에게 정권을 반납하는 현실에 부딪히지 않아도 되었을 것이다.

 수능 전 과목 절대평가, 그리고 내신 절대평가(또는 내신 폐지)로 대입이 진행될 것이라는 상황에서 '아빠 찬스'라는 것이 무슨 의미가 있었겠는가. 아마 윤석열의 검찰은 조국과 그의 가족을 '입시 비리'라는 명목으로 수사를 개시하지조차 못했을 것이다. 그 이전에 '입시 비리'라고 알려졌던 '조국사태'와 같은 것이 국민들 사이에서 이슈조차 되지 못했을 것이다. 이는, 이곳의 학벌-입시 문제에 대한 어떤 혁명적인 판단이 실상은 혁명적인 것이 아니고, 비로소 사회를 근본적으로 '정상'으로 되돌릴 수 있는 '상식적이고 합리적인' 것이라는 사실을 정확히 증명한다.

'혁명 세력', '혁명 정부'의 수장으로서 거의 절대적인 지지를 받았던 문재인 대통령은, 2017년 여름 이곳이 가장 중요한 정치적 문제들 가운데 하나인 학벌-입시 문제로 동요했을 때는 나타나기는커녕 단 한마디 말도 안 하다가, 2년 후 2019년 여름 '조국사태'가 터져 '아빠 찬스'에 대한 비난의 여론이 자신의 앞을 가로막는 것처럼 보이자, 그때에야, 아니 그때는 자청해서 전 국민 앞에 나타나 몸소 정시 선발 인원 확대를 발표했다. 2019년 10월 22일 국회본회의장 시정연설에서 그는 "'공정'을 강조하는 데 많은 시간을 할애했다. 문 대통령은 '공정이 바탕이 돼야 혁신, 포용, 평화가 있을 수 있다'며 경제뿐 아니라 사회·교육·문화 전반의 '공정 드라이브'를 시사했다. '조국사태'와 관련해선 '제도에 내재한 합법적인 불공정과 특권까지 바꿔내자는 것이 국민 요구였다'고 소회를 밝혔다. 특히 '국민이 가장 가슴 아파하는 것이 교육에서의 불공정'이라며 대입 학생부종합전형 전면 실태조사, 대학입시 정시 비중 상향 등의 입시제도 개편을 통한 불공정 해소 의지도 나타냈다".*

정시 선발 인원 확대라는 안이 당시 대학 현장의 한 학과에서 받아들이지 않으면 그만이었던 사소한 대안이었다는 점을 되돌려보면, 문재인의 그 안은 단순히 조국과 정치적 거리

---

* 《한국경제》, 2019.10.22.

를 두고 싶다는 시시한 정치적 제스처 하나에 불과했다. 문재인 대통령은 역사적인, 위대한, 초당파적인 어떤 정치적 결단에 다가가보지도 못하고, 최종적으로는 너무나 진부한 정치적 선택 하나를 자신의 마지막 결론으로 삼았을 뿐이다. 누구든 이곳의 학벌-입시 문제에 부딪히게 되면, 반드시 어떤 정치적 판단·선택을 하지 않을 수 없게 되어 있다.

문재인에게, 수능 전 과목 절대평가와 더불어 내신 절대평가(또는 폐지)를 선언했어야 한다고 요구하는 것은 누군가에게는 분명 너무 급진적이고 너무 비현실적으로 여겨질 것이다. 2017년 당시 김상곤 교육부 장관이 수능 전 과목 절대평가를 제안했던 이후 7년이 지나 이범은 그때를 회고해보기 위해 쓴 〈'김상곤 쇼크'를 되돌아보며〉라는 제목의 칼럼에서 그 제안이 받아들여지지 않았던 이유를, 김 장관이 '정치에 서툴렀기' 때문이라고 지적했다.[**] 그가 학생부종합전형에 대한 국민들의 불만이 표출되는 상황에서 수능 개편안만을 들고나왔고, 그의 수능 개편안(전 과목 절대평가)은 민주당과 지도부와 청와대를 설득하지 못했다는 것이다. 여기서 이범은 김상곤으로 대표되는 "진보교육계의 입장을 민주당이 수용하지 않은 것은 민주당이 보수적이어서일까, 민주당에 적폐적 존재가 암약하고 있어서일까"[***]라는 물음을 던진다. 물론 여기서 "적폐적 존재"가

[**] 《경향신문》, 2024.12.31.
[***] 같은 곳.

누구를 가리키고, 무엇을 의미하는지 분명하지 않지만, 그러한 존재가 있기에 민주당이 김상곤의 개혁안을 받아들이지 않았다고 볼 수는 없다.

다만 민주당과 당시의 문재인 대통령과 이낙연 국무총리는 교육 개혁과 관련해 어떠한 정치적 리스크를 걸 의도조차 없었다는 것이 분명한 사실이다(또한 민주당 내에서는 몇 달 후 있을 지방선거를 우려하는 분위기가 지배적이었다). 그 사실은 민주당과 그 행정부가—각각 일종의 혁명을 견인했던 정당, 일종의 '혁명 정부'였음에도 불구하고—교육 개혁에 과도할 정도로 보수적이었고, 이후에는 아예 관심이 없었다는 결론을 증명해줄 뿐이다.

이범은 물론 교육 개혁과 연관된 여러 유효한 통찰을 제시해주었지만, 그가 교육 개혁을 바라보는 시점은 '위'로만, 즉 그 자신이 강조하는 정치권의 '정치'로만 향해 있다. 그러나 정치권의 교육 '정치'가 어느 시점 이후로 모든 정부에서, 특히 문재인 '혁명 정부'에서 국민들과 대중에게 실망만을 줄 정도로 안일했다는 사실을 부정할 수 없다. 그럼에도 불구하고 왜 우리는 '위'만 바라보고 있어야 하는가? 교육 개혁에서 근본적으로, 처음이자 마지막으로 중요한 것은 정치권의 '정치'가 아니라, 국민들과 대중의, 우리의 '정치적인 것', 즉 우리의 고통·좌절과 절망을 직시하면서 우리의 정치적 역능과 권력을 하나로 모으는 것이다. 교육 개혁의 시선이 정치권의 '정치'가 아닌 우리의 '정치적인 것'으로, '아래'로 향해 있어야만 한다. '아래'로부터 움직이지 않으면, '위'는 자신을 걸면서까지 바꾸려 하지 않는다.

여전히 수많은 사람들에게 입시에서의 성공은 '무의식적인 아버지의 법'이며 실패는 그 법을 어기는 이탈(또는 일탈)의 행위이고, 언제나 그 성공 또는 실패는 결국 각자가, 각 학생과 각 가정이 떠맡아야 할 사적인 몫이라고 여겨진다. 한마디로 수많은 사람들에게 학벌-입시의 문제는 사적인 것이지 정치적인 것이, 집단적이고 제도적인 것이 아닐 것이다. 그렇게 국민들 다수, 아니면 절대다수가 생각했던 한에서, 문재인 대통령이 아무리 '혁명 정부'의 수장이었어도 아무것도 할 수 없었다고 이해할 수 있다. 위에서 우리는 그가 근본적이고 혁신적인 어떤 것을 반드시 했어야만 한다고 말했다. 그러한 판단을 유보할 수는 없는데, 그가 선택했던 참모 한 사람인 김상곤 장관이 이미 자신에게 혁신적인 어떤 것을 제시한 바 있었기 때문이다. 그러나 그가 혁명적인 것에 착수하지 못했다면, 그 가장 중요한 이유는, '조국사태'에서 드러났듯이 "제도에 내재한 합법적인 불공정과 특권까지 바꿔내자는 것이 국민 요구"라고, "국민이 가장 가슴 아파하는 것이 교육에서의 불공정"이라고 보았기 때문이다. 그러나 대통령은 '어느 누구'가 아니며, 국가의 운명도 바꿀 수 있는 위치에 있다. 나는 문재인 대통령이 국가의 최고 책임자로서, 그것도 "한 번도 경험해보지 못한 나라"를 국민들에게 약속했던 '혁명 정부'의 지도자로서 학벌-입시 문제에 대한 어떤 근본적인 해결책을 내놓고 실행에 옮겼어야 했다고 믿는다. 그러나 그가 그러지 못했다면, 그 책임이 그에게 오롯이 돌아갈 수는 없을 것이다. 그 책임은 상당 부분 학벌-입시의 가치(이데올로기)를 굳게 믿는 국민들에게, 우리에게 있다. 과연 학벌-입시의 가치라는 것은 한 세기에 걸쳐 우리 모두를 묶어두고 꼼짝할 수 없게 만드는, 우리 모두의 '무의식'에 깊이 박힌 이데올로기를 견고하게 구축해왔다. 그렇기에 우리에게는 이 입시지옥이, 이 입시의 진흙탕이 '현실적'(합리적)으로 보이게 되고, 거기로부터 빠져나오려는 단호한 모든 시도를 우리는 상궤를 벗어난 '비현실적'(비합리적)인 것으로 치부하게 되는 것 아닌가?

　이 진흙탕이 과연 '현실적'인 것인지 물어야만 한다. 플라톤의 동굴에서 외부의 빛을 한 번도 본 적이 없는 사람들에게는 동굴의 어둠이 너무나 당연하게 익숙한 것처럼, 이곳에서 많은 사람들에게 이 학벌-입시의 진흙탕이 바로 필연적인, 나아가 '자연적인', 따라서 '현실적인' 환경일 수 있다. 그러나 실상은 우리가 이 기이한 환경에 너무 오랜 시간 감금되어 있다 보니 우리 자신 자체가 '도착적인, 전도된' 인간들이 된 것은 아닌가? 우리 자신이 너무 오랫동안 왜곡되어 있다 보니 '지옥'('헬조선')이 현실처럼 보이고, 그 밖으로 나가겠다는 시도는 세상물정 모르는 철없는 짓처럼 보이게 된 것이다.

4. 정부와 '직거래'해야 한다

'아래'의 국민들

현재의 학벌-입시 문제의 근원지는, 즉 학벌-입시의 권력이 주도적으로 작동되는 장소는 국가가 아니다. 과거 이곳의 근대화 과정에서 국가가 주도해 학벌-입시의 가치를 우리에게 주입시켰던 것은 사실이지만, 현재 그 가치는 국가가 방관하더라도(사실 국가는 방관하고 있는데, 그러면서 언제나 그랬듯 강력하게 통제한다) 바로 우리 자신에 의해, 우리의 자발적인 선택·복종(선택이자 복종)에 의해 수호되고 끊임없이 확대-재확산된다. 말하자면 우리 스스로가 우리 자신을 점점 더 강하게 옥죄는 악순환에 스스로 빠져들어가 있는 것이다. 우리 자신이 자식들의 사교육을 위해 기꺼이 지갑을 열면서 그 대가로 스스로 노후를 위태롭게 만들고 있고, 그에 따라 우리 자신 대다수와 그 자식들이 실패와 박탈의 경험으로 인해 결정적으로 한계에 이르러야만 포기와 체념이라는 결론에 이르게 된다. 국가가 주도적으로 정립해서 유포해왔던 하나의 가치가 이제 우리 각자가 스스로 몸·영혼과 정신에 내재화시킨 것이 되었다. 한마디로 학벌-입시 이데올로기는 이곳의 근현대에서 가장 완벽하게 성공한 이데올로기, 즉 가장 오랫동안(1세기), 모든 비판으로부터 가장 안전하게 보호되면서, 가장 견고하게 유지되고 확산되어온 이데올로기이다. 그 결과 우리는 학벌-입시와 연관된 또 하나의 분명한 전도 현상과 마주하게 된다. 학벌-입시 이데올로기를 창출시켜 국민들에게 주입시켰던 국가가 학벌-입시와 관련된 사안들에서 국민들(학부모들)을 이겨본 적이 거의 없게 되어버린 것이다.* 이제 이 이데올로기를 국가보다도 국민들이 더 강력하게 수호하게 된 것이다.

따라서 일반적 기준을 크게 뛰어넘는 지혜와 용기를 갖춘 어느 혁명가에게 권력이 주어진다면 모를까—국가 주도의 교육 개혁은, 국가가 이끌고 나가는 근본적인 교육 개혁은 이제 거의 불가능에 가까운 것이 되었다. 교육부의 관료들과 교육 관계 공무원들 대다수가 한국이 교육·입시 지옥이라는 사실은 인정함에도 불구하고, 교육 개혁에 무관심하거나 그것을 원하지 않는다. 그러나 그보다 더 중요한 사실은, 국민들 다수 또는 일반 자체가 현재까지 지속되고 있는 학벌-입시 이데올로기를 옹호하거나, 그 체제를 결코 벗어날 수 없는 것으로 체념하면

---

* 김동춘,《시험능력주의》, 30쪽.

서 받아들이고 있다는 것이다.

그렇기에 학벌-입시 문제는, 어느 대통령·정부가 결론 낼 수 있는 '제도 공학적' 문제로 환원될 수 없고, 소수의 전문가들이나 학자들이 주도할 수 있는 학문적·이론적 문제로 축소될 수도 없다. 그 문제는 가령 국립대통합네트워크나 서울대 10개 만들기와 같은 이상적이라고 여겨지는, 미리 짜여진 틀, 프로그램 또는 로드맵에 안착되지도 않을뿐더러, 그것에 따라 해결되지도 않는다. 한마디로 이곳의 학벌-입시 문제는 어떠한 '위로부터의 개혁'의 움직임을 따르더라도 결코 근본적 해결에 이르지는 못한다. 이 문제에 포박되어 '아래'의 국민들 대다수 또는 일반 자체가 꼼짝하지 못하고 있기 때문이다.

학벌-입시라는 '공업'

그렇기에 이제 통치 권력은 학벌-입시 이데올로기의 공고화와 확산을 위해 아무것도 할 필요 없으며, 다만 그 이데올로기를 제도적으로―가령 관습적으로 바뀌는 대입 개편안이 한도의 선(계급 질서의 선)을 넘지 않도록 주기적으로 통제하면서―보존해주기만 하면 된다. 그 이데올로기는 국민들이 '알아서 기면서' 지켜주고 강화시켜주게 되어 있다. 그에 따라 국민들은 스스로를, 또한 서로가 서로를 다시 옥죈다. 부모들은 감당하기 버거운 사교육비를 공중에 던져버리게 되고, 청년들은 결혼과 출산을 꺼리게 되고, 아이들은 언제나 경쟁과 긴장에 시달리면서 경계 속에서 서로가 서로에게 벽을 쌓는다. 최고의 지방 국립대였던 부산대마저 이제 '지잡대(지방의 잡스러운 대학)'로 전락했다는 자조의 탄식을 내뱉고, 지방은 동공화·'식민지화' 되어가고, 모두가 끊임없이 기꺼이 상처에 상처를 덧낸다. 우리가 너무나 잘 알고 있고 오래전부터 체화하고 있는 이 무한 반복의 악순환, 또한 우리의 삶 전체의 총체적 빈곤화·천박화와 노예화, 거기로부터 누구도 자유로울 수 없다.

왜 학벌-입시를 위한 모든 움직임들은 그렇게 천박한가, 노예적인가? 학벌-입시의 경쟁에서 승리한 소수도, 한 발자국만 뒤로 물러나서 보면, 승리의 가면 뒤에 자유를 박탈당한 노예의 얼굴을 숨기고 있다. 최고 학부로 여겨지는 서울대에서 A^+ 학점을 유지하고 있는 대학생들이 '아버지의 법'에 굴종하면서 어느 정도까지 각자 자신을 속이고 배반하고 있는지 다시 한번 확인할 필요가 있다.* 그들 중에서도 일정 수가 고위공직자, 검사나 어느 대기업의 가신이 되어 자신의 부와 권력을 과시하겠지만, 그러함에도 불구하고, 그럴수록 항상 자신을 배반한 상태에 묶여 있는 노예로 머문다. 또한 그 상태에서 주저 없이 민중을 무시하고 배반하는 어떤 결정을 내리면서, 그런 줄도 모르게 된다. 루소의 말대로 "자신이 다른 사람들의 주인이라고 믿는 자가 그들보다 더 노예로" 살며, 그렇게 더 굴종적인

---

* 이 책 147~150쪽 참조.

노예가 된 것을 만족스러워하다 못해 자랑한다. 그는 자신의 발목에 채워진 쇳덩이가 얼마나 크고 무거운지 자랑하지 못해 안달이다.

학벌-입시 이데올로기는, 불교의 용어를 빌리면, '공업共業', 집단적 업보이다. 그 이데올로기를 절대다수가 '법'으로 간주하면서 맹종하고, 그에 따라 거기에 점점 더 심하게 얽혀 매이게 되고, 그에 따라 그것을 더 확고하게 맹종하게 되며, 거기에 소수가 저항한다 할지라도 그 자장 안에 놓여 결코 자유로울 수 없게 된다. 모두가, 설사 이따금, 또는 자주 왜 이래야 하는지, 의문에 사로잡힌다 할지라도, 가능한 한 빨리 그 의문으로부터 벗어나서 다시, 언제나 그랬듯이 서로가 서로를 견제하고 억압해야 하는 경쟁이라는 '업보業報' 또는 '과업課業'에 몰두해야만 하는 것이다.

그러한 국민들의 눈치를 보느라 누가 통치 권력을 잡든, 대통령이 되든 아무것도 할 수 없게 되고, 어떠한 실질적이고 근본적인 개혁에도 착수할 수 없게 된다. 또 하나의 중요한 전도 현상, 통치 권력이 학벌-입시 이데올로기를 국민들 안에 심어놓았지만, 그 이데올로기를 너무 오랜 기간 국민들이 각자 자신 안에 너무 깊숙이 내면화·체화시켜놓았기에, 이제 통치 권력이 꼼짝달싹할 수 없는 상태에서 국민들에게 휘둘리고 있는 것이다. 그 결과 모두가 학벌-입시 문제는 일종의 '자연환경' 같은 것이기에 결코 벗어날 수 없는 것으로 받아들이면서 체념에 머무를 수밖에 없게 된다. 하늘이 컴컴해지고 비가 내리는 것을 막을 수 있는가, 그냥 내버려둘 수밖에 없는 것이다.

기이한 권력

곪을 대로 곪은 이 상처가 주는 고통을 우리가 언제까지 견뎌낼지 알 수 없다. 그러나 그 상처가 이 사회의 건강과 생명을 위협하고 있다는 위험 신호가 곳곳에서 깜박이고 있으며, 이를 보수에서든 진보에서든 누가 전면적으로 부인할 수 있겠는가? 이제 이 상처는 국가가 나서서 치료해줄 수 없는 것이 되었고, 먼저, 일단 우리 스스로 서로가 서로에게서 직시하고 분명히 확인해야 하는 것이 되었다. 그 상처를 심각한 것이자 공동의 것('공업')이라고 우리 각자가 각성해야만 하며, 그것을 먼저 우리가 스스로 치유할 수밖에 없다고 통감해야만 하고, 주저 없이 치료 과정을 밟겠다고 결단해야만 한다.

    요컨대 학벌-입시 문제를 폭로하는 동시에 해결하려는 움직임이 시민사회 내에서 먼저 일어나야만 한다. 즉 이 문제에 대응하는 시민·국민 권력의 움직임이 먼저 분명하고 강력하게 그려져야만 한다. 그렇지 못하면 통치 권력은 움직일 수 없으며, 몇몇 지식인이나 전문가의 대안들·로드맵들은 여전히 '위'만 바라봐서 나오는 것들이기에 예외 없이 '추상적'·피상적일 뿐, 근본적일 수 없다. 그러한 대안이나 로드맵은 마치 그 자체를 실행시킬 수 있는 권력이 확보된 것처럼 제시되지만, 그 자체에서 결여된 것은 바로 권력이다. 학벌·입시 문제가 여기에 착근시킨 '공업'은 단순한 관념적인 것이 아니며, 해롭지만 강력한 어떤 권력 위에 확고하게 구축된 것이기에 '합리적'이라고 자부하는 매끈한 대안이나 로드맵 하나를 제시하고 부분적으로 공유한다고 해서 결코 해소될 수 없다.

먼저 '악순환의 악순환'을 가져오는 그 초-자본주의의 추하지만 파괴적인 권력에 저항하는 '우리'의, 다수의 권력이 분명히 드러나야만 하고 작동해야만 한다. 이를 바탕으로 해서만 학벌-입시 문제에 대한, 어느 지식인이나 전문가의 머리에서 나온 '추상적' 해법이 아닌 '우리' 공동의 '구체적이고 현실적인' 하나의 답이 도출될 수 있다. 학벌-입시 문제는 결코 '학문적·이론적' 문제 하나가 아니며, 전형적인 정치적 문제이고, 그 답은 누군가의 머릿속에 있을 수 없으며, '우리'의 권력과 통치권력이 조우하게 될 현실의 한 지점에서만 도출된다.

가만히 있으면 안 된다. 지금까지 나왔던 일련의 대입 개편안은 결국 우리에게 가만히 있으라고 명령하는 복안들에 불과했다. 한 세기, 100년 동안 반복되어온 상처와 고통의 악순환을, '악순환의 악순환'을 중지시키기 위해 시민사회 내에서 치유의 거대한 '굿판들'이 지속적으로 벌어져야만 한다. 무엇보다 먼저 거기서 우리 자신이 치유되어야만 한다. 누군가 이 상처와 고통을 글쓰기를 통해 계속 우리에게 드러내 보여주어야만 하며, 누군가는 이 상처와 고통에 대해 방송에 나가서 폭로해야 하고, 우리 모두가 무엇보다 먼저 서로가 서로의 치유를 위해 광화문광장이나 시청광장에 나가 대통령과 정부가 알아먹을 때까지 외치고 또 외쳐야만 한다. 실제로 우리는 자유로워질 수 있다. 심지어는 '돈도 되는' 일이다. 이번 윤석열 사태가 증명해주었듯이, 중요하고 심각한 정치적 문제는 '아래로부터의' 움직임을 통해서만 해결에 이를 수 있다.

대통령을 탄핵하고, 정부를 무너뜨려봐야, 그래서 새 대통령을 추대하고 새 정부를 꾸려봐야 실질적으로는 아무것도 바뀌지 않는다. 어떠한 근본적인 정치 개혁도 경제 개혁, 사회 개혁도 불가능하게 만드는 1세기 동안 세대에 세대를 거듭해—할아버지가 아버지에게, 아버지가 아들인 나에게, 내가 아이에게—전수해온 수구적인 '적폐'의 이데올로기 하나가 우리를 완전히 포박해놓고 있는 데에 따라, 우리는 그것으로부터 결코 벗어날 수 없다고 언제나 미리 체념해서 포기하고 있기 때문이다. 그에 따라 새롭고 의미 있는 어떠한 시도도 엄두를 내지 못하고 있기 때문이다. 그러나 정당성 없는, 악과 위해를 증폭시키기만 했던 모든 이데올로기(가령 나치 이데올로기, 일제의 제국주의·군국주의 이데올로기, 이곳의 군부독재 이데올로기)는 아무리 강력하고 극복 불가능한 것으로 보였어도 한번 무너지고 나서 뒤돌아보게 되면, 괴이하고 우스꽝스러운 것들로 남게 될 뿐이다. '사당오락'이라는 말을 유행시켰던 과거 이곳의 중학교 입시, 그리고 대입을 위한 전국 모든 고등학교들의 서열화(비평준화)는, 지금 되돌아보면, 과연 정상적으로 보이는가? 이해할 수 없는, 기이한 것들 아닌가?

아무리 강력하게 군림하고 있는 것처럼 보이는 권력일지라도, 더욱이 그것을 적지 않은 사람들이 기이하고 이해할 수 없다고 인지하고 있는 한에서, 그것은 언젠가 균열로 갈라지면서 무너진다. 이는 우리가 우리 자신의 역사에서, 근래에는 두 번의 대통령 탄핵에서 배운 바이다.

5. 아이들을 더 이상 고통 속에 방치해두면 안 된다

혹자는 말할 것이다. 경쟁 입시를 철폐하고 대학을 평준화하면, 고교생들의 수학능력이 현저하게 저하될 것이라고. 과거 1974년 고교평준화가 실시되었을 당시에도, 연합고사라는 고입 자격시험으로, '줄 세우기' 경쟁 없이 학생들을 받게 되면, 고등학교 한 학급에 우수한 학생들과 열등한 학생들이 함께 섞여 있게 되어 평균적인 학습능력이 떨어질 것이라는 우려가 컸다. 그러나 우려와 사실은 달랐으며, 그 우려는 "우리가 평준화에 대해 어떤 편견이나 선입견을 가지고 있으며 그것 때문에 특정 부분에 치우치게 되는 것을 보여주는 것"*일 뿐이었다. 그 이전

---

* 김지영, 〈1974년 고교평준화〉, 위의 책, 179쪽. 또한 고교평준화가 학생들의 수학능력 저하를 가져왔다는 견해에 대해 근거 없다고 판단하는 다음 논문을 참조. 남기곤, 〈고교평준화제도가 학업 성취도에 미친 효과〉, 《경제와 사회》, 46호, 2004.

에 1974년 당시의 박정희 정부가 고교평준화를 단행할 수밖에 없었던 가장 큰 이유는, 고등학생들의 학업능력 향상이나 저하 같은 하나의 교육 문제와 비교도 될 수 없는 사회적이자 정치적 큰 문제인, 과열 입시 경쟁으로 인한 "사회 경제적인 병리현상" 때문이었고, 그 가장 큰 목적은 병적인, 비정상적인 그러한 "병리현상"의 치유에 있었다.** 어떤 거창한 평등의 이념의 실현이라는 것도 어불성설이었고, 단지 이렇게 계속 가다가는 걷잡을 수 없을 정도로 사회가 망가질 것 같으니 고교평준화를 단행하지 않을 수 없었던 것이다.

당시 문교부(현 교육부)는, 소위 '중3병'이라 불렸던 학생들 사이의 '병리현상'과 사회 경제적인 차원에서의 '병리현상'은 일반화된 표현들이며, 고교평준화 도입이 필연적인 조처일 수밖에 없는 심층적 이유들을 제시했다.*** 먼저 교육적 차원에서, 고입 경쟁은, 첫째, 과중한 학습 부담과 합격에 대한 부담감으로 인해 학생들의 신체 발달을 저해하는 동시에 정서적 불안감을 조성하며, 둘째 학생들에게 이기적이고 비협동적인 성격을 심어놓고, 셋째 중학교 교실에서 오직 입시를 위한 암기 위주의 주입식 교육만이 강조됨에 따라 중학교 교육과정의 운영을 파행으로 몰고 갔으며, 넷째 고등학교들의 서열을 더 강화시킴에 따라(고교평준화 이전에 전국의 고등학교들은 학교별 특

** 강대중, 〈고교평준화제도의 전개과정〉, 위의 책, 60쪽.
*** 같은 책, 59~60쪽.

성이 전혀 없었음에도 불구하고, 오직 입학 성적만을 기준으로 '일류'·'이류'·'삼류'로 등급이 매겨져 있었고, '일류'·'이류'·'삼류'라는 노골적으로 차별을 드러내는 이 표현들은 학교를 넘어서 당시 사회의 각 분야에서 해당 대상을 평가하는 것들로 널리 쓰였다) 중학생들을 더 격화된 경쟁으로 몰아간다. 이어서 사회 경제적인, 또는 정치적인 차원에서, 고입 경쟁은, 첫째 각 가정에서 과도한 사교육비(학원 수강료와 과외비) 지출을 유도해 큰 경제적 부담을 강요했으며, 둘째 출신 학교를 기준으로 인간을 평가하는 풍조를 만연시켜 사회 전반에 '일류병'을 확대·재생산시켰고, 셋째 학생 인구의 도시 집중 현상을 초래했다.

　　1970년대 중반 이전의 과열된 고교입시 경쟁이 가져왔던 이러한 '병리현상'의 항목들은, 우리에게 현재의 파행적인 대학입시 경쟁의 현상의 그것들에 대한 '데자뷔'로 나타난다. 그렇다 할지라도 우리는 반세기 전에 비해 현재의 상황은 더 악화되었다고 판단할 수밖에 없는데, 당시에 시행되었던 고교평준화의 한계("사회 경제적인 병리현상"을 극복하지 못했다는 한계)를 설정했던, 1세기 동안 조금도 흔들려본 적이 없는 대학 서열·대학 경쟁 입시 체제가 현재 극점에서 기승을 부리고 있기 때문이다.

'줄 세우기'

인간은 어떤 평등의 이념을 실현시키기 위해 움직일 정도로 당위적이지도 정의롭지도 않다. 현재의 이 학벌-입시 체제를 바꿔야 한다면, 어떤 평등의 이념을 실현시키기 위해서가 아니라, 이 체제가 사회 자체를 병들게 만들었을 뿐만 아니라 불구로 만들 위험도 가시화(구체화)시키고 있기 때문이다. 하지만 그러한 위험과 마주한 상태에서조차, 이 체제를 유지해야만 하는 이유 하나로 사람들이 종종 거론하곤 하는 학생들의 수학능력 하락이라는 것은 물론 부차적일 수 있다.

그러나 많은 사람들이 수학능력 하락을 매우 중요하게 여기고 있다는 사실을 간과할 수는 없을 것이다. 여기서 수학능력 하락이 가리키는 것은, 정확히 국어·영어·수학 시험 점수들의 하락이다. 가령 기존의 국영수 중심의 커리큘럼이 아니라 자율적으로 선택된 다양한 교과목들의 커리큘럼에 따라 운영되는 혁신학교(2009년부터 당시 경기도교육청의 초대 민선 교육감이었던 김상곤의 주도로 초등학교 일부를 시작으로 실험적으로 도입되었고, 이후에 중학교와 고등학교 일부에서 확대되어 실시되고 있다)에 대한 학부모들의 반대가 증폭되는 가장 중요한 이유는, 아이들이 혁신학교에 다니게 되면 국영수 중심의 기초학력이 현저하게 떨어질 것이라는 우려 때문이다. 사실 2016년의 한 통계 자료에 따르면 기초학력 미달을 포함한 기초학력 이하의 학생들의 비율은 각각 혁신학교(고등학교) 40.4%, 나머지 전체 고등학교 17.2%로,* 전자가 후자보다 두 배 이상 높았다. 그러나 이러한 통계 결과는 어떠한 표본 집단을 통계조사 대상으로 삼는가라는 문제를 도외시한 채 도출된 것이기에 의문을 남긴다. 즉 그 결과는 당시에 혁신학교들은 주로 교육환경이 열악한 농어촌 지역들에 지정되었으며, 거기의 학생들은 혁신학교들에 입학해서 수학하기 이전에 이미 평균 학력이 낮았는데, 그들을 원래 교육환경이 좋았던 수도권과 여러 대도시의 학생들과 무차별적으로 비교해서 나온 결과였다.

상반되는 통계 결과도 존재한다. 즉 표본 집단들을 합리적으로 선택해서 혁신학교 수학 학생들과 일반 학교 수학 학생들을 분리해서 각각에 대한 조사를 실시했던 결과, 전자들은 후자들에 비해 학업 연한이—2011년 초등학교 6학년에서 2014년 중학교 3학년으로, 2014년 중학교 3학년에서 2016년 고등학교 2학년으로—올라갈수록 학업 성장률에서 더 높은 수치를 보여주었다.** 이는 혁신학교에 다닌다고 해서 주요 과목들의 기초학력이 낮아지지 않는다는 사실을 보여준다. 또한—혁신학교를 가장 먼저 도입했고, 이 학교에 대해 다른 어떠한 교육청보다 더 호의적인 경기도교육청의 통계조사 결과이기는 하지만—경기도민 1200명을 대상으로 2019년 9월에 이루어졌던 '혁신학교 기초학력 저하에 대한 인식' 통계조사에 따르면,

---

* 교육부, 〈고교학업성취도 평가자료〉, 2016.
** 《경향신문》, 2020.12.17. 《경향신문》은 한국교육과정평가원의 〈혁신학교 성과 분석〉(2018)을 참조했다.

28.8%가 혁신학교의 기초학력 수준은 일반 학교의 그것보다 떨어질 수 있다고, 51.6%가 서로 상관관계가 없다고, 13.8%는 상향될 수 있다고 대답했다.

일군의 학부모들이 아이들이 혁신학교에 다니면 학력이 저하될 것이라고 우려할 때, 여기서 '학력'이 가리키는 것은 수능(대학수학능력시험)에서 매우 중요한 국영수 점수이다. 그러나 만일 학력이 '수능(대학수학능력시험)' 이후의 본래적인 의미에서의 '수능(대학수학능력)'을 가리킨다면, 전자의 '수능'에서의 국영수 점수는 결코 큰 중요성을 갖고 있지 않은데, 거의 모든 경우에 국영수 점수가 상대적으로 덜 중요한 학생부종합전형(학종)으로 입학한 학생들이 국영수 점수가 관건인 정시로 입학한 학생들보다 대학에서 더 높은 학점을 받고 있기 때문이다.[***]

이상의 결과들은 이러한 사실을 말해준다. 현재의 비정상적인 입시제도 내에서 주요 과목들(국영수)에서의 높은 점수 획

[***] 서울 소재 주요 10개 사립대(고려대·연세대·서강대·성균관대·한양대·중앙대·경희대·한국외대·숙명여대·서울여대)의 경우, 2015~2017학년도까지 3개 학년도의 신입생 전체에 대한 조사를 실시한 결과, 중앙대를 제외한 나머지 모든 대학들에서 학종 입학생들의 평균 학점이 정시 신입생들의 그것보다 높았다(2017년 경희대 주최 심포지엄, 〈학생부종합전형 3년의 성과와 고교 교육의 변화〉). 또한 경희대의 2011년과 2012년의 조사 결과에 따라 보더라도, 2011년에는 3학년생을 제외한 모든 학생들에게서, 2012년에는 모든 학년 학생들에게서 입학사정관(이전의 학종)-수시전형 입학생들의 평균 학점이 정시 입학생들의 그것보다 더 높았다(윤성이·민희·김은혜·김명옥, 〈입학사정관전형 입학생 성과연구: 2011~2012년을 중심으로〉, 《입학사정연구》, 2권, 2013, 173~174쪽).

득 능력을 의미하는 수학능력, 학업능력 또는 기초학력이라는 것은 지극히 상대적인 비교 가치(상대평가의 가치)에 불과하다. 즉 어떤 구별 두기 또는 차등 두기(순위 매기기, '줄 세우기')를 목적으로 정립된 가치 기준일 뿐이다. 이곳에서는 그렇게 성적을 기준으로 아이들을 '줄 세우면서'—가능한 이른 나이(청소년 시기)에—구분 짓는다. 이 아이는 엘리트의 길을 갈 아이인가, 사무직에 있을 아이인가, 아니면 기술이나 배우고 노동할 아이인가. 그렇게 직업 서열이라는 기존(아버지, 할아버지)의 질서가 입시를 통해 확고하게 유지되고 확산된다. 입시의 대사회적인 궁극적 결과 또는 효과는, 기존의 기득권(자본·권력의 기득권)의 질서를 흔들림 없이 유지시키는 것이다.

따라서 보다 분명히, 보다 가감 없이 밝힐 필요가 있다. 이곳의 아이들이 초중고 과정에서 살벌한 경쟁을 해야 하거나, 아니면 그 경쟁에서 일찍부터 탈락되어야 하는 이유는—그 경쟁에서 이기든 지든—기득권 질서를 유지시켜주고 강화시켜주기 위해서이다. 너무 오래되고 폐해가 많은, 한마디로 '적폐'의 그 질서를 수많은 아이들이 더 견고하게 유지시켜주기 위해 각자 고통을 겪고 좌절하고 '낙인'찍히며, 부모와 싸우고 척지면서 절망(심지어는 자살)으로 내몰려주고 있는 것이다. 이곳의 주류 엘리트들은 자신들의 기득권 유지 욕구를, 아이들과 국가를 위한 능력이라고 스스로 믿어 의심치 않는 기초학력이 저하될 것이라는 우려로 포장하고 있을 뿐이다. 가령 윤석열 전 대통령의 경우, 초중고에서 일제고사를 부활시켜 "국가가 책임지고 기초학력 안전망을 만들겠다"는 호언장담으로—설사 그것이 그가 아이들과 학부모들을 진심으로 걱정하고 위하는 마음에서 내놓은 말이라 할지라도—위장했다.

지성의 차별

이제 또 하나의 사실을 밝힐 수 있다. 기득권이 한 사회에 착근시켜놓고 유지시키는 모든 차별은 지성의 차별이다. 예를 들어 미국에서의 인종차별은 피부색의 차이에 대한 단순한 지각과 인식의 수준에서 전개되지 않았고, 그 수준을 넘어서서 작동했기에 과거에 그토록 광폭했던 것이며, 현재에도 그렇게 심각한 문젯거리로 남아 있을 수 있다. 또한 일제강점기, 일본의 '조센징'에 대한 차별은 단순한 국가적·민족적 차이에 근거하고 있지 않았으며, 어떤 우월성으로부터, '문화인·문명인'인 일본인에 대해 조선인은 '미개인'이라는 우월성으로부터 비롯되었다. 그 우월성은 지성의 힘과 구도로 삶과 사회를 통제해서 이상적으로 구성했다고 자임하는 한 인간이 그렇지 못한 다른 인간에 대해 가질 수 있는 우월성, 한마디로 지성의 우월성이다. 지성은 너무나 오랫동안, 언제나 만물의 영장인 인간 고유의 최고의 능력이자 최강의 권력의 원천·근거(정당성)로 여겨져왔으며, 그러한 전제하에서 서로 다른 인간들이나 집단들 사이에서의 불평등과 차별을 가져오는 동시에 정당화해왔다. 이곳에서

1세기라는 오랜 기간 동안 존속되고 강화되어온 학벌-입시에 근거한 차별과 불평등은 의심의 여지없이 전형적인 지성의 차별과 불평등이다.

그러나 지성의 능력은 지성에 선천적으로 내재한 순수한 자연적인 능력이 아니며, 사회적·문화적이자 정치적인 능력이다. 말하자면 지성의 능력은 인간 사회 내에서 권력의 의지와 결합되어 자기 확장과 타자(자연·사물들과 타인들)에 대한 지배의 능력으로 발전되면서, 그 자체를 타자에 대한 대상화의 능력으로 확장시킨다. 한마디로 지성의 능력은 사회 내에서 타인들 위에 위치하려는 우월의 의지로, 타인들을 통제하려는 지배의 의지로 귀결된다.

지금까지 우리는 너무나 많은 경우 똑똑하고 힘 있는, 우리 위에 있는 것처럼 보이는 인간들을 인정하면서 그들에게 기꺼이 지배권을 주어왔던 반면, 어수룩하고 무력하며 어딘가 '못 배우고 모자란' 인간들을 무시하면서 당연하다는 듯 그 위에 군림해왔다. 이는 윤리적인 관점에서뿐만 아니라 정치적 관점에서 정당화될 수 있는 경향인가? 우리에게 유익을 가져다 주기는커녕 바로 우리 자신에 대한 억압과 구속을 스스로 용인하는 너무 오래되고 왜곡된—'적폐'의—경향에 지나지 않는 것 아닌가? 이곳의 상황으로 눈을 돌려본다면, 대입 시험에서 높은 점수를 받아 입증되었다고 간주되는 지성의 능력을 소유한 자들에게 편향적이거나 배타적으로 경제적·정치적 권력을 부여해온 우리의 이 오래된 관습이 과연 우리 자신에게 이익이 되는 것인지, 과연 합당한 것인지, 과연 평등한 것인지, 민주적인 것인지, 그러한 질문을 우리 자신에게 던져봐야만 한다.

6. 경쟁이 필요하다면 대학에서 해야 한다

외국 박사학위

이곳의 아이들은 초중고에서는 미친 듯이 경쟁하지만, 막상 대학생이 되고 나서는 경쟁하지 않는다. 대학생들은 외부에서 부과되는 입사 시험, 공무원 시험, 언론고시, 변호사 시험이나 임용고시에 합격하기 위해 경쟁하지만, 학업 과정 가운데 거의 경쟁하지 않는다. 그들은 각자 자신의 전공 학과목들에서 좋은 학점을 받기 위해 어느 정도 신경 쓸 뿐이다. 대학의 전공 학습에서는 사실상 어떠한 경쟁도, 어떠한 평가도, 어떠한 상벌도 존재하지 않는다. 가령 대학의 각 전공에서의 최종 마무리 단계라 할 수 있는 박사논문의 경우, 잘 써도 그만이고, 못 써도 그만이다. 잘 썼든지 못 썼든지 박사논문은 지도교수와―많은 경우―그와 학벌과 친분관계로 엮여 있는 심사위원들의 하루의 사적인 이야깃거리 하나로 남을 뿐, 어떠한 공적인 평가의 대상도 되지 않는다. 박사논문에 대한 어떠한 국가적인 평가 시스템도 없다. 이에 반해 수능의 경우, 우리가 잘 아는 대로, 1점 차까지 세밀하고 엄격하게 평가하는 국가의 평가 시스템이 작동하며, 매해 수능일은 일종의 국가적 행사일이다. 수험생들 각자가 소유하게 될 대학 명이 그토록 중요하기 때문이다.

사회의 각 분야에 전문가를 배출하는 마지막 단계인 박사논문 심사에서조차 실제로 중요한 것은, 일반적으로 인정되는 평가 기준이 되는 것은 해당 박사논문 표지에 박혀 있는 대학 명의 서열 위치일 뿐, 해당 박사논문의 내용·수준은 '일반적인 관심의 대상조차 되지 못한다. 이는, 이곳의 대학들이 대학 자체의 가장 중요한 존재 이유 또는 가장 본질적인 사명인, 사회의 각 분야에 가장 적합한 자격이 있고 가장 탁월한 실력이 있는 인재를 배출해야 한다는 것에 전적으로 무관심한 동시에 무능하다는 사실을 증명한다. 그렇게 대학들이 자신들에게 주어진 가장 중요한 사회적 책무를 방기하고 있기 때문에, 학벌이라는 '간판'의 가치와 권력을 갖고 있을지라도, 진정한 의미에서의 인정과 존중을 받지 못한다. 이곳에서 언제나 선망의 대상인 '스카이'의 경우도 각각 그 자체에 내재적인 고유한 가치를 확보하고 있지 못하며, 오직 대입 점수의 고저高低에 따르는, 즉 상대적인, 상대화되는—가령 외국의 '초일류' 유수의 대학들의 가치에 비해 낮은—가치를 부여받고 있을 뿐이다. 이에 대한 또 하나의 중요한 예증은 이것이다.

이곳에서 학벌을 대변한다고 여겨지는 '스카이'의 교수들의 절대다수가 외국 박사학위 소지자들이다. 특히 대입에서 가장 높은 점수들을 받은 학생들이 구성원의 대다수를 채우고 있는 서울대 대학원의 경우, '석사학위 대학원'으로 전락한 지 오래이며, 이곳의 교수들에게는 자신들이 지도해서 석사학위를 받은 제자들에게 외국에서 박사학위를 취득하라고 권유하는 것이 일종의 '관행'이 된 지도 오래이다. '관행', 즉 일반적으로 당연히 그렇게 함, 외국 박사학위를 우대하는 것이 오래전부터 당연하게 여겨지지만,* 그것은, 한 발자국만 뒤로 물러나서 생각해보면, 결코 당연한 것이 아니다. 한 국가를 움직일 지도층을 이루게 될 인재들을 자국에서 키워내지 못하고 외국에 '위탁교육'을 시켜야만 한다는 관념이 너무 오랜 시간 동안 하나의 '법칙'처럼 굳어져온 것일 뿐이다.

고등교육 발전의 저지

그러한 유사 '법칙'을 이곳에 최초로 일제가 착근시켰다. 일제강점기 이전부터 일본은 이곳에 영향력을 행사하면서부터 의도적으로 이곳에 자주적인 고등교육 체계가 성립되는 것을 막고자 했고, 외국에서 고등교육 과정을 이수하는 것을 장려했

---

* 박사과정 학생들이 쓴 책 《한국에서 박사하기》(스리체어스, 2022)는 책 제목이 말해주듯 한국에서 박사학위를 한다는 것은 뭔가 기준에 못 미치는 일, 더 나쁘게는 '비정상적인' 일이라는 사실을 전제하고 있다.

다. 1895년 1월 7일에 공포된 '홍범 14조'에 이노우에 가오루 공사는 "나라[조선] 안의 총명한 자녀를 널리 파견하여 외국의 학문과 기예를 전습받는다"라는 조항을 집어넣어, 조선의 자주적인 고등교육 발전의 발단 자체를 제거하고자 했다.**

그러나 조선은 그 이전에 자국에 고등교육 기관들을 설치할 계획을 갖고 있었다. "조선 정부는 갑오개혁을 통해 소학교-중학교-대학교를 근간으로 삼은 신학제를 수립하기 위해 학무아문 산하에 전문학무국을 설치하였"으며,*** 1894년 8월 3일의 고시문을 통해 학무아문대신 박정양은 조선에 대학교와 전문학교를 설립할 계획을 밝혔는데, "안으로 개혁하고 바깥으로 외국과 대등하게 교류할 수 있게內修外交 하는 데 필요한 인재 양성은 시급한 과제였다. 사실 해외 유학에 의존하는 것은 자주적인 국가 교육 체제의 온전한 수립을 더디게 한다는 점에서 우려할 만했다. 특히 국내에 고등교육기관을 시급히 수립하지 않음으로써 정부 스스로 다수의 식자층을 고등 인재로 육성하는 길을 포기한 것으로 비칠 수 있었다".**** 그러나 일본은 고등교육을 관장했던 조선의 전문학무국을 폐지했고, 일본 자신에게 위협이 될 수 있는 고등 지식인들이 조선 자체 내에서 육성되는 것 자체를 결코 원하지 않았다. 기껏해야 기술자들, 하급 관리들과 상업기관 사무직들을 원했을 뿐이다,

---

**   김태웅·장세윤,《일제강점기 고등교육 정책》, 46쪽.
***   같은 책, 579쪽.
**** 같은 책, 45쪽.

고등교육을 해외 유학을 해서 마무리해야 한다는 관념이 이곳에 퍼지게 된 가장 큰 이유는, 일제가 이곳에서 고등교육 체제의 자주적인 구축을 막았던 것 이전에, 이곳의 고등 학문이 서양으로 강하게 경도되었기 때문이다. 그러한 서양으로의 경도는 19세기와 20세기에 서양이 세계를 주도하게 되었던 역사적 흐름 가운데 나타난 피할 수 없었던 것이기도 하다. 그러한 경향은 20세기 초 이곳에서 일제가 설립한 당대 '최고의' 고등교육 기관이었던 경성제대뿐만 아니라 서양 선교사들이 설립한 고등교육 기관들(대표적으로는 연희전문과 이화전문)에 의해 주도되었다. 그러나 서양 학문이 갖는 보편성과 탁월성을 습득한다는 것과 고등교육을 외국에서 마무리해야 한다는 것은 서로 다르다. 전자는 필요의 사실인 반면, 후자는 선호의 당위이다. 외국의 어떤 학문을 배워서 익힐 필요가 있다는 것이, 외국에 나가서 받은 그곳의 학위가 '보편적인' 높은 가치를 갖고 있다는 것으로 필연적으로 귀결되지 않는다. 이를 가장 잘 보여주는 하나의 예시는, 조선인들에게 해외 유학을 권유했던 일본이 정작 자국 내에서는 외국 학위를—그것이 아무리 유명한 어느 외국 대학의 것이라 할지라도—'그 자체로는' 인정하지 않는 전통을 유지해오고 있다는 사실이다.

고등교육의 '간판주의'

이제 우리는 일제강점기 이전 구한말에 조선인들이 했던, "해외 유학에 의존하는 것은 자주적인 국가 교육 체제의 온전한 수립을" 방해한다는 우려조차 하지 않는다. 한 국가가 1세기 넘게 해외 유학에 의존한다는 것은, 즉 그 나라가 외국 학위를 높게 평가하면서 장차 지식인층이나 지도자층에 들어가게 될 고급 인력들을 외국에서 공부하고 학위를 취득하도록 1세기 넘게 부추긴다는 것은, 그들이 학습하고 지향하는 외국의 이러저런 관념들과 그들이 벗어날 수 없는 자국의 현실들 사이의 괴리가 더 크게 끊임없이 벌어지도록 방치한다는 것이다.

학문의 고유성을, 존재하지도 않는 가상에 불과한 학문의 민족성 또는 민족주의를 추구해야 한다는 것이 전혀 아니다. 해외 유학에 너무 오랜 기간 동안 의존해오고, 외국 학위의 가치를 맹목적으로 지속적으로, 또한 집단적으로 사회와 대학 전체가 높게 평가해옴에 따라, 전문가들과 연구자들이 각자 해당 학문의 분야에서 하나의 관념을 어떤 구체적인 현실의 맥락에서 공유하고 문제화하는 합당하고도 필연적인 과정을 제대로 밟을 수 없게 되었다는 것이다. 다시 말해 각자 외국에서 배워온 어떤 관념을 주장할지라도, 그것이 연동되어 있을 수 있는 어떤 현실을 못 찾거나 간과하거나 무시하게 되었고, 그에 따라 그 관념으로부터 다른 사람(특히 동료)들과 함께 어떤 문제를 구성하는 과정에 들어갈 수조차 없게 되었다는 것이다. 각자 어떤 관념을 펼쳐 보여주고 하나의 '정답'으로 내세울 수는 있지만, 너무 많은 경우 그 현실적·구체적 맥락을 찾을 수 없거나 무시해버리고, 그에 따라 그 관념을 문제화해서 다른 사람들과 함께 하나의 문제로 공유할 수 없게 되어버린 것이다.

한마디로 이곳에서 우리는 학문의 관념들을 구체화·맥락화·주제화하는 학문의 실질적 과정을 오래전부터 생략해온 것이다. 김동춘이 이곳의 사회과학의 경향을 염두에 두고 말했듯이 "사회과학 이론에서 식민성은 문화에서 식민성이 그러하듯이 미국 혹은 서구에서 최근에 유행하는 이론이 무엇인가가 가장 중요하게 거론되고, 자신의 눈으로 직접 관찰할 수 있는 현실은 언제나 이론의 '적용 대상'으로 전락한다".* 이 말은 사회과학에만 해당되는 발언이 아니고, 현재 여기의 인문학이나 철학 분야에도, 심지어는 과학 분야에도 절실한 것이라고 인정하지 않을 수 없다. 우리에게는 어떤 이론을 '그 자체'로 '보편적 (관념적) 정답'으로 믿고 따르는 경향이 지나치게 강하며, 그 이론 이전 또는 이후의 어떤 구체적 현실의 경험에 대해 집중하고 의문을 가질 수 있는 힘은 지나치게 약하다.

물론 어느 나라에서든지 해외 유학은 필요하며, 해외 유학을 원하는 사람들은 있을 수밖에 없고, 그들을 누구도 막을 수 없다. 한 청년이 공부하겠다는 굳은 마음도 없이 그저 한번 외국 생활을 경험해보고 싶다는 이유로 외국 유학을 떠나는 것

---

* 김동춘, 《1997년 이후 한국사회의 성찰》, 64쪽.

도 좋은 일이다. 그러나 고등교육의 마지막을 외국에서 마쳐야만 한다는 당위와 관습이 1세기 이상 지속되면서, 거기에 한 국가 전체가 집단적으로 맹목적으로 가치·권력을 부여해온 것이 사실이자 현실이라면, 이야기는 달라진다. "학문의 세계에서는 미국 박사학위가 없으면 서울 소재의 대학에 자리 잡기가 거의 불가능하며, 한국 대학과 학계는 여전히 학벌 중심의 네트워크가 판치고 있다. 곧 보편의 이윤이 아니라 특수의 이윤이 지배한다."**

한국적인, '한민족' 고유의 학문(그러한 것은 존재하지 않는다)을 해야 한다는 것도, 한국적인 교육을 해야 한다는 것도 아니다. 고등교육의 결말을 외국에 너무 오랜 기간 동안 위탁해 놓음에 따라, 산출되는 수입된 '고등의' 관념들이 각각 현실적·구체적 맥락 없이 공허하게 주장되고 유통될 수 있으며, 그 관념들에 다수가 접근하기 힘들 가능성이 크다는 것이다. 가령 서울대의 한 학과가 그렇듯이, 학과 교수들의 90% 정도가 미국 박사학위 소지자들이라면,*** 그들을 중심으로 진행될 수밖

**　　김종영, 《서울대 10개 만들기》, 9쪽.
***　　예를 들어, 김종영의 조사에 의하면, 서울대 경제학과 교수 총 38명 가운데 미국 박사가 34명이다. "2021년 10월 기준 서울대 경제학과 교수는 38명인데 그중 미국 박사가 34명, 영국 박사가 3명, 한국 박사가 고작 1명이다. 이것이 과연 공정하고 정의로운 교수진 구성인가? 이것은 독점을 넘어서 미국 박사들에 의한 독재다. 서울대 경제학과는 미국 대학의 완전한 식민지다"(같은 책, p. 23). 서울대 대학원은 오래전부터 석사 대학원으로 전락해왔는데, 거기서—국문과와 한국사 전공 등을 제외한다면—학과를 불문하고 석사학위를 받은 한 제자에게 지도교수는 당연하다는 듯이 외국 유학을 권고 준비시킨다. 박사학위 취득을 위한 외국 유학이라는 것은 서울대에서 성문

에 없는 교육과 연구가 과연 이곳의 현실을 반영할 수 있는가? 그러한 교육과 연구는 완전히 미국화된 어떤 상황에 익숙한 사람들만이, 아니면 교육과 연구에 대해 아무 관점도 없는 사람들만이 온전히 수용할 수 있을 것이다. 고등교육의 마무리 단계와 박사학위를 너무 오랫동안 외국에 맡겨버려 방치함에 따라, 고등교육 자체가 피상화, 더 나아가 허구화될 수밖에 없고, 거기서 '간판주의'가 지배할 수밖에 없다는 것이다. 사실 이곳의 학계에서 대부분의 경우, 외국의 한 명문대 박사학위를 취득한 어느 누구에 대해 사람들은 그의 '간판'만을 알 뿐, 그의 생각·문제의식과 실력에 대해서는 모른다. 또한 전국 모든 대학들의 절대다수의 학과에서 전임교수 공채를 진행할 때, 해당 심사자들(해당 학과의 교수들)의 선택을 가장 크게 좌우하는 요

화만 되지 않았지, 이미 '법'(암묵적인 규율)이다. 아마 외국의 유명 대학 '브랜드'에 대한 경도가 가장 심한 곳이 서울대일 텐데, 이는 서울대의 가치라는 것이 전적으로 상대적 비교 가치일 뿐이라는 사실을, 서울대가 어떠한 여과 장치도 없이 외국의 이러저런 이론들을 수입해서 쏟아붓는 '공장(학문의 공장)'과 같은 곳이라는 사실을, 따라서 서울대 자체가 모든 학문의 근거인 사회의 현실과 그토록 동떨어져 있다는 사실을 보여준다. 서울대가 미국 대학의 식민지라면, 원래 식민지에서의 최고 권력만큼 본토 권력을 더 떠받들고 더 그대로 보존하려는 세력은 없다. 식민지의 모든 '짝퉁' 권력은 본토 권력에만 근거하기 때문이다. 하나의 예를 살펴보자. 서울대 경제학과는 마르크스 경제학을 전공한 김수행 교수가 2008년 퇴임한 이후로 후임을 선발하지 않았고, 마르크스 경제학 강의를 2024년 '수요와 교수진 부족'을 이유로 폐강시켰다. 이에 반발한 강성윤 서울대 경제학부 강사와 서울대 학생들은 2025년 여름학기에 '정치경제학 입문' 강의를 무료로 열기로 결의했고, 거기에 1500여 명의 신청자(서울대 학생 160여 명 포함)가 몰렸다. 이는 '미국 경제학' 일변도인 서울대 경제학과가 사회의 현실과 요구를 무시하면서, 이 학과가 보기에 "'불온한' 경제학을 말려 죽여 퇴출시키고 싶었"(《경향신문》, 2025.5.27.)을 것이라는 의심을 거두기 힘들게 만든다.

인은 지원자의 외국 박사학위 '간판'이다.

모든 것의 기준인 대입

그러나 고등교육이 피상성과 '간판주의'에 구속되기 이전에, 초중고 교육 자체가 마찬가지로 피상성과 '간판주의'에 근거하고 있다. 우리가 잘 아는 대로, 초중고 교육 전부의 초점이 대학입시에, 대학 '간판'에 맞춰져 있으며, 그 전 과정에서 실질적이고 효율적인 교육과 학습은 제대로 이루어지지 않는다. 또한 교육에 대한 국가 자체의 관심은 오직 대입에만 쏠려 있다. 이에 대한 결과가 바로 우리가 지속적으로 목도하고 있는 '공교육 파탄'이다. 과연 한국 교육은 초등학교부터 박사과정까지, 전체가 너무 오래전부터 피상성과 '간판주의'에 완전히 장악되어 있다.

초중고 과정 전체에서 아이들이 강요받아서 습득하고 반복에 반복을 해야 하는 학습은, 선다형 문제 형식에 부합하는 정답 외우기, 정답 맞히기와 정답 베끼기이다. 위에서 살펴보았던 대로, 정답 외우기, 맞히기와 베끼기에 최적화된 아이들이 이곳의 최고 학부라고 여겨지는 서울대에 입학하며, 그들은 입학 후에도 A^+ 학점을 유지하기 위해 끊임없이 정답에만 집착하는 기계가 된다("대학에서의 공부가 고등학교 때의 공부와 다르지 않아요"). 이 기계적인 주입식·암기식 학습 방법을 서울대의 학점 좋은 학생들뿐만 아니라 이곳의 모든 초중고 학생들과 대학생들이—정도의 차이는 있을지라도—이미 깊이 내면화·체화해놓고 있다.

학습한다는 것은 관념 하나를 기계적으로 받아들인다는 것이 아니고, 그것을 사실 또는 현실의 한 부분에, 또한 자기 자신에 비추어 되돌려 반성하면서 생각해본다는 것이다. 그러한 원래적 의미에서의 학습 과정을 생략한 채 무수한 관념을 머리에 욱여넣어서 정답으로 외우고 베끼는 이 입시식 공부 방법을 15년 넘게 반복하다 보면, 우리는 이제 꼼짝달싹할 수 없게 되어버린다. 석사과정에서도 박사과정에서도, 연구자나 교수가 되어서도 이러저런 정답을 외우고 베끼느라, 각자 자신이 서 있는 현실의 한 측면에 대해서도, 자기 자신에 대해서도 정면으로 대면하지도 못하고 생생하게 반성하지도 못한다.

초중고 교육 전체가 대학입시에 맞춰져 있다. 이뿐 아니고, 대학 교육과 그 이후의 전문적인 고등 교육·연구 전반이 대학입시의 공부 패턴(정답 숙지하기·베끼기)에 고착되어 있다—물론 거기로부터 벗어나 다양한 시도를 이어가고 있는 연구자들이 없다는 말이 아니다. 연구자들·교수들의 연구 일반이 정답 숙지하기와 베끼기의 패턴에 머무르기를 암암리에 강요받고 있다는 것이다. 그 증거 하나는, 국가가 관리하는 학술지 게재 의무 시스템이다. 연구자와 교수는 누가 되었든 유수의 국내 학술지들에 가능한 많은 논문을 게재해야만 하는데, 그렇지 않으면 대학의 포스트들에 지원조차 할 수 없으며, 연구재단의 여러 사업에 지원할 수조차 없다. 하지만 이 학술지 게재 가와 불가를 가르는 심사 기준도 일반화·패턴화·고정화되어 있다. 그 기준도 요구되는 어떤 '정답'을 얼마나 잘 숙지해서 옮겨 적었는가이다. 심사서들에서 너무나 많은 경우 일반적으로 주안점이 되는 항목들은, 심사 대상이 된 논문이 해당 주제의 내용들을 얼마나 교과서적으로 잘 반영하고 있는가, 학문적 글쓰기(?)에서 얼마나 벗어나지 않았는가, 선행 연구들을 얼마나 잘 참고하고 있는가 등이며, 논문 저자가 어떠한 문제의식을 갖고, 어떠한 관점에서 다른 이야기를 하고 있는가는 거의 고려되지 않는다. 근래에 연구자들과 교수들이 각자―고등학생들이 수능 점수 올리기에만 몰두하듯이―논문 편수 늘리기 '과업'에 몰두하고 있기 때문에, 그 '과업' 바깥의 공동체적·사회적·정치적 문제들에 대해 탐구하고 참여한다는 것은 이미 이상한, 별난 일이 되어버렸다.

이곳의 대학의 고등 교육·연구 패턴 전반도 대학입시의 '정답 숙지하기와 베끼기'라는 틀에 의해 정형화되어 있다. 또한 이곳의 대학들 각각의 가치와 의미 역시 대학입시 성적을 기준으로 결정(서열화)된다. 이를 우리는 한마디로 '학벌'이라고 부른다. 대학입시가 모든 것의 기준이자 잣대인 것이다. 대학입시 이전의 초중고 교육 전체와 그 이후의 대학에서의 교육·연구 전체가 대학입시를 기준으로 정형화된다. 대입 점수의 가치와, 위에서 언급했던 외국 학위의 가치가 1세기 동안 한 번도 본격적인 검토와 비판의 대상이 되어보지도 않은 채 맹신되면서, 이곳의 국가 교육 체제는 사상누각이 되었다. 심각할 정도로 피상화, '간판주의화', 화석화되었다.

대학에서의 경쟁으로

모든 학습·연구의 기준으로 군림하는 이 경쟁의 대학입시는 철폐되어야 한다. 이미 증명된 바이지만, 중학교 입시 철폐(1969년)와 고등학교 입시 철폐(1974년)로는 명백한 한계가 있고, 초중고 교육과 고등 교육·연구에서의 비정상성과 피상성의 원인이 되는 이 대학입시가 철폐되어야 한다. 현재의 이 경쟁 대학입시를 철폐하고, 대입 자격고사를 도입해야 한다.

대입 자격고사에 따라 공부하기를 원하는 대부분의 학생들을 대학에서 받아주고, 경쟁이 필요하다면, 대학에서 그들을 경쟁에 부쳐야 한다. 여기서 경쟁은 무엇보다 먼저 자기 자신과의 경쟁이어야만 하는데, 그러기 위해서는 그들이 각자 자신이 좋아하고 원하는 전공을 택해야 한다. 대학입시 그 자체를 위한 초중등 과정에서의 과도한 경쟁이 갖는 **첫 번째 문제는, 아이들이 오직 대학입시에서 남들보다 더 높은 점수를 획득하기 위해서 지극히 '타율적으로' 경쟁한다는 것이다.** 즉 근본적으로는 왜 경쟁해야 하는지도 모르는 채 각자 자신의 부모·선생님들과 결국 국가(제도)가 부과하는 '무의식적' 강요에 떠밀려서 경쟁으로 내몰려 들어간다는 것이다. 그렇기에 OECD 국가들 가운데 한국 아이들의 학업 흥미도가 최하인 것은 당연한 결과일 수밖에 없다. 가장 시급하고 가장 중요한 것은, 아이들을 해방시키는 것이다. 초중등 교육에서 각자 자신이 좋아하고 잘하는 것이 무엇인지 알아보고 생각해볼 수 있도록 아이들에게 시간을 주는 것이다.

이곳에서 이렇게 아이들로부터 제도적으로, 폭력적으로 시간을 강탈해서 경쟁의 정글을 만들어내는 **현 상황이 갖는 두 번째 문제는, 그 경쟁이 아이들이 전적으로 부모의 영향권 내에 있을 때 진행된다는 것이다.** 수많은 사실이 증명해주듯, 또한 우리가 익히 알고 있는 대로, 이 경쟁에서 부모의 '후광'(재력, 지위)이 너무 크게 작용한다. 드라마 〈SKY캐슬〉이 잘 보여주었듯이, 이 경쟁 자체가 부모의 부·지위를 자식에게 대물림시키기 위해 벌어진다. 많은 아이들이 공부 시간 조절, 학교 선택, 거주지 선택, 학원 선택, 전공 선택 등 거의 모든 사안의 선택들을 부모들에게 맡기며, 부모들이 정해준 각종 플랜에 따라 초중고의 학업을 이어가고 대학에 들어간다. 과잉의존, 그렇기에 마이클 샌델은 미국의 학벌 문제를 다룬 자신의 저서에서 전 세계에서 미국 아이들과 한국 아이들이 부모에게 가장 의존적이라는, 즉 '유아적'이라는 사실을 지적할 수밖에 없었다.[*]

초중등 교육이라는 것은, 여러 분야에서 일반적으로, 가장 기본적으로 알아야 할 것들을 가르치고 습득하는 과정이지, 특정 분야에서의 역량을 결정하고 키우는 과정이 아니다. 그러한

---

[*] 마이클 샌델, 《공정하다는 착각》, 함규진 옮김, 와이즈베리, 2020, 280~281쪽.

초중등 교육이, 이곳에서 수능 시험에서 그렇게 하듯이, 모든 분야(교과목)에서의 능력 성과(시험 성적)들을 세밀하게 판정하는 데에서 마감되고 결론 난다는 사실 자체가 난센스이다. 아이들 각자의 진정한 역량을 아직 판정할 수 없는 시점에서, 시험으로 모든 능력 성과들을 평가하고 서열화한다는 것은 아이들을 '줄 세우는 것' 이외의 어떠한 다른 목적도 갖고 있지 않다. 아이들 모두는 차후에 하나의, 많아야 둘 정도의 직업을 갖고 살아갈 것이며, 거기에 필요한 역량만이 아이들에게 중요하며, 아이들이 초중등 교육에서 배우는 것들은, 모든 역량 이전에, 사회·자연과 삶에서 가장 기본적으로 알아야 할 상식에 가까운 것들이다. 상식들을 두고, 누가 상식들을 더 잘, 더 세밀하고 복잡하게 아는가를 테스트하는 시험이 무슨 의미가 있는가?

경쟁이 필요하다면, 아이들이 대학에 입학하고 나서, 20대 초반에, 부모의 영향력으로부터 어느 정도 벗어난 시점에서 해야 한다. 적어도 각자가 자신이 무엇을 좋아하는지, 무엇을 잘하는지 알고 선택한 이후에 해야 한다. 그들이 경쟁을 감당할 수 있고, 경쟁의 이유·목적을 스스로에게 납득시킬 수 있으며, 경쟁의 결과에 스스로 승복할 수 있을 때 경쟁에 들어가야 한다. 그들 각자가 좋아하고 잘하는 것을 두고 경쟁해야 한다.

대학의 자리

대학의 가장 중요한 임무와 가장 근본적인 존재 이유 하나는, 사회의 전문 분야들의 각 적재적소에 가장 유능하고 자격 있는 인재를 배출하는 것이다. 그 임무와 존재 이유에 부응하기 위해 대학은 전문적인 고등교육의 과정에 있는 학생들에게 부담되는—즉 사회적 책무를 감당하는 데에 필요한—쉽지 않은 과제들을 내주어야 하며, 어느 정도는 버거운 경쟁(타인들과의 경쟁 이전에 자기 자신과의 경쟁, 즉 자기 자신의 역량의 강화)을 부과하고, 분명한 어떤 상벌 체계를 제시해야 한다.

그러나 이곳에서는, 대학에서의 고등교육 이수 과정이, 그 자체에 필요한 경쟁을 거의 포함하고 있지 않기에, 초중등 교육 이수 과정보다 훨씬 더 쉽다. 그 단적인 증거 하나가, 대학생의 하루 평균 학습 시간이 초등학생의 그것보다도 더 짧다는 것이다.* 잘 알려진 사실이지만, 대학에서 좋은 점수 받기란 고등학교 때와는 비교할 수 없을 정도로 쉽다. 숭실대를 예로 들면, 2024년 2학기부터—학생들 취업에 유리하도록—모든 전공 과목에서 수강생들의 80%에게 A나 B 학점을 주도록 권고하고

---

* 2024년 기준, 평일에 학교 활동 시간과 그 외의 학습 시간을 합쳐서 대학생은 3시간 45분, 초등학생은 6시간 36분이며, 학교 활동 시간 외의 학습 시간은 대학생 1시간 37분, 초등학생 2시간 38분이다. 이 학습 시간은 5년 전(2019년)에 비해 대학생은 5분 감소했고, 초등학생은 22분 증가했다. 또한 2024년 기준, 평일에 학교 활동 외에 학습하는 학생들의 비율은 대학생 52.8%, 초등학생 94.8%이다(통계청, 〈2024년 생활시간 조사〉).

있다. 다른 대학들도 비슷할 것이다. 석사과정은 더 쉬운데, 모든 클래스 각각에서 담당 교수는 수강생들 모두에게 웬만하면, 출석만 잘하면 관례상 '예의상' A 학점을 준다. 만약 한 학생에게 C 학점을 준다면, 사실은 F를 주는 것이다. 박사학위 과정에서도, 사실상 어떠한 경쟁도, 어떠한 국가적 통제도, 국가적 평가 기준도, 보상도 제재도 없는데, 이는, 대입의 내신 성적과 수능 성적에 대해서는 세부적인 평가 항목들과 기준들이 국가 차원에서 정립되어 세밀하게 적용된다는 사실에 비추어보면, 의아한 현실이며 납득되기 어렵다. 이곳에서의 박사학위라는 것은, 근본적으로 사적인, 개인적인 일이자, 엄격히 보면 일종의 '요식행위'에 가깝다.

이곳에서 그렇게 박사학위의 공신력이 없다는 사실은, 매우 방만하게 이루어지고 있는 대학의 고등교육 전체가—가령 '스카이'에서의 교육 자체가—공신력이 없으며, 대학 입학시험·성적을 기준으로 정체되어 있다는, 또한 피상적이라는 이곳의 현실을 증명한다.

이제 이러한 판단에까지 이르게 된다. 한국에서 진정으로, 궁극적으로 존중받는 것은, 대학입시에서의 점수이지, 대학이 아니다. 이러한 현 상황에 눈감고, 한국의 대학들 가운데 세계대학 랭킹 300위 안에 몇 개가 들어가 있으며, 각각 몇 위를 차지하고 있는가에, 즉 세계적으로 얼마나 존중받고 있는가에 신경 쓰고 있다는 사실은 난센스이다.

거기에 신경 쓰고 있다는 것은 한국의 학벌-입시 문제와 대학 문제라는 전면적이고 구조적인 정치적 문제를 고등교육의 탁월성 문제로, 더 나쁘게는 대학 위상의 문제로 축소·왜곡시키고 싶어 한다는 것이다. 그러한 축소·왜곡의 시선은 분명 랭킹 상위에 포진한 영국·미국의 대학들을 아래에서 올려다보는 엘리트 지향적인 것일 수밖에 없다. 고등교육의 탁월성과 정상의 대학 위상(명문대)을 등치시키는 그 시선에 대한 하버드의 마이클 샌델의 이러한 비판에 주의를 기울여봐야 한다. "입시가 경쟁이 아니라 추첨이 되면 그 가치는 보다 떨어질 테고, 그러면 지금의 명문대가 누리는 명예는 추락하지 않겠는가? 아마도 그럴 것이다. 하지만 그게 정말 의미 있는 반론인가? 이것이 의미를 가지기 위해선, 고등교육에서 최근 수십 년 동안 이뤄진, 대학 간 명예를 건 '재선별'이 가르치고 배우는 능력을 향상시켰다고 정말로 믿어야만 할 것이다. 하지만 결코 그렇지 않은 것으로 보인다. 성적 좋은 학생들을 전국에 널리 분포시키지 않고 얼마 안 되는 경쟁률 높은 대학들로 몰아넣은 결과, 불평등은 심화된 반면 교육 수준은 별로 개선되지 않았다."*

우리의 현 상황에서 한국의 대학들은 왜 노벨상 수상자를 배출하고 있지 못한가라고 한탄하는 것도 마찬가지이다. '세계 대학 랭킹 상위 몇 위', 또는 '노벨상'과 같은 '숫자'나 '브랜드'가 오랫동안 겉치레, '간판'과 허영심에 단련되어온 우리의 눈과 구미에는 아마 맞을 것이다. 그러나 남들의 인정은 받겠다

---

* 마이클 샌델, 《공정하다는 착각》, 292쪽.

고 해서 받을 수 있는 것이 아니다. 한강 작가가 노벨상을 받겠다고 작품을 썼던 것은 아니다. 밖의 '세계 대학 랭킹'과 '노벨상' 이전에 초등학생들보다 덜 공부하는 이곳 안의 대학생들을 먼저 걱정하자. 실질적으로 중요한 것은 '외국'과 '세계' 이전에 우리가 우리 자신을 인정하고 존중할 수 있게 하는 내실을 다지는 것이다. 무엇보다 먼저 이곳의 대학 고등교육이 대학입시 성적(흔히 말하는 '입결')이라는 기준이자 속박으로부터 벗어나 그 자체로 엄격한 내실을 확보해야 한다. 여기서 그 방법과 제도에 대해 자세하게 논할 수는 없지만, 가령 대학에서 공부하겠다는 아이들의 절대다수를 입학시키더라도 진급과 졸업을 상당히 어렵게 만들어야 하며, 박사논문 심사·평가와 관련해서 국가적 차원에서 제도적 기준들이 정립되어야 한다.

사람들은 대입의 기준 시험을 자격고사(자격고사와 그 이후의 추첨)로 하게 되면, 고등학생들이 대학 입학이 쉬워지는 만큼 학업을 소홀히 하게 될 것이고, 고등학생들 학업능력 전체가 크게 하향될 수밖에 없을 것이라고 예상하고 우려할 것이다. (그러나 우리는 초등학생들보다 '덜 공부하는' 대학생들의 현 상황에 대해서는 왜 우려하지 않는가?) 그러나 거의 모든 고등학생들의 목표는 대학 입학이 아니라 대학 졸업이었으며, 이는 앞으로도 마찬가지일 것이다. 대학 입학이 아닌 대학 졸업이 목표인 그들이 대학 입학 이후에 진급도 졸업도 쉽지 않다는 사실을, 또한 이제 대학 학점이 진로와 취업에서 가장 중요한 평가 기준이라는 사실을 아는 마당에, 고등학교 시절에 학업을 내팽개쳐둔 채 매일 게임에만 몰두하거나 놀기만 하면서 시간을 낭비할 수 있을까? 고교학점제를 도입한 중요한 이유 하나는, 고등학생들이 각자 자신이 관심도 소질도 없는 과목들을 억지로 공부하지 않을 자유를 확보한 상태에서, 적성에도 맞고 '자발적으로' 노력을 아끼지 않을 과목들에만 집중하는 것이 그들 각자에게나 국가·사회에게나 효율적이라는 판단 때문이다. 어른들은 아이들을 믿어야 하고, 바로 자신들을 의심할 줄 알아야 한다.

자격고사로 전환하게 되면, 향후 대학에서 학업을 잘 이어가 높은 학점으로 졸업할 의지가 있는 고등학생들은 공부를 소홀히 하기는커녕 각자 자신의 적성·취미와 소질에 대해 깊이 숙고하면서 자신이 원하고 택한—자신의 미래의 대학 전공과 연관된—과목들에서 '연구'에 가까운 수준 높은 학업에 매진할 수밖에 없을 것이다. 즉 진정한 의미에서의 학습에, 자발적이고 심화된 학습에 집중할 수밖에 없을 것이다. 그것이 적어도 모든 과목들에서 사교육에 의존해 '정답 찾기'에 몰두하면서 점수 높이기에 일로매진하는 작위보다는 국가와 사회의 발전과 번영에 도움이 된다. 그러한 고등학교 때의 자율적이고 개성 있는—'표준화'될 수 없는, 각자 자신이 정한 목표에 따른—학습에 사교육이 끼어들 자리가 있을 것인가? 설사 있다 할지라도—고교 과목들에 대한 사교육은 모두 사라져야 하지만—오로지 점수를 높이기 위한 것이 아닌 자발적 학습을 돕는 자발적 사교육은 어느 정도 순기능을 가질 수 있을지도 모른다. 적어도 사교육 자체가 노예적이고 천박한, 자본주의적 순응 행위는 아닌 것이 될 것이다.

교육학자 한승희는 〈대입 과잉 경쟁, 대학이 해결해야 한다〉라는 제목의 칼럼에서 대입에서 벌어지는 이 과도한 경쟁의 상당 부분을 대학에서 책임져야 한다고, 즉 이 소모적이고 무의미하지만 극단화된 경쟁의 상당 부분을 대학 입학 이후의, 대학에서의 경쟁이 대체해야 한다고 지적한다. "대학 밖에서 이루어지던 경쟁을 대학 안으로 끌고 들어오는 것이다. 이런 방법은 실제로 북미 또는 유럽에서 활용되고 있다. 우리 재수생들이 수능 사교육 시장에서 시간과 돈을 쓰는 동안, 북미나 유럽의 학생들은 일단 대학에 진압한 후 전공 전입 단계에서 다시 경쟁한다. 프랑스나 독일은 특정 학과나 대학에 신입생이 몰리면, 일단 입학시킨 후 성적에 따라 2학년 때 다른 대학이나 학교로 보낸다. 미국은 졸업할 때까지 3분의 1의 학생들이 편입을 경험한다. 우리나라 재수생 비율과 비슷하다."*

한승희 교수는, 2019년 문재인 정부가 정시 모집 인원을 확대하면서 재수생뿐만 아니라 재수로 대학에 입학하는 학생들이 증가 일로에 있는 현상을 보고 이러한 발언을 내놓았다. 대학은 학생들을 평가해야만 하며, 선다형의 수능 문제와 같은 것들을 얼마나 잘 맞히는가가 아니라, 누가 각 전문 분야에서 문제되는 어떤 문제를 잘 정식화해서 제시하면서 그 해결 방향

---

* 《경향신문》, 2023.7.6.

을 잘 가리키는가를 평가의 기준으로 정립해야 한다. 그래야만 대학은 사회의 적재적소에 가장 자격 있고 탁월한 인재를 배출한다는 자신의 의무이자 권리를 실행에 옮길 수 있고, 대학 입학 시험·성적에 내줘버린 자신의 권위를 되찾을 수 있다. 그러기 위해 먼저 반드시 현재의 대학 입학시험이 갖고 있는 과도한 권력을 크게 약화시켜야만 한다. 대학 입학시험이 초등학교·중학교·고등학교뿐만 아니라 대학 자체를 좌지우지하는 이 전도된 현상을 바로잡아야 한다. 즉 무엇보다 먼저 매우 포용적으로, 관대하게 학생들을 받아들여야만 한다. "학생들도 일단 '대학 공부'를 경험하게 되면 막연히 이전까지 부모가 권유했던 의대나 법대 이외에도 다양한 학문과 진로가 있다는 것을 알게 된다. 고등학교 때 막연히 생각하던 대학과 전혀 다른 세계를 보게 된다. 이를 두고 1980년대 초 실패했던 '졸업정원제'를 떠올릴 수도 있지만, 당시 실패 원인은 대학 간(혹은 대학 내) '이동' 경로가 차단돼 있었고 전과·전학·편입학 등이 거의 불가능했기 때문이다."**

    1980년대 초 졸업정원제가 실시되었을 당시, 같은 대학 내에서조차 전과가 쉽지 않았던 것이 사실이지만, 현재에도 편입학은—특히 서열이 낮은 대학에서 높은 대학으로 가는 경우—쉽지 않으며, 전학은 불가능하다. 이 두 가지가 수월하게 가능하려면, 대학평준화가 전제되어야만 한다. 대학평준화가 이루

**   같은 기사.

어진 환경에서 편입학과 전학이 자유로울 수 있다. 이 두 가지가 자유롭다는 것은, 학생들에게는 기회와 시간을 충분히 준다는 것을, 대학에게는 인재 선발권·육성권·배출권으로 대변되는 정당한 권위(권력)를 되돌려준다는 것을 의미한다. 즉 대학이 사회 내에서 있어야만 할 자리를 대학에게 준다는 것을 의미한다.

다시, 대입 자격고사

이곳에서 대학평준화는 오직 대입 자격고사화를 통해서만 가능하다. 보다 정확히 말해 대입 자격고사화 자체가 대학평준화를 의미한다. 많은 사람들이 대입 자격고사화를 너무 급진적이며, 그러한 만큼 불가능하다고 단정할 것이다. 그러나 이는 객관적·사실적 판단이 아니라, 지배 권력이 그 자체의 보존을 위해 오랜 시간 동안 더 강고하게 만들어온 정치적 판단일 뿐이다. 보수를 포함한 절대다수가 현재의 수능 체제가 큰 폐해를 가져온다고 우려하고 비판하지만(가령 전국 4년제 대학 총장들 가운데 이 수능 체제를 지지하는 비율은 12%에 불과하다), 상당수가 거의 모든 개혁의 시도에 대해서, 안 된다고, 불가능하다고, 비현실적인 희망이자 망상이라고 저지한다. 그렇기에 무의미한 대입 개편안들만이 반복적으로 튀어나오고, 학생들과 학부모들은 지속적으로 혼란에 내맡겨진다.

이 모든 사실은 다시 한번 학벌-입시 문제가 정치적 문제라는 것을 확인시켜줄 뿐이다. 말하자면 이 문제와 관련해서 어떤 집단적 거짓이 군림하고 있고, 뭔가 크게 잘못되어 있다는 것을 느끼고 알지만, 아무것도 꿈꿀 수도 할 수도 없게 만드는 어떤 강력하고 완고한 권력의 억압이 짓누르고 있는 것이다. 현재 우리가 마주해 대면하고 있는 사실(현실)은, 학벌-입시 문제가 심각한 저출산, 만연된 양극화, 서울·수도권과 지방의 격차, 노후 불안정과 공교육 와해 같은 이곳의 심각한 정치적·경제적 또는 교육적 문제들의 기저이자 중심에 놓여 있다는 것이다. 그렇기에 바로 현재에, 전국 4년제 대학 총장들의 과반수와 전국 17명의 교육감 전원이 이후의 합당한 대학입시 형태로 자격고사를 지지하고 있다. 이렇게 현재 교육의 일선에 있는 책임자들이—원래 책임자는 책임 때문에 자신의 운신의 폭을 제한하는 안정 지향적 경향이 있으며, 교육자는 일반적으로 여러 사회적 관례를 존중하고 보존하려는 보수적 경향이 있음에도 불구하고—대입 자격고사화를 지지하고 있다는 사실은, 대입 자격고사라는 것이 이미 혁명적인 것도 시대를 앞서나가는 것도 아니고, 이미 여러 나라에서 실시되고 있다는 점을 되돌려보면, 그것은 겨우 시대의 끄트머리에서나마 보조를 맞추는 것이 불가피함을 말할 뿐이다.

7. 대학에 획기적으로 지원해야만 한다

한국의 교육 시스템 전체는 대학입시에 초점이 맞추어진 채 돌아가며, 대학 입학 이후의 과정에 대해서는 그 자체를 단순히 유지하려고만 할 뿐 사실상 방기한다. 이를, 대입 시험 때까지는 국가가 적극적으로 나서서 경쟁 질서의 세밀한 부분들까지 규정하고 관리하는 반면, 대학 입학 이후의 과정에서는 어떠한 평가·경쟁·상벌의 제대로 된 제도적(공식적) 기준도 설정해놓지 않고—설정할 필요도 자각하지 못하고—있다는 사실이 증명한다. 또한 초중고 아이들은 국가가 설정해놓은 경쟁 질서에 위협당하면서 만성적으로 무감각·무사고·무기력과 불안·분노의 상태에 매몰되어 있는 반면, 대학생들과 석박사 과정의 대학원생들은 각자 자신의 전공과 관련해서는 오직 자신의 개인적인 관심·흥미·노력, 그리고 '초국가적·초사회적인',

나아가—결혼과 직업의 안정까지 포기하는—'반사회적인 순수성'에만 의존해서 힘겹게 학업을 이어가고 있다는 사실*이 입증한다. 그 사실을 또한 초중고 학생 1인당 교육비가 OECD 국가들 대비 평균을 상회하고 있는 반면, 대학생 1인당 교육비는 OECD 국가들 평균 대비 3분의 2 수준에 머무르고 있다는 통계**가 증명한다. 게다가 한국에서 대학생 1인당 교육비는 고등학생 1인당 교육비의 0.80배에 불과한데, 고등학생보다 대학생에게 국가적 투자를 더 적게 하는 나라는 OECD 국가들 가운데 한국이 유일하다.***

더 나아가 사적·가정적 투자를 생각해보지 않을 수 없다. 초중고 사교육비 전체가, 통계에 안 들어오는 것까지 포함하면 연간 40조에 이르는데, 이 금액은 한국의 연간 국방비의 3분의 2에 이르고, 대학생 전체의 연간 등록금의 총액의 3.3배에 해당한다. 이 모든 사실들은 한국에서는 교육의 초점이 대학입시에, 즉 대학 입학 이전 단계(초중등 교육)에 맞춰져 있으며, 개인의 직업적·전문가적 역능의 측면에서나 국가적 역능의 측면에서 실질적이자 현실적으로 중요한 대학 입학 이후의 교육(고등교육)은 뒷전으로 물러나 있다는 사실을 보여준다. 심각한 난센스일 수밖에 없다. 현재의 대입 시험이 극심한 경쟁 시험임을 되돌려본다면, 이 대입 시험에 과도하게 기울어져 있는 한국

---

*   강수영 외, 《한국에서 박사하기》.
** 이범, 《문재인 이후의 교육》, 339쪽.
*** 같은 책, 339쪽.

교육(초중등 교육)은 어린 아이들을 구별·선발·배제하고 서열화·차별하는 데에, 즉 교육이 아닌 것에, 정확히는 교육에 반하는 것에 국고와 더불어 국민들의 사적 재산을, 천문학적인 금액을 탕진하는 데에 일로매진하고 있다. 반면 한국은 정작 국가·사회의 역능 성장에 필수적이자 너무나 중요한 대학 교육(고등교육)은 방기하고 있는 것이다. 이곳에서는 사실상 고등교육 정책이라는 것은 없다고 봐도 무방하다.

대학에 대한 투자

대학 입학 이후의 고등교육에 대한, 즉 대학 인프라 일반과 고등교육을 이수하는 학생들에 대한 국가의 투자가 획기적으로 늘어나야만 한다. 그러한 당위에 대해 우리가 무관심으로 일관했던 것만은 아니다. 안정적인 정부 재정 확보를 통해 대학에 대한 투자를 제고하고 대학의 공공성을 확보하는 동시에 대학의 균형 잡힌 발전을 도모하기 위해 고등교육재정교부금법이 2004년부터 보수·진보를 망라하는 여러 국회의원(열린우리당 박찬석, 한나라당 임해규, 민주노동당 권영길, 새누리당 정우택, 정의당 윤소하 등)에 의해 13번 발의되었으나 매번 폐기되었다. 고등교육재정교부금법의 긴급한 필요성에 대해 보수와 진보 모두가 공감하고 있고, 십수 차례의 국회 발의가 확인해주고 있는 만큼, 이 법의 재발의와 통과가 대학 개혁 운동 및 학벌-입시 개혁 운동에서 핵심적인 과제가 될 수밖에 없다.

　고등교육재정교부금법의 가장 중요한 목표는 대학무상화이다. 즉 이 법의 제정에 따라 확보될 대학 재정 지원금 전체에서 가장 중요한 투자 부분이 대학등록금이다. 현재 각 가정이 떠맡을 수밖에 없는 대학등록금을 국가가 부담하는 것이다. 정의당이 발표했던 제22대 총선 공약들 중의 하나인 '지방대부터 대학 무상교육'(2024년 1월 10일 발표)에 의하면, 2022년 기준 전국 국공립대학과 사립대학(4년제 대학과 전문대학 포함) 등록금 총액은 11조 992억 원인데, 한국의 고등교육 예산을 OECD 평균 수준인 GDP(국내총생산) 1% 수준으로 확보할 경우 약 19.7조 원(2023년 한국의 실질 지디피 1968.8조 원의 1%)이 되어 대학 무상교육이 현실적으로 가능하다.* 또한 더불어민주당도 제22대 총선 공약들 가운데 하나로 '대학 무상교육으로 교육의 기본권을 보장하겠습니다'를 제시했던 바 있고, 앞으로 이곳의 GDP가 늘고 학령인구는 크게 감소할 것으로 예상하면, 대학 무상교육의 가능성은 더 적극적으로 타진할 만한 과제가 아닐 수 없다.** 그러나 정의당과 민주당의 공약公約은 말 그대로 공약일 뿐이고, 정당들의 많은 공약이 그러하듯 '공약空約'(공허한 약속)이 될 수 있는 소지가 충분하다.

　대학무상화와 더불어 대학평준화가 실현된다면, 우리는

---

*　홍성학, 〈대학 무상교육의 의미와 실현 방안〉, 《대학체제전환운동포럼2024: 현장에서 묻고 실천으로 답하라》, 2024, 97쪽.
**　같은 책, 102쪽.

사교육비와 대학등록금의 이중 부담으로부터 벗어날 수 있다. 11조 992억 원은 현재 전 세계 유일의 분단국가인 한국의 1년 국방비 61조 원(2025년 예산안)의 3분의 2 정도가 되는 연간 사교육비 총액 약 40조 원(2024년 기준)의 약 4분의 1밖에 되지 않는다. 루소가 말한 '일반의지$_{volonté\ générale}$'에 의하면, 즉 한 공동체에서 특수 계층의 특수 이익에 대한 의지를 배제한 대다수의 보편적·평균적 의지(대다수에게 보편적으로 필요한 것들을 원하는 의지)를 우리가 따라간다면, 이 4분의 1밖에 되지 않는 비용을 공동으로 부담하는 것이 당연히 타당하다.

그러나 결코 쉽지 않다. 현재 우리가 기득권층의 권력에 짓눌려 합리성·평등성과 타당성에 걸맞은 선택을 실행에 옮기지 못하고 있기 때문이다. 문제는 오직 우리의, 국민들 대다수의 각성, 저항과 합의일 뿐이다. 이는 다시 한번 학벌-입시 문제가, 대학무상화와 평준화의 실현이라는 과제가 정치적인 것이라는 사실을 정확히 증명한다. 자격고사로의 전환과 마찬가지로 대학무상화도 그것을 현실화시키려는 움직임이 이미 국가와 사회 내에 존재하고 있지만, 우리가 정치력 역능을 충분히 집결시키지 못하고 있을 뿐이다.

8. 학령인구가 줄어도 입시 전쟁은 계속된다

한국의 출산율(가임 여성 한 명당 출생아 수)이 OECD 국가들 가운데 최저(2022년 기준 0.778명, 통계청 지표)이며, 바로 한국이 이 최저 기록을 해마다 경신할 것이라고 예상되고 있다. 따라서 학령인구도 자명하게 감소될 수밖에 없는데, 대학 진학 대상 학령인구도 2020년 46만 4826명(실제)[*]에서 2040년 28만 3017명(추정)[**]으로 39.1%가 감소할 것으로 예상된다. 즉 2040년의 대학 진학 대상 학령인구는 2020년의 그것 대비 60.9%에 지나지 않을 것으로 예상된다. 그러나 2020년의 이 학령인구가 대학에 들어갔던 2021년에 '인서울' 주요 11개 대학(경희

---

[*] 대학교육연구소, 2021년 통계 자료.
[**] 대학교육연구소, 2021년 통계 자료.

대·고려대·서강대·서울대·서울시립대·성균관대·연세대·이화여대·중앙대·한국외대와 한양대) 전체의 총 모집 인원(수시+정시)은 3만 5396명으로 2020년 학령인구 대비 7.6%에—2021학년도 전국 4년제 대학 총 모집 인원 34만 7447명의 10.2%에*—지나지 않았다.** 이 2021학년도의 '인서울' 주요 11개 대학 총 모집 인원 3만 5396명은 2040년의 대학 진학 대상 학령인구 28만 3017명에 대비해보더라도 12.5%에 지나지 않는다. 다시 말해, 2041학년도에는 '인서울' 11개 대학의 총 모집 인원도 분명 감소하겠지만, 그 사실을 고려하지 않고 2021학년도의 '인서울' 11개 대학의 총 모집 인원을 기준으로 삼더라도, 그 모집 인원은 2040년의 대학 진학 대상 학령인구의 12.5%에 불과하다.

    현재에도 대학 입학 대상이 되는 학령인구 전체가 대입 경쟁에 매진하고 있지는 않다. 대학에 진학하지 않는 아이들도 많으며, '인서울' 대학들이나 지방거점국립대학들을 제외한 어느 지방대의 한 학과에 입학하는 것은 전혀 어려운 일이 아니다. 현재에 실질적인 동시에 중요한 대입 경쟁이라는 것은 이미 너무 적은 자릿수를 놓고(가령 '인서울'에 입학하는 해당 학령인구의 7.6%) 벌어지고 있으며, 사정은 차후로, 예를 들어 2040년에 아무리 대입 학령인구가 40% 가까이 감소한다 할지라도 크게 달라지지 않을 것이다. 즉 현재의 학벌-입시 체제가 그대

---

* 한국대학교육협의회, 2019년 5월 2일, 발표자료.
** 《굿모닝충청》, 2020.1.8. 이는 진학사에서 제공한 통계 자료에 근거한다.

로 존속되는 한, 2040년에도 매우 적은, 선망의 대상이 되는 자릿수를 놓고서 똑같은 방식과 형태의 과도한 경쟁이 벌어질 수밖에 없을 것이다. 간단히, 현재에 10자리를 놓고 100명이 경쟁한다면, 그때에는 6자리를 놓고 60명이 경쟁할 것이라는 말이다.

현재를 기준으로 보더라도 최상위권 대학들에 들어가기를 원하는 학생들의 수는 계속 늘고 있거나,*** 적어도 변함없다. 2000년대 이후 '대학 졸업장'의 가치가—그 졸업장의 수가 너무 많아서, 또한 이에 반비례해 일자리 수는 감소하게 되면서—전반적으로 하락한 것은 부인할 수 없는 사실이지만, 명문대 학위에 대한 선망은 변함없이 강렬하다. "명문대 학위에 대한 선호 현상은 급격하게 증가했다. 이는 위치 경쟁이 대학 졸업장에서 '명문대' 졸업장으로 옮겨진 것을 의미한다. …… 대학이 보편화되더라도 엘리트 대학의 지위는 유지될 것이라고 트로는 이미 예견했다."****

계속될 입시 전쟁

대학 학위 일반이 안정적인 일자리를 보장해주지 못하는 데에

***　김동춘,《시험능력주의》, 117~118쪽.
****　김종영,《서울대 10개 만들기》, 40쪽.

따라 가치를 상실하게 된 반면, 최상위 대학의 학위에 대한 선호는 오히려 가열되는 현상은 세계적으로 보편적이며, 일본의 경우에도 마찬가지이다. 일본에서는 대학입학 학령인구가 줄기 시작한 2000년대 중반에 이르러 모든 고등학생들이 원하기만 한다면 대학에 들어갈 수 있다는 '대학전입시대大學全入時代'가 도래했다고 선전했지만, 막상 고등학생 전체의 절반 정도만 대입을 희망하는 상황이 지속되고 있다.* 일본에서도 도쿄대가 그 정점에 있는 최상위권 대학들을 제외한 대학 일반에 입학하기가 쉬워진 반면, 대학 졸업생들 일반이 "취업난에 시달려 비정규직 사원이 되거나 아예 취업을 포기하는 '니트족ニート族'이 나오게 되는 고용불안의 현실이, 오히려 명문대 진학에 더욱 매진하게 되는 욕망을 불러일으키게 된다는 역설적인 사실"**이 사실로 받아들여지고 있다.

한국의 경우에도 대학 입학생 수 전체는 감소하고 있으며,*** 2021년에는 학령(18세)인구(47만 6000명)에 대학 입학정원(47만 4000명)에 근접하고 있으며, 전자가 후자에 초월당하는 데 오랜 시간이 걸리지 않을 것으로 예상되고, 이후에는 '인서울' 대학교들과 지방거점국립대학들을 제외한 나머지 대

---

* 남상욱, 〈현대 일본 문화 속의 '학력 사회' 표상과 분단〉, 《일본비평》 26, 2022, 138쪽.

** 같은 책, 138쪽.

*** "2000년에 321,399명이었던 대학 입학생 수는 2012년 372,941명으로 정점을 찍은 후 감소하기 시작해 2023년 330,439명으로 2012년 대비 약 11.4%(42,562명) 감소하였다"(한국교육개발원, 〈교육통계분석자료집〉, 2023, 92쪽).

학들은 폐교를 피할 수 없을 것이라는 예상도 나오고 있다. 이처럼 전체 대학입시 경쟁률(경쟁률 일반, 즉 대학들 간의 선호도 차이를 문제 삼지 않고 전체 학령인구와 전체 대학 정원을 단순히 산술적으로 비교했을 때의 경쟁률)은 계속 하락하고 있는 것은 사실이지만, 2024년 대입 수능시험에 대한 통계 자료 하나가 말해주듯, 수험생들 가운데 재수생 비율이 34.1%(전체 49만 1700명 가운데 16만 7500명)로서 1996학년도 수능 이후 28년 만에 최고치를 기록했는데, 그 이유는 "올해 수능부터 킬러 문항들이 없어지면서 수험 공부에 대한 부담이 줄어들자 의대 혹은 상위권 대학에 도전하려는"**** 것이다. 즉 대학 입학 경쟁률은 낮아질 수밖에 없는 것이 현실이지만, 가장 선호되는 학과들과 상위권 대학들의 입학 경쟁률은 하락하지 않고 있다는 것이다. 과도하게 많은 이 재수생들의 존재는 곧바로 드러나게 이러저런 통계에는 잡히지 않지만, 입시의 과열 경쟁을 부추기는 가장 중요한 요인들 가운데 하나이다.

악순환의 악순환

현실 상황이 안 좋을수록 소수의 상위 학과와 명문대에 입학하려는 경쟁은 더 치열해지고 있다. 가치 있다고 일반적으로 여

**** 《매일경제》, 2023.8.6.

겨지는 것의 수가 줄어들수록, 그것에 희소성의 프리미엄이—설사 '거품'에 지나지 않는다 할지라도—더 붙을수록, 그것을 차지하기 위한 경쟁은 더 치열해질 수밖에 없다. 현재의 학벌-입시 체제가 그대로 존속되는 한, 더 많은 학생들이 쉽고 평등하게 소수의 상위 학과나 상위 명문대에 입학할 수 있게 되는 '장미빛' 미래가 결코 우리의 것이 되지는 않는다. 오히려 소수의 상위 학과나 명문대에 프리미엄이 더 붙고, 더 적은 소수에 의해 독점된다. 즉 보다 더 심각하게 '과두화'된다. 보다 더 많은 다수가 높은 수준에서 평등하게 되는 것이 아니라, 보다 적은 소수가 독점하고 지배하게 된다. 100명이 독점하든 10명이 독점하든 모두 독점이며, 후자의 경우가 전자의 경우보다 더 심각하고 잔인한 불평등을 가져올 수 있다.

물론 향후 10년 또는 20년 내에 이 대입 경쟁이 어떻게 진행될는지는, 너무나 많은 변수들이 존재하기에, 누구도 정확하게 알지는 못한다. 그러나 100년 전 경성제대 예과에 입학하기 위해 벌였던 경쟁도,* 그 이후 대입 본고사에서의 경쟁도, 그 이후 학력고사에서의 경쟁도, 1969년 중학교 입시 철폐 이전에 '사당오락'이라는 용어를 만들어냈던 중학교 입시에서의 경쟁

---

*   이 경쟁은 경성제대 예과가 설립된 1924년 이후에 해가 갈수록 치열해졌다. "1945년 8월 일제의 패망 전까지 …… 조선인 학생들은 갈수록 치열한 경쟁을 치러야 했다"(김태웅·장세윤,《일제강점기 고등교육 정책》, 272~273쪽). 이 일본의 한 제국대학의 입학 경쟁에서 승리하기 위해 조선인 학생들은 대치동이 아니라 황금정로(현재의 을지로)에 밀집해 있었던 사설 학원들에 몸을 맡겨야만 했다. 일제강점기에 황금정로에는 현재의 대치동에서와 마찬가지로 학원들이 넘쳐났다.

도, 1974년 고교평준화 실시 이전의 고교 입학시험에서의 경쟁도, 각각 정도의 차이는 있었지만, 모두 근본적으로 치열하고 과도한 것들이었다. 즉 소수의 승리자들과 다수의 패배자들을 구분지어 양산해내기 위한 프로세스들이었을 뿐이다.

    아무리 대입 학령인구가 준다 할지라도 현재의 학벌-입시 체제가 유지되는 한, 경쟁의 근본적 문제가—아무런 조처도 취해지지 않는데—'저절로' 해소되지는 않고, 경쟁의 심각한 폐해들도 '자연스럽게' 사라지지는 않는다. 1세기 넘게 강고하게 지속되어온 이 학벌-입시라는 사회적·정치적 체제가 어떠한 집단적 저항과 변혁의 시도 없이 어떤 막연한 '자연법칙'이나 '요행' 같은 것에 의해 무無로 결코 돌아가지 않는다. 그러한 무로의, 또는 '무해한 것'으로의 환원을, 오래된 이 학벌-입시 체제 위에서 기득권을 누려온 소수가, 또한 그 소수가 주재하는 학벌-입시 이데올로기를 저항 없이 받아들이고 있는 상당수가 결코 원하지도 용납하지도 않는다. 그렇기에, 다시 한번 분명히 하자면, 학벌-입시 문제는 단순히 하나의 이론·학문 또는 철학의 문제도, 단순히 어떤 제도 개선 또는 '개악改惡'—가령 무의미하게, 아니 더 나쁜 방향에서 반복되고 있는 그 일련의 대입 개편안—의 문제도 아닌 권력의 문제, 즉 정치적 문제일 수밖에 없다.

    100년 넘게 유지되고 강화되어온 현재의 이 학벌-입시 체제가 이후에도 계속 존속된다는 것은, 초중고 각 교실에서 선다형 시험을 위한 이 주입식 암기 교육이 계속 반복된다는 것을, 각 교실에서 경쟁을 위한 교육 아닌 교육이 끊임없이 기계처럼 돌아간다는 것을 의미한다. 결국 한국에서 여전히 경쟁이 우선이고 교육은 '뒷전'인 전도현상이 지배하는 악순환이 끝을 모르고 반복될 것이다. 아이들을 평가해서 구분하고 차별하고 배제하기 위해 '기르는' (교육? 교육 아닌 교육) 이 가혹한 체제는 계속 똑같이 원활하게 작동할 것이며, 오직 그 체제를—즉 아이들의 굴복과 복종을, 아이들의 우울증·무기력·희생과 죽음을—발판으로 서 있는 이 비겁하고 잔인한 한국이라는 나라 자체는 여전히 '경성제대'의 권력(학벌-입시의 권력) 위에 올라타서만 돌아가는 '헬조선'일 수밖에 없을 것이다.

9. 집단적 거부와 저항만이 우리의 길이다

가만히 있어서는 결코 아무것도 바뀌지 않는다. 큰 것을 얻으려면 크게 지불해야만 한다. '눈 가리고 아웅' 같은 짓들은 이제 그만하고, 제대로 된 값을 치러야만 한다. 학벌-입시 문제가 주는 수많은 폐해는 이미 감당할 수 있는 수준을 넘어섰고, 이제 참을 수 있는 종류의 것이 아니다. 우리는 너무 위험한 상황에 빠져 있고, 국가는 망하게 생겼다. 지방은 오래전부터 식민지화되었다. 가만히 있어서는 결코 아무것도 바뀌지 않는다. 그 분명한 증거가, 때만 되면 반복적으로 공표되는 대입 개편안(또는 '개악안')과 대학 구조조정안이다. 정부에서 발표하는 이 두 안은, 명목상으로는 교육·입시 또는 대학과 관련해서 나타났다고 여겨지는 어떤 불합리성을 해결하고자 제시된다고는 하지만, 우리 입장에서는 뭔가 진정으로 바뀔 것이라고 기대하기는커녕 다만 더 큰 부담, 더 큰 혼란과 더 '이상한' 억지가 없기를 바랄 뿐이다. 지금까지 이 두 안은 교육·입시와 대학과 연관되어 있을 수 있는 근본적이고 실질적인 변화나 개혁은 막는 동시에 기득권의 권익을 보호하기 위해서만 반복적으로 공표된다. 그러나 학벌-입시의 문제는 전형적인 정치적 문제, 기득권(권력)의 문제이며, 이 문제의 해결을 위해서는 기득권에 대한 타격과 해체가 반드시 요구된다.

그러나 우리는 이 문제와 관련해 어떠한 유효한 집단적 움직임도 만들어내고 있지 못할뿐더러 아무것도 바뀌지 않으리라는 비관주의에 장악되어 있다. (그러나 이 어려운 상황에서 의미 있는 공동의 움직임이 전혀 없는 것은 아닌데, 예 하나를 들자면, 여러 시민단체들이 참여해서 조직된 대학무상화평준화국민운동본부는 대학무상화·평준화를 위한 지속적인 노력과 시도들을 견지해오고 있으며, 매해 교육혁명행진을 진행하고 있다. 2024년의 교육혁명행진은 10월 19일 서울 도심에서 열렸다.) 변화·개혁의 불가능성, 그것에 대한 우리의 완고한—'무의식적인'—믿음은 기이한데, 사실 우리 중 절대다수는 현재의 학벌-입시 체제가 타당성을 확보하고 있지 못할뿐더러 뭔가 크게 잘못되어 있다고 판단하고 있기 때문이다. 게다가 감당하기 힘든 폐해와 손실을 '모욕을 감수하면서' 감당하고 있기 때문이다. 불합리하고 부당한 것에 대한, 나아가 커다란 해를 입히고 좌절감과 수모를 가져오는 것에 대한 굳은 믿음, 그것을 '억지로' 믿을 수밖에 없다는 사실, 따라서 그러한 믿음에 어떤 강요·강제가, 어떤 강력한 권력이 이미, 언제나 작동하고 있는 것이다.

최근 한 미국 작가가 한국을 여행하고 나서 〈세계에서 가장 우울한 나라를 여행하다〉라는 제목의 동영상을 제작해서 유튜브에 올린 일이 화제가 되었다. 그는 한국을 '세계에서 가장 우울한 나라the most depressed country'로 정의했는데, 여기서 '우울한depressed'이 뜻하는 바는 '슬프게 되는make sad' 것이고 '침체되는slow down'것이다. 그는 한국이 '슬퍼지고 침체되는 감정'이 가장 지배적인 나라가 된 원인으로 한도를 넘어선 경쟁의 압박을 지목했다. 그러한 살인적인 '야만적인' 경쟁이 세대에 세대를 걸쳐 어디서 학습되고 유포되고 강화되며, 강력한 '무의식적인 아버지의 법'으로 등극하는지 굳이 말할 필요가 있는가? 그것을 한국인이라면 누구든 모를 수 있는가? 초중고 교실 아닌가? 어느 외국인 여행자의 눈에 이렇게 경쟁을 '법'으로 여기고 살아가는 사람들도, 그들의 사회도 기이하게 여겨졌음에 틀림없다. 나아가 그러한 경쟁이 우리를 짓누르고 있음에도 불구하고, 이에 대해 정작 우리는 무감각(그 무감각이 바로 '우울'이다)하게, 마치 아무 일도 없는 것처럼 당연하다는 듯 살아가는 것도 기이하다. "아무도 그날의 신음 소리를 듣지 못했다/ 모두 병들었는데 아무도 아프지 않았다."* 저항도 거부도 없이 굴종하고 있는 것도 비정상적이다. 학벌-입시 문제는 해결 '불가능한' 것이 아니라, '불가능한' 것 이전에, 또는 바로 '불가능하다'고 믿고 있

---

* 이성복, 〈그날〉, 《뒹구는 돌은 언제 잠 깨는가》, 문학과지성, 1980.

기 때문에 해결 '불가피한' 것이다. 오직 정치적 차원에서. 왜냐하면 학벌-입시 문제에 무겁게 걸려 있는 것이 정치적 권력 이외에 아무것도 아니기 때문이다.

에필로그

점차적으로가 아니라, 한 번에 바꿔야 한다*

김학한 선생님의 발제문 〈현 시기(2024~2035) 대학 서열 체제 해소 경로와 대입제도 개편 방안〉(이하 〈개편 방안〉**)에 대해 토론할 기회를 주셔서 감사합니다.

제가 몇 번 대무평의 회의에 참석하고, 대무평의 선생님들과 대화와 경험을 나눈 결과, 대무평의 조직 형태가 이곳의 학

---

* 이 텍스트는 2024년 10월 19일에 진행된 '2024 교육혁명행진'을 위해 마련된 대학무상화평준화국민운동본부(대무평) 주최의 토론회(2024년 9월 24일 14시~16시, 경향신문사 12층 민주노총 중회의실)에서 발표된 김학한 대무평 정책위원장의 발제문에 대한 토론문을 수정·보완한 것이다. 필자 이외에 김태훈 사교육걱정없는세상 정책위원장, 이윤경 참교육을위한전국학부모회 회장과 문병모 전국교직원노동조합 부위원장이 토론자로 참여했다.

** 김학한, 〈현 시기(2024~2035) 대학 서열 체제 해소 경로와 대입제도 개편 방안〉,《현 시기 대학서열 체제 해소 경로와 대입제도 토론회》, 대학무상화평준화국민운동본부/2024교육혁명행진 조직위원회, 2024.

벌-입시 문제에 대응하는 데에서 바람직하다고 생각하지 않을 수 없었습니다. 대무평은 그 자체로 완결된 '실체적' 단체가 아니라, 여러 시민단체들(민주노총, 전교조, 평등교육실현을위한전국학부모회, 투명가방끈, 교육연대, 전국교수노조 등)의 협력을 기반으로 운영되고 있고(이번 10월 19일 열리게 될 '2024 교육혁명행진'의 조직위원회에도 어느 시민단체이든 원하면 참가할 수 있습니다) 국회·정부기관들과도 소통하면서 활동들이 '외부'로 향해 있습니다. 이 점이, 학벌-입시 문제와 같은 '정치적' 문제에 대응하는 합당한 방향 설정이라고 저는 믿습니다. '정치적' 문제라는 것은 한 단체의 내부적이거나 '내면적'(사상적·철학적) 문제로 축소될 수 없는, '외면적인'—눈으로 확인할 수 있는, 검증할 수 있는, 또는 제도적인—우리 모두의, 공동의 문제이기 때문입니다. 대무평에는 공통적인 '철학적' 또는 '정치철학적' 토대가 없고, 어떠한 '사상적' 공통 근거·기반도 없으며, 이는 '철학'이나 '사상(이데올로기)'을 바탕으로 정치와 정치적인 것에 개입하려는 시대는 지났다고 보는 제게는 합당한 현상이라고 여겨집니다.

그렇다면 대무평이 제시할 수 있는 대무평 공동의 것은 무엇일까요? 그것은 지속적으로, 지금도 전국 여러 곳에서, 가령 광화문에서 시위에 참여하고 있는 분들이 들고 있는 피켓의 문구에 분명하게 제시되어 있다고 봅니다. "세계 1위 저출생, 세계 1위 사교육비 → 나라 망한다! 해법은??? 입시 경쟁 교육 폐지! 대학 무상교육, 대학평준화 실현!" 대무평에서 우리 모두가 공동으로 공유하는 것, 즉 대무평을 대무평이 되게 하는 것은, "입시 경쟁 교육 폐지! 대학 무상교육, 대학평준화 실현!"이라는 세 가지 실천 지침, 또는 제도 개혁 지침입니다. 이 지침들은 그동안 교육 개혁을 주장했던 진보 진영에서 지속적으로 내세웠던 것들이고, 또한 대무평이 이어받고 있는 것들입니다. 이 세 가지 지침의 실현 방안들은 대무평 전남운동본부의 피켓과 충북교육연대의 피켓에 적혀 있듯이 "대입 자격고사 도입, 고등교육 재정 교부금법 제정, 대학통합네트워크 구성"입니다.

김학한 선생님의 〈개편 방안〉 역시 "입시 경쟁 교육 폐지! 대학 무상교육, 대학평준화 실현!"이라는 세 가지 지침과, "대입 자격고사 도입, 고등교육재정교부금법 제정, 대학통합네트워크 구성"이라는 그 지침들의 실현 방안들에 대한 동의를 전제하고 씌어졌다고 봅니다. 다만 〈개편 방향〉은 대입 자격고사 도입과 대학통합네트워크 구성이라는 두 실현 방안의 문제에 초점이 맞추어져 있는데, 그 두 실현 방안에 대한 그 동안의 여러 논의들을 종합해서 보여주고 있다는 점에서 주목을 끕니다.

먼저 〈개편 방향〉이 제시하고 있는 대학통합네트워크 구축 방안은 두 단계로 이루어져 있으며, 1단계는 국공립대통합네트워크 구성과 공영형 사립대학 연합체 구성을 병행하는 것이고, 2단계는 양자를 통합하는, 즉 국공립대들과 공영형 사립대학들을 아우르는 대학통합네트워크를 구축하는 것입니다. 그러나 국공립대통합네트워크 구성은 2000년대 초반 정진상 교수가 제안한 이후로, 문재인 캠프에서 대선 공약으로도 채택된 적이 있기는 하지만, 실제로는 20여 년간 단 한 걸음의 진척도 보지 못한 그야말로 '계획'으로만 여전히 남아 있습니다. 또한 국공립대통합네트워크 구성안을 이어받은 새로운 버전인 김종영 교수의 '서울대 10개 만들기'를 살펴봅시다. "서울대 10개 만들기 프로젝트에서 독립 사립대학이 차지하는 비중이 70%가 넘기 때문에 이 문제도 중요하다. 하지만 사립대 문제를 여기에 넣는 순간 모든 것이 꼬여버린다"*라고 김종영 교수가 지적하듯, 사립대 연합체 구성이라는 것은 지난한 문제입니다. 국공립대들뿐만 아니라 더욱이 사립대들에게 통합을 강제할 어떠한 수단도 우리에게 없기 때문입니다. 제가 보기에는 김종영 교수의 '서울대 10개 만들기' 프로젝트도 단순히 지방거점국립대학들의 통합 문제는 제쳐둔 채 그 대학들에 대한 대규모의 육성 계획으로 축소된 것처럼 보입니다. 대무평 쪽에서도 지방거점국립대학들의 통합이 쉽지 않고, 사실상 그에 대한 논의조차 지지부진해졌다는 사실을 이렇게 확인하고 있습니다. "국공립대통합네트워크 수립이 [문재인] 정권 초기 국정기획자문위원회의 국정 과제에서 빠지는 등 정부 추진력의 한계가 드러나면서 활발한 논의는 수면 아래로 가라앉았다. 오히려 국립대학 내에서도 서열과 차이점이 부각되면서 공동 대응의 동력은 약화되었다."** 국공립대가 놓여 있는 이러한 현실 상황

---

*   김종영, 《서울대 10개 만들기》, 261쪽.
**   대학무상화·대학평준화추진본부연구위원회, 《대한민국 대학혁명》, 213쪽.

에서 공영형 사립대 연합체 구성이 어떻게, 가능하기나 한 것인지 의문이 남지 않을 수 없습니다.

국공립대통합네트워크와 그 새로운 버전인 김종영 교수의 서울대 10개 만들기와 같은 플랜들 또는 '로드맵들'은 각각 학벌-입시 문제와 관련해 하나의 전망을 보여준다는 점에서 필요하고 중요하지만, 바로 그러한 점에서 한계를 갖습니다. 이론가·학자 한 명 또는 몇몇이 구상해낸 그러한 플랜은 그 자체로—그(들)로서는 정답을 원하고 정답으로 확신해서 제시한다 할지라도—결코 정답이 아니거나 정답이 될 수 없고, 결국, 어차피 현실의 정부·정치권에서, 그 이전에 실재하는 다수(민중, 시민들 또는 국민들)에 의해 조정되고 재조정되어야 하며, 변형되고 변형될 수밖에 없습니다.

나아가 그러한 플랜이 서 있는 동시에 보여주는 전망은 엄격히 보면 통치 권력의 것이지 민중의 것이 아닙니다. 즉 그것은 다수 민중이 아닌 정부의 눈높이에 서서 나올 수 있는 '이야기들'의 종합일 뿐입니다. 즉 정부에게 제시할 수 있는 하나의 정책 제안일 뿐인데, 그러한 플랜에서 결여되어 있는 것은 바로 권력입니다. 한 이론가·학자가 마치 자신이 권력을 갖고 실행시킬 수 있을 것처럼 제시되는 그러한 플랜은, 정작 권력을 갖고 있는 정부의 눈에 먼저 들어와야만 합니다. 그러나 지금까지 우리가 봐왔던 바에 따르면, 정작 정부의 교육 관계 전문가들은 학벌-입시 문제의 심각성에 눈감고 있기에, 그러한 플랜에는 별로 관심 없고, 오히려 현재의 학벌-입시 체제를 교묘하게 유지시키고 강화시키는 데에만, 이 체제의 기득권층의 학벌 경쟁 욕구를 베일로 가려주면서 주의 깊고 섬세하게 존중하는 데에만 전력하고 있습니다. 앞으로도 계속 그럴 것이라 예상하지 않을 수 없습니다. 정부는 민중이, 국민들이 가만히 있는데, 전혀 움직이지 않는데, 자신의 이익과 상충되거나 골치 아프고 어려운 학벌-입시 사안에 뛰어들 이유가 없습니다.

국공립대통합네트워크든 서울대 10개 만들기든, 아니면 국공립대들 사립대들을 아우르는 대학통합네트워크든, 각각 설사 합당하고 올바른 전망을 제시하고 있다 할지라도, 그 전망을 실현시키거나 정부에 강제할 권력이 우리에게 없습니다. 학벌-입시 문제는 교육제도 공학적 문제이기 이전에 정치적 권력의 문제입니다. 여기서 우리는 두 가지 사실을 다시 확인할 수밖에 없게 됩니다. 하나는 현재 이곳의 학벌-입시 문제는 단순히 교육 문제도, 예외적인 하나의 사회문제도 아니며, 전형적인 정치적 문제라는 사실입니다. 즉 너무 오랜 기간 동안 국가 차원에서 지속되고 심화되고 격화되어온 억압·피억압의 문제, 즉 집단적인 지배·피지배의, 전면적인 차별·피차별과 서열화의 문제라는 것입니다. 다른 하나는, 너무 긴 시간 동안 이 나라의 근간을 침식해 들어오던 이 문제가 이 나라를 중병에 들게 만들었다는 사실입니다.*

이 문제를 해결하기 위해서는, 학벌-입시 문제에서 비롯

---

*   이 책 53쪽 참조.

된 이 억압·피억압의, 즉 집단적인 지배·피지배의, 전면적인 차별·피차별과 서열화의 정치적 구조를 무너뜨릴 수 있는 권력을 먼저 우리가, 이곳의 민중이, 국민들이 확보해서 실행시켜야만 합니다. 그래야만 통치 권력을 소유하고 있는 대통령과 정부가 두려움을 갖고, 또 자신들의 정치적 이익을 계산하면서 움직이기 시작할 것입니다. 결국 관건은 우리의 권력을 실현시키기 위해 우리 자신이 하나로 뭉쳐 집결하는 데에 있을 수밖에 없습니다. 저로서는 우리의 그 '하나 됨'을 위해 '대입 자격고사 실시'를 전면에 내세워 주장하고 요구하는 것이 가장 효율적일 것이라 믿습니다.

그 이유들은 첫째 대입 자격고사 실시는 대입 개편안의 문제이고, 따라서 대통령과 정부가 원하기만 하면—그 자체로는 예산 문제가 아니기에—야당과의 합의도 없이 국회를 거치치 않고서도 결단해서 실행시킬 수 있는 것이기 때문입니다. 둘째 대입 자격고사 실시는 국민들에게 가장 호소력이 크고 국민들을 가장 쉽고 확실하게 설득할 수 있는 방안인 동시에 국민들을 가장 효과적으로 하나로 결집시킬 수 있는 방안이기 때문입니다. 셋째 일종의 국가고시일 수밖에 없는 대입 자격고사를 국공립대·사립대 전체—소위 '스카이'로 불리는 최상위 대학들을 포함하는 전체—가 거부하고 피해나갈 수 없을 것이기 때문입니다(예비고사든, 학력고사든, 수능이든 한국의 대입은 어느 시점 이후로 수십 년간 모두 국가고시였고, 그 사실이 한국의 대입에 '국가적' 권위를 부여했는데, 과연 '스카이'라고 대입 자격고사라는 국가

고시 밖에서 어떤 독자적인 나름대로의 입시 시스템을 구축할 수 있을까요). 만약 한 명문대가—설사 사립이라 할지라도—대입 자격고사를 피해 독자적인 입시 시스템을 구축하려 한다면 정부가 그 대학에 지원 중단이라는 강수를 둘 수 있습니다. 사실상 이곳의 모든 국공립대·사립대는 국가 지원 없이는 유지될 수 없는 국가기관들이나 준국가기관들 아닙니까. 정부는 지금까지 하려고 하지 않았을 뿐이지 한다면 할 수 있습니다. 넷째 대입 자격고사를 국공립대·사립대 전체가 피할 수 없는 국가적 제도라면, 대입 자격고사 실시는 그 자체가 대학평준화일 수밖에 없으며, 대학평준화를 가장 빠른 시일 내에 실행시킬 수 있는 방안이기 때문입니다. 다섯째 2023년 경북대·금오공대 통합이 논의조차 실행되지 못했던 이유가 '입결'(입시 결과)의 차이 때문이었다는 사실에서 알 수 있듯이, 대학 통합을 가로막는 가장 큰 요인이 '입결'에 따르는 서열화라면, 대입 자격고사를 실시함으로써 대학통합네트워크를 상당히 용이하게 구축할 수 있을 것이기 때문입니다.

대학·입시 개혁을 위해 자꾸 파리 대학 모델이나 캘리포니아 대학 모델이나 독일 대학 모델과 같은 외국의 사례를 '벤치마킹'하려고만 해서는 안 됩니다. 김학한 선생님은 발제문에서 "우리나라의 대학 서열 해소는 미국 캘리포니아주 방식(3단계[2030년대 초중반에 실행될 내신 5등급 절대평가와 수능 5등급 절대평가])을 거쳐 독일식([2030년대 후반에 실행될] 2단계, 대입 자격고사)으로 이행하는 경로로 구상할 수 있다"라고 밝히고 있습니다만, 과연 10년 이내에 3단계에서 2단계로의 이행이 용이하게 이루어질 수 있을 정도로 정부의 권력이 동질적이고 안정적으로 유지될 수 있을까요? 통치 권력이 10년 내에 두 차례나 대학·입시 개혁을 단행할 의지를 확고하게 가질 수 있을까요? 다시 말씀드리지만, 우리가 통치 권력을 소유하고 있지 못한데 마치 통치 권력이 우리의 수중 안에 있는 것처럼 가정해서 말하고 예상해서는 안 됩니다. 지금까지 통치 권력은 우리의 뜻대로 움직여주기는커녕 그 반대 방향으로만 움직여왔습니다.

대학·입시 개혁을 위해 우리의 역사에서 모델을 찾을 필요가 있습니다. 그 모델은 바로 1969년의 중학교평준화와 1974년의 고교평준화의 모델입니다. 이 두 차례의 평준화에서 핵심은 바로 입시제도를 개편하는 데에, 즉 중학교 입시 철폐와 고등학교 입시 자격고사화(연합고사)를 실시하는 데에 있었습니다. 이 두 번의 개혁이 단행되었던 이유는 교육 문제에서만 도출되지 않았으며, 사회 공동체적인 병리현상의 치유에,* 즉 정치적인 중병으로부터 회복되는 데에 있었습니다. 1974년의 고교평준화 정책의 한 실무 담당자는 이 정책이 당시 사회의 병폐적인 문제들에 대한 일종의 '쇼크 요법'이라고 분명히 표현하기도 했습니다.** 결국 관건은 통치 권력에 의존하지 말고 우리가 결집해서 스스로 우리의 권력을 확보하는 것에 있으며, 그

---

* 이 책 172쪽 참조.
** 이 책 174쪽 참조.

에필로그

것을 위해서는 또 다른 '쇼크 요법'이 절실히 요구됩니다. 즉 현재의 학벌-입시 문제를 악화시키기만 하는 퇴행적 전개 방향을 틀 수 있는 '변곡점' 또는 '터닝 포인트'가 되는 하나의 이슈가 절실히 필요합니다. 즉 국민들의 관심을 집중시킬 수 있는 대입 자격고사화를 이슈화시켜 국민들을 결집시켜야만 합니다. 그것이 통치 권력의 기약 없는 응답에 한없이 의존할 수밖에 없는 어떤 플랜을 짜는 것보다 현실적입니다. 국민들이 움직이지 않으면 어떠한 작은 변화도 기대할 수 없기 때문입니다. 학벌-입시 문제를 해결하기 위해 일차적으로, 또한 궁극적으로 중요한 것은, 정부의 눈길을 기대하면서 어떤 정책 제안서나 로드맵을 제시하는 것이 아니라, 최대한의 국민들의 최대한의 움직임을 이끌어내는 것입니다. 중요한 하나의 정치적 문제가 걸린 경우 집단이 개입하지 않으면 안 됩니다. 역으로 집단적 움직임이 개입하지 않으면 안 되는 문제가 바로 중요한 정치적 문제입니다. 급진적이고 위험한 방안이 아니면 학벌-입시 문제를 해결할 수 없습니다.

물론 자격고사로의 전환에 따라 대입에서의 평등성을 확보하는 것뿐만 아니라, 대학 인프라의 평등성을 확보해서 용이하게 대학통합네트워크를 구축하는 것이 대단히 중요합니다. 그러나 대입에서의 평등성 담보를 중심으로 대학통합네트워크를 구축하는 방향이 올바를 뿐만 아니라 효율적입니다. 현재의 대학 서열화의 상황에서 각 대학의 인프라의 가치보다 각 대학의 서열화에 따르는 상징적 가치('브랜드' 가치)가 더 크기 때문입니다. 가령 '스카이'의 경우, 물론 인프라가 타 대학들에 비해 잘 구축되어 있지만, 결정적으로는 '입결'(입시 결과, 대입 점수)이 기준인 강력한 상징적 질서에 따라 최상위권에 포진하고 있는 것―즉 졸업 후 경제력과 사회적 권력을 확보하는 데에서 가장 유리하다고 일반적으로 인정되고 있는 것―입니다. 무엇보다 먼저 그 상징적 질서를 깨뜨려야만 합니다. 대입 시험에 결정적인 평등성을 도입해야만 합니다. 그래야만 너무 오랫동안 고착되고 강고해져온 병적인 상징성이 깨질 수 있습니다.

교육혁명으로서의 68운동을 대표하는, 제가 다녔던 파리 8대학은 프랑스에서의 대학 개혁(평준화) 이후에 설립된 일종의 '실험 대학'이었는데, 초기에는 바칼로레아도 없는 학생들을 받고 인프라도 형편없었지만, 시간이 지남에 따라 대규모의 투자에 힘입어 지금은 프랑스 유수의 대학들 가운데 하나가 되었습니다. 이곳에서 대입을 자격고사로 전환한다는 것은 이 사회의 지배적인 '적폐의' 정치적 질서이자 정치적 상징인 서열화를 무너뜨린다는 것이며, 자격고사로의 전환을 전제하고, 그 이전과 그 이후에 대학 인프라 일반의 상향 평준화와 대학통합네트워크 구축이 용이하게 실행될 수 있습니다. 대입 자격고사화는 필연적으로 대학들 사이의 인프라 평등화와 통합(국립대통합네트워크와 공영형 사립대 네트워크 구축)을 지시하고 수반합니다.

사실 대입 자격고사로의 전환은 새로운 것도, 매우 급진적인 것도 아닙니다. 대입 자격고사는 2007년 정동영 후보가 대선 공약으로 제시했었으며, 이후로 2017년 6월 전국 시도 교육감들이 진보와 보수를 막론하고 만장일치로 문재인 정부의 인수위원회에게 2021년까지 도입되어야 할 대입 형태로 제시했었고, 최근(2023년)에도 전국 4년제 대학 총장 86명의 과반수 (53.3%)가 가장 바람직한 대입제도로 선택한 것입니다.

그러나 〈개편 방안〉에서 입시제도 개편과 관련해서 우선 확인할 수 있는 바는, 2030년대 초반까지 내신 5등급 절대평가와 수능 5등급 절대평가의 대입 개편안을 정립하자는 것입니다. 그렇다면 대무평이 내세우고 있는 3대 실천 지침(또는 3대 제도 개혁 지침) 가운데 하나인 '대입 자격고사 실시'는 허언이거나 미래의 불확실한 약속이 아니냐는 의문이 남습니다. 대입 자격고사화는 이미 한 대선 후보, 전체 교육감들, 그리고 과반수의 현 4년제 대학 총장들(원칙적으로 보수적일 가능성이 큰 교육 관계자들, 또한 현장의 교육자들)이 요구했던 것입니다. 심지어는 유명한 일타 강사인 현우진조차 "수능 체제가 몇 년 내에 무너질 것이다"라고 예상하고 있습니다. 그렇다면 〈개편 방안〉에서 제시된 입시제도 개편안은 너무 온건한 것이 아니냐는 의문도 또한 남습니다.

김학한 선생님의 〈개편 방안〉에서 제시된 개편안은 정부의 국가교육위원회가 2031~2035년 대입제도안에서 내신을 5단계 절대평가로, 수능을 절대평가로 전환하겠다는 발표의 내용*과 유사합니다. 또한 임태희 경기도교육감은 2025년 1월 21

---

*   《동아일보》, 2024.8.20.

일 〈교육 본질 회복을 위한 미래 대학입시 개혁 방안〉이라는 제목의 발표에서 2032년부터 수능을 5단계 절대평가로 바꾸고, 내신에 전면적 절대평가를 도입하겠다고 말했습니다.** 정부에서 고려하고 있는 대입 개편안을 따라가거나 거기에 보조를 맞추는 정도에서 대무평이 만족한다면, 대무평이 학벌-입시 문제와 관련된 대중운동을 전개할 필요가 있냐는 의문을 금할 수 없습니다.

 현재의 수능·내신 9단계 상대평가 대입제도로부터 수능·내신 5단계 절대평가 대입제도로 넘어간다 할지라도 근본적인 문제는 전혀 해결되지 않습니다. '스카이'가 정점에 놓여 있고, '인서울'이 대입에서의 성공과 실패의 기준이 되는 현재의 대학 서열은 조금도 흔들리지 않고 그대로 유지될 것입니다. 현재에도 '인서울' 입학이라는 목표를 걸고 입시 전쟁에 뛰어드는 학생들·학부모들의 비율(학생 학령 기준)은 아무리 크게 잡아봐야 30%를 넘지 못할 것입니다. 현재에는 그 30%의 인원이 1~3등급을 충족시키기 위해 경쟁했다면, 수능·내신 5단계 절대평가(게다가 이것이 진정한 의미에서의 '절대평가'가 될 수 있는지, 과연 극단적으로 봐서 한 교실의 모든 학생에게 1등급을 부여할 자유를 허용하는지 의문입니다) 제도하에서는 마찬가지로 30%의 인원이 1등급을 위해 경쟁할 것이고, 언제나 나머지 70%는 무관심과 소외의 사각지대에 몰려 있을 수밖에 없을 것입니다.

** 《스포츠서울》, 2025.1.22.

'스카이'라는 카테고리와 '인서울'이라는 카테고리를 없애기 위해, 즉 대학 서열을 완화하거나 폐지하기 위해 5등급제는 거의 도움이 되지 않습니다. 왜 정부에서, 그것도 보수 정권의 정부에서 국민들의 별다른 움직임도 없는데 나서서 수능 5단계 절대평가 이야기를 먼저 꺼낼까요? 현 윤석열 정부가 수능 5단계 절대평가로 가도 현재의 기득권 정치·권력 체제에는 거의 타격이 가지 않으리라는 것을 잘 알고 있기 때문입니다. 현재 이곳의 학벌-입시 문제는 전형적인 정치적 문제이기에, 이 문제의 근본적 해결을 위해서는 현재의 정치적 권력의 질서가 어느 정도는 와해되는 위험을 감수해야 합니다. 급진적이고 위험한 방안이 아니면 이곳의 학벌-입시 문제를 해결할 수 없습니다.

그러나 그러한 '혁명적' 방안이 필요한 이유는, 단순히 이곳을 어떤 철없는 폭동의 난동장으로 한번 바꿔놓고 싶기 때문이 전혀 아닙니다. 이곳의 현실과 교육이 심하게 뒤틀려서 비정상이 되어버렸기 때문입니다. 다시 말해 우리 각자의 일상의 삶을 정상적이고 평범하게 바꾸어놓아야 하기 때문입니다. 더 구체적으로 학부모들 각자를 '이렇게 하면 아이를 정말 학원에 보내지 않아도 되겠구나'라고 확신하도록 안심시켜야 하기 때문입니다. 우리는 미안하지만 세상 물정 모르는 치기 어린 혁명의 열정에 들뜬 청춘들이 아닙니다. 그냥 평범하고 정상적으로 살기를 원하는 시민들일 뿐입니다. 이곳에서 전면적인 교육혁명이 필요하다면, 그 이유는 단 하나, 우리 각자가 자족적이고 안정된 일상을 영위해야 하기 때문입니다.

정치적으로 그렇게 급진적이지 않아 보이는 마이클 샌델조차 학벌-입시 문제의 진정한 해결을 위한 하나의 조건으로 "명품 브랜드 대학에 등록한 학생들의 명예를 드높이고 지역사회 대학이나 기술 및 직업훈련학교 등록자들의 명예는 별로 쳐주지 않는 명망의 위계질서를 뒤엎어버리는 것"을 제시하고 있는데, "배관공이나 전기 기술자, 치과 위생사 등이 되는 법을 배우는 일이 공동선에 기여하는 훌륭한 과정으로 존중받아 마땅" 하기 때문입니다.* 또한 샌델이 미국에서의 학벌-입시 문제의 해결책으로 제시하는 것이 대입 추첨제임을, 일종의 대입 자격고사와 제비뽑기의 결합('뺑뺑이')임을 기억해봐야 합니다. "유능자를 제비뽑기로 뽑자는 대안의 가장 유력한 근거는 그렇게 함으로써 능력의 폭정과 맞설 수 있다는 점이다. 일정 관문을 넘는 조건으로만 능력을 보고, 나머지는 운이 결정하도록 하는 일은 고등학교 시절의 건강함을 어느 정도 되찾아줄 것이다."** 사실 대입 추첨제 도입은 미국같이 큰 나라에서, 그것도 국가 권력이 분산된 연방제 나라에서 너무 요원하지만, 그것을 샌델은 주장합니다. 한국같이—두 번의 대통령 탄핵 사건에서 입증되었듯—국가 권력의 움직임이 한눈에 들어와서 국민들의 제어하에 놓일 수 있는 작은 나라에서, 그것도 사실상 모든 국공립대·사립대가 재정적으로 국가에 크게 의존하고 있는 나라에

---

*   마이클 샌델, 《공정하다는 착각》, 297쪽.
** 같은 책, 290쪽.

서 자격고사에 합격한 고등학생들 각자를 추첨에 의해 어느 대학 한 과에 배정한다는 제도는 충분히 가능성을 타진해볼 만합니다. 이곳의 학벌-입시 문제의 정직한 해결을 위해서는, 너무 오랜 기간 동안 너무 엄청난 권력을 휘두르고 있는 이 경쟁 대입 시험을 철폐하고, 행운과 더불어 불운을 용납하고 긍정하는 (동서고금을 막론하고 모든 삶에서 행운이나 불운이 너무 중요한 하나의 요인이라는 '하늘의 리얼리즘'을, 즉 대입에서의 공정성 이전의, 또한 모든 정치와 정치적인 것 이전의 '우주적 정의justice'를 받아들이면서 겸손해집시다) 대입 자격고사를 도입해야만 합니다. 그래야만 사회에서 성공한 사람들이 오만해지지 않고, '평범한' 사람들이 자존심을 지키며 살아갈 수 있습니다.

김학한 선생님, 우리에게는 너무 귀한 분입니다. 그간 선생님이 교육 개혁을 위해 애쓰신 노고와 헌신을 보면서, 저는 동지애와 더불어 존경심을 늘 느껴왔습니다. 저는 김학한 선생님이 '뜻을 같이하는 벗'으로서 같은 것(입시 경쟁 교육 폐지, 대학 무상교육과 대학평준화 실현을 통한 학벌-입시 병폐의 완전한 극복)을 기대하고 열망하고 있다고 믿어 의심치 않습니다만, 현실을 고려해서 불필요하게 온건한 입장에 스스로를 묶어두고 있는 것처럼 보입니다. 저로서는 앞서 논평을 해주신 이윤경 참교육을위한전국학부모회 회장님의 이러한 입장에 동의하고 싶습니다. "반발을 줄이자는 과도기 정책을 내세우다 한 발짝도 나아가지 못한 게 지금 한국의 교육 정책이다. 발제에서 제안한 '미국의 캘리포니아주 방식(3단계)을 거쳐 독일식(2단계 대입 자격고사)으로 이행하는 경로'가 아니라 한국 현실에 걸맞은 대학입시제도(합격/불합격 방식의 대입 자격고사)로 직진하는 획기적인 개혁이 필요하다."*

반발을 두려워해서는 안 됩니다. 혼란을 두려워해서도 안 됩니다. 그러한 것들을 두려워한다는 것은, 악화되어가기만 하는 학벌-입시라는 '정치적' 문제와 정면에서 부딪히기를, 즉 기득권층의 권력에 정면으로 맞서기를 두려워한다는 것에 지나지 않습니다. 한 국가를 오랫동안 병들게 만들어온 하나의 문제에 개혁적 조처를 취하면, 반드시 상당히 큰 혼란이 발생할 수밖에 없습니다. 오랜 시간 몸을 갉아먹어온 암세포 덩어리를 제거하려면 수술이라는 모험을 감행해야 하고, 수술의 고통과 후유증을 감수해야만 합니다. 이윤경 회장님의 입장은, 경쟁교육을 없애야만, 경쟁 대학입시를 철폐해야만, 즉 대학입시를 자격고사화해야만 대학 서열이 사라질 수 있다는 것입니다. 물론 대학통합네트워크 구축도 반드시 필요하고, 대학 서열을 완화하는 데에 도움이 되겠지만, 그것만으로는 불충분합니다. 누군가 대학통합네트워크 구축에만 머무르자고 주장한다면—물론 김학한 선생님은 결코 그렇게 주장하지 않습니다—결국 그는 학벌-입시라는 '정치적' 문제에 정직하게 부딪히기를 주저하는 것, 즉 야기될 혼란을 두려워하는 것입니다. 결자해지結者

---

*　이윤경, 〈경쟁 교육을 없애야 대학 서열이 사라진다〉, 《현 시기 대학서열 체제 해소 경로와 대입제도 토론회》, 대학무상화평준화국민운동본부/2024교육혁명행진조직위원회, 2024, 24쪽.

解之라고 했습니다. 암으로 인해 생긴 큰 고통, 암을 치료함으로써만 사라집니다. 경쟁 대학입시 때문에 생겨나서 점점 더 심각해져만 가는 아이들의 고통, 경쟁 대학입시를 철폐함으로써만 없앨 수 있습니다. 직시해야만 합니다. 또한 '직진'해야만 합니다. 해야만 하는 개혁은 한 번에 끝내야 합니다. 다시 이윤경 회장님의 말씀대로, "시대에 뒤떨어진 입시제도, 제자리걸음인 교육, 생존에 급급한 대학들은 서서히, 순차적으로가 아니라 긴급히, 한꺼번에 바꿔야 한다. 지금도 많이 늦었다."*

솔직히 말할 필요가 있습니다. "입시 경쟁 교육 폐지! 대학 무상교육, 대학평준화 실현!"을 주장하는 우리 대무평은 사실상 혁명을 하자는 것입니다. 어쩌면 대한민국 정부 수립 이후의 가장 큰 혁명을 하자는 것입니다. 솔직히 말해봅시다. 교육혁명을 넘어서 '정치적' 혁명을 하자는 것입니다. '공산전체주의'와 같은 어떤 이념을 근거로 이곳의 현 체제를 전복하자는 것이 전혀 아닙니다. 이런 표현이 어떨지 모르겠지만, 이곳을 어느 정도 '히피화'하자는 것입니다. **렛 잇 비**라는 '히피화'를 위해, 즉 삶·일상 각각의 생명의 자연스러운 순환과 주체적인 표출·표현을 위해 모두의 눈에 너무나 명백히 보이는 현 체제의 암과 같은 환부를 도려내자는 것입니다. 그 환부를 도려낸다고 해서 현 체제가 무너지지 않습니다. 암을 제거했는데 몸이 망가질 수 있는지요? 비로소 몸은 건강과 희망의 활로를 찾게 될

---

*   같은 책, 25쪽.

것입니다.

　힘(권력)의 불균형을 감수하면서 도전하는 입장에서는 급진적인 입장에 서야 역사의 의미를 확보할 수 있었습니다. 멀리 갈 것도 없이 1980년 5·18로 되돌아가봅시다. 무기를 회수하고 진압군과 타협하자는 온건파의 주장은 합리적이고 합당할 뿐만 아니라 어떻게 보면 '당연한' 것이었고, 결국 5·18은 5월 27일 새벽 시민군의 진압·투항으로 일단 마무리되었습니다. 그러나 윤상원 열사가 대변하는 강경파 시민군이 5월 27일 새벽까지, 끝까지 저항하지 않았다면 5·18 전체가 무의미로 돌아갔거나 큰 의미가 없었을 것입니다. 마지막까지 전남도청에 남았던 시민군의 그 저항 덕분에 5·18은 명분을 확보할 수 있었고, 정의正義를 실현한 역사적 사건이 될 수 있었습니다. 즉 위대한 정당성을 확보할 수 있었습니다.

　그러나 아무리 혁명적인 정치적 사건이라 할지라도 '유효기간'이 있습니다. 50여 년 전의 5·18은 이제 의미심장하고 찬란한 기념비로 솟아 있을 뿐이며, 거기로부터 더 이상 현재에 직접적이고 유효한 공동체적·정치적 동력을 끌어올 수는 없습니다. 5·18의 문제가 아니라, 시간의 문제입니다. 학벌-입시 체제의 개혁으로부터만, 즉 교육혁명으로부터만 이제 이곳 한국에서 기대할 수 있는 유일한 공동체적·정치적 동력이 작동할 수 있습니다.

　저는 이 교육혁명에서 대무평이 현실에, 동시에 전위에, 현실적 전위에 서야 한다고 믿습니다.

학벌-입시의 정치에 반하여

초판 1쇄 펴낸날　2025년 8월 20일
지은이　　　　　박준상
펴낸이　　　　　박재영
편집　　　　　　임세현·이다연
마케팅　　　　　신연경
디자인　　　　　조하늘
제작　　　　　　제이오
펴낸곳　　　　　도서출판 오월의봄
주소　　　　　　경기도 파주시 회동길 513 203호
등록　　　　　　제406-2010-000111호
전화　　　　　　070-7704-5240
팩스　　　　　　0505-300-0518
이메일　　　　　maybook05@naver.com
X(트위터)　　　 @oohbom
블로그　　　　　blog.naver.com/maybook05
페이스북　　　　facebook.com/maybook05
인스타그램　　　instagram.com/maybooks_05

ISBN　　　　　　979-11-6873-157-8　03300

이 책은 저작권법에 따라 보호받는 저작물이므로 무단전재와 복제를 금합니다.
이 책 내용의 전부 또는 일부를 이용하려면 반드시 저작권자와 도서출판 오월의봄에
서면 동의를 받아야 합니다.

책값은 뒤표지에 있습니다. 잘못된 책은 바꾸어 드립니다.

만든 사람들
책임편집　　　　박재영
디자인　　　　　조하늘